ずっと快適に暮らせる間取りのコツがよくわかる!

間取りの正解

水越美枝子

TIPS TO CREATING GREAT FLOOR PLANS

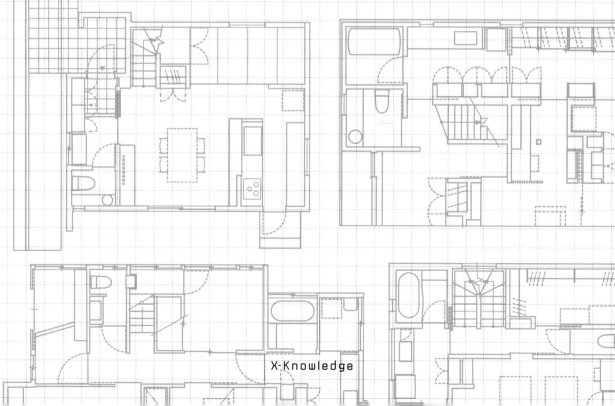

X-Knowledge

はじめに

これから家を建てようとする人や、リフォームで自宅をつくり変えようとする人に向けて、わかりやすい間取りの本を書いてみようと思いました。昨年改訂した『いつまでも美しく暮らす住まいのルール』を読んでくださった方々から、「間取りも見たい」という要望を多く寄せていただいたことも、きっかけになりました。

設計者によって間取りの考え方はいろいろですが、共通するのは、その住宅が建つ敷地の環境や法規制を読むことと、住まう人がどんな暮らしをしたいのかに耳を傾け、日々の暮らしに思いをはせながら間取りを考え、形をつくることです。

15年以上も前のことですが、以前設計したお宅に突然伺ったことがあります。「これから家を建てる方と一緒なのですが、近くに来たので外観だけでも見せていただけないでしょうか」とお願いしたところ、「ぜひ家の中にもお入りください」と快く招き入れていただきました。家の隅々まで整った美しい暮らしぶりと、住まいのあちこちから見える、育った中庭の木々の様子を見て、とても嬉しかったことを覚えています。

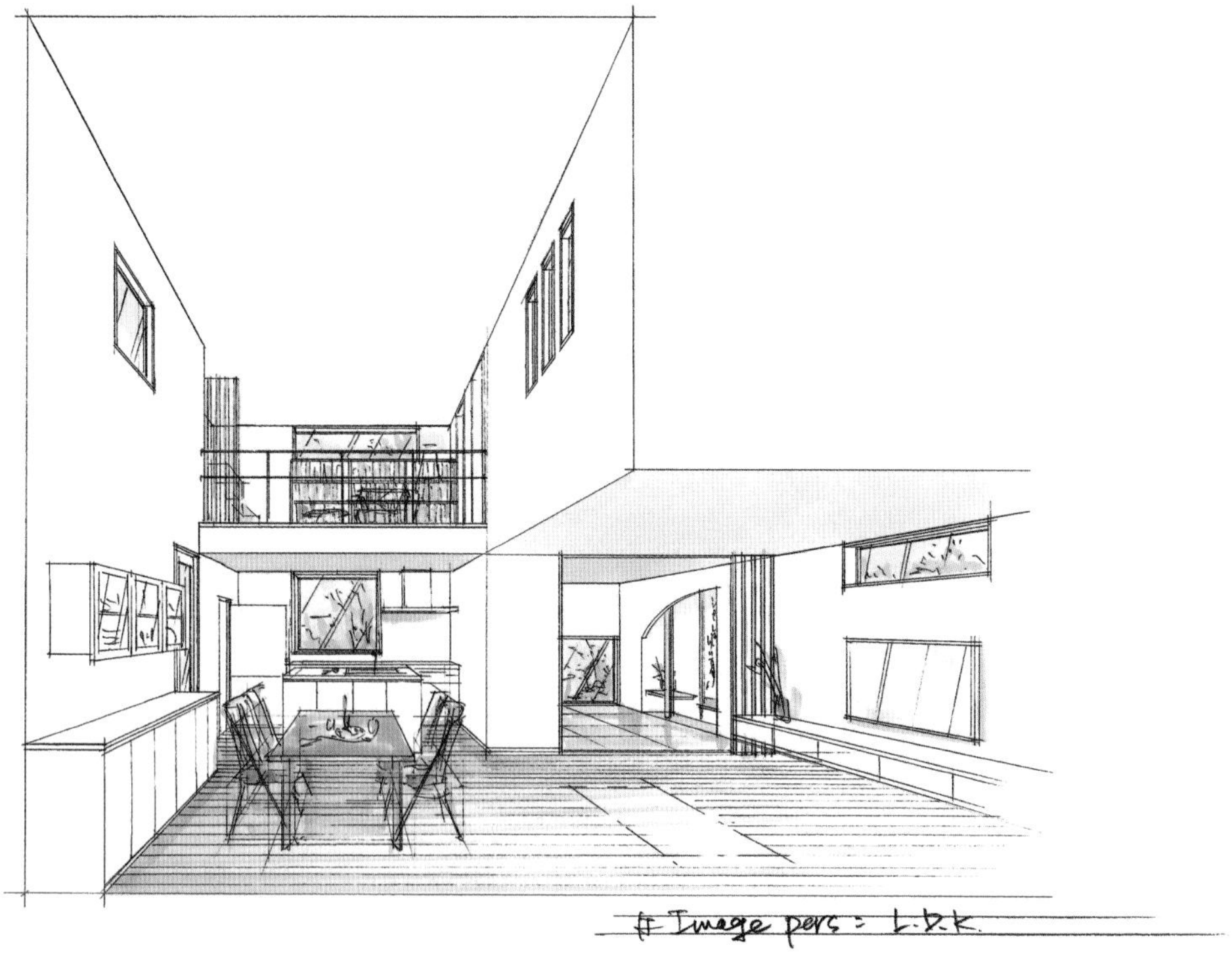

条件さえ整えば、だれでも家のなかを美しく保ち、小さな庭でも最高のインテリアとして暮らしに潤いを与えてくれることを実感したできごとでした。このときから「どうしたら確実にそんな家を設計できるのか」を考えることが私の住宅設計の大きなテーマになりました。そしてたどり着いたのが「暮らしやすい家は美しい」というシンプルな答えです。暮らしやすい家であれば、10年後も20年後も、日常の住まいを美しく保つのにそれほどの努力は要らないからです。

この本ではそんな住まいを実現するために、私がいつも設計の基本にしている間取りの「考え方」を書きました。敷地の条件に、よりフォーカスを当てて紹介した家もありますが、間取りの考え方の基本はどれも同じです。

家づくりに正解はありません。どんな家にしたいかは人それぞれに夢があるからです。でも「暮らしやすい家」にしたければ、それなりにルールがあるのではないかとも思います。そしてその少しばかりのルールを自分の家に応用するのは、難しいことではないはずです。

自分の家に向き合い、住まいを考える楽しさを味わっていただける、本書がその手助けになれば大変嬉しく思います。

水越美枝子

CONTENTS

リフォーム

CHAPTER 3

間取りだけじゃない！ 快適な住まいにするための工夫

光と風を採り込む

広く見せる

景色を採り込む

CHAPTER 4

知っておきたい! 理想の間取りをかなえるヒント集

撮影 永野佳世
（P30～31は（株）正木屋材木店、
P33左、P42下、P43、P56下、P66、P67下、
P104～105、P119、P159左はアトリエサラ提供）
装丁 坂川朱音（朱猫堂）
本文デザイン 坂川朱音＋小木曽杏子（朱猫堂）
DTP 村上幸枝（Branch）
間取り図作成 堀野千恵子
取材・文・構成 臼井美伸（ペンギン企画室）
編集 別府美絹（X-knowledge）

CHAPTER

1

これが正解！

住みやすい
間取りのメソッド

家族構成やライフスタイルが違っても、
住みやすい間取りには必ず、
共通のメソッドがあります。
間取りを考えるうえでまず押さえておきたい
5つのメソッドをご紹介します。

method 1

パブリックとプライベートの空間を分ける

　暮らしやすい間取りの考え方として基本になるのは、住まいのなかでの「パブリックスペース」と「プライベートスペース」を分けて配置することです。「パブリックスペース」とは、LDKなど家族共有で使ったり、来客を迎えたりする場所。それに対して「プライベートスペース」とは、寝室や洗面室、浴室、トイレなど、基本的にはひとりで使う場所です。

　欧米型の住まいでは、それぞれの個室に洗面やバス、トイレといった水回りがついているので、パブリックとプライベートが自ずと分けられます。

　しかし日本の住まいでは、水回りは家族共有なのが一般的です。従来の間取りによく見られるのが、1階にLDKと水回り、2階に個室が配された間取り。2つのスペースが混在していることで生活動線が長くなり、住みづらさの原因になりがちです。

　2つのスペースを区分けすることで、個人の用事がプライベートスペースで完結し、日々の生活がスムーズになります。個人の物がLDKに散らかることも、減らせます。

1階にパブリックスペース、2階にプライベートスペースを配置した間取り例

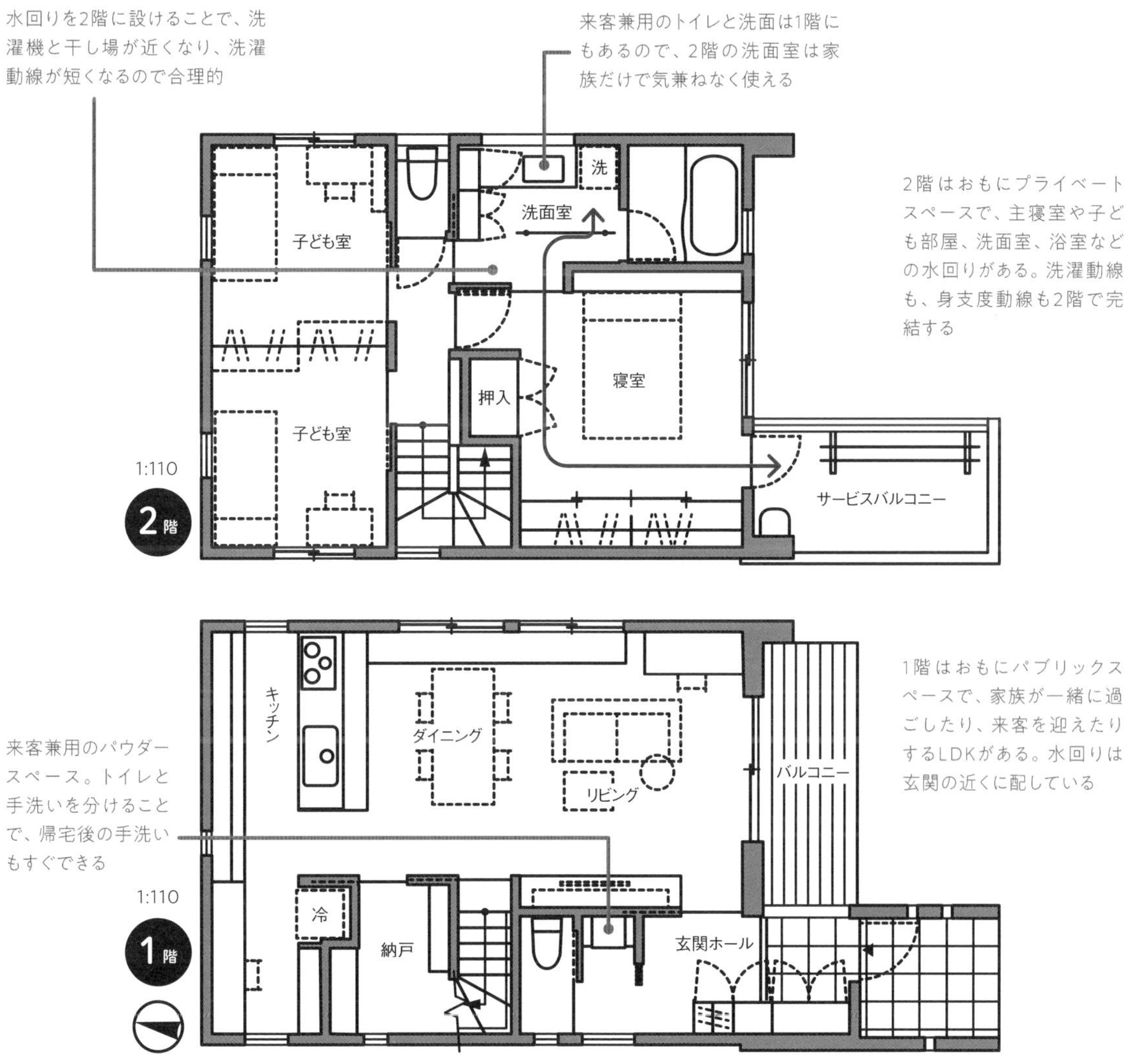
水回りを2階に設けることで、洗濯機と干し場が近くなり、洗濯動線が短くなるので合理的
来客兼用のトイレと洗面は1階にもあるので、2階の洗面室は家族だけで気兼ねなく使える
2階はおもにプライベートスペースで、主寝室や子ども部屋、洗面室、浴室などの水回りがある。洗濯動線も、身支度動線も2階で完結する
洗
洗面室
子ども室
押入
寝室
子ども室
サービスバルコニー
1:110
2階
キッチン
ダイニング
リビング
バルコニー
来客兼用のパウダースペース。トイレと手洗いを分けることで、帰宅後の手洗いもすぐできる
1:110
冷
納戸
玄関ホール
1階
1階はおもにパブリックスペースで、家族が一緒に過ごしたり、来客を迎えたりするLDKがある。水回りは玄関の近くに配している

method 2

寝室と水回りを近づける

従来の2階建ての住まいでは、洗面室や浴室などの水回りは1階、寝室は2階と分かれている間取りがほとんどでした。しかしこれが、住みづらさの大きな原因になっています。ホテルの客室を思い浮かべてみてください。寝室と洗面室、浴室がすぐそばにある暮らしの快適さが想像できるはずです。

　このように、寝室と洗面室、浴室を連続させた間取りを「ホテルプラン」と呼んでいます。さらにクロゼットも近くに配置することで、朝晩の身支度が短く、スムーズになります。

　欧米のように、家族それぞれの個室にバスルームがついている間取りを、日本の住宅で実現するのは難しいことですが、間取りの工夫で寝室と水回りをつなぐことはできます。

　寝室と同じ階に浴室を設けるのが難しい場合は、洗顔や歯磨きができる洗面台を設けるだけでも、ずいぶん暮らしが快適になるはずです。高齢の方は、自分の寝室に専用の小さい洗面台を設けることで、時間帯を気にせず使えるので便利です。

寝室の隣が洗面室で、その奥に浴室があるので、朝晩の身支度がスムーズ

寝室と水回りを近づけた間取り例

寝室と廊下と洗面室は回遊動線になっていて、子どもたちの個室からも、朝晩洗面室にアクセスしやすい

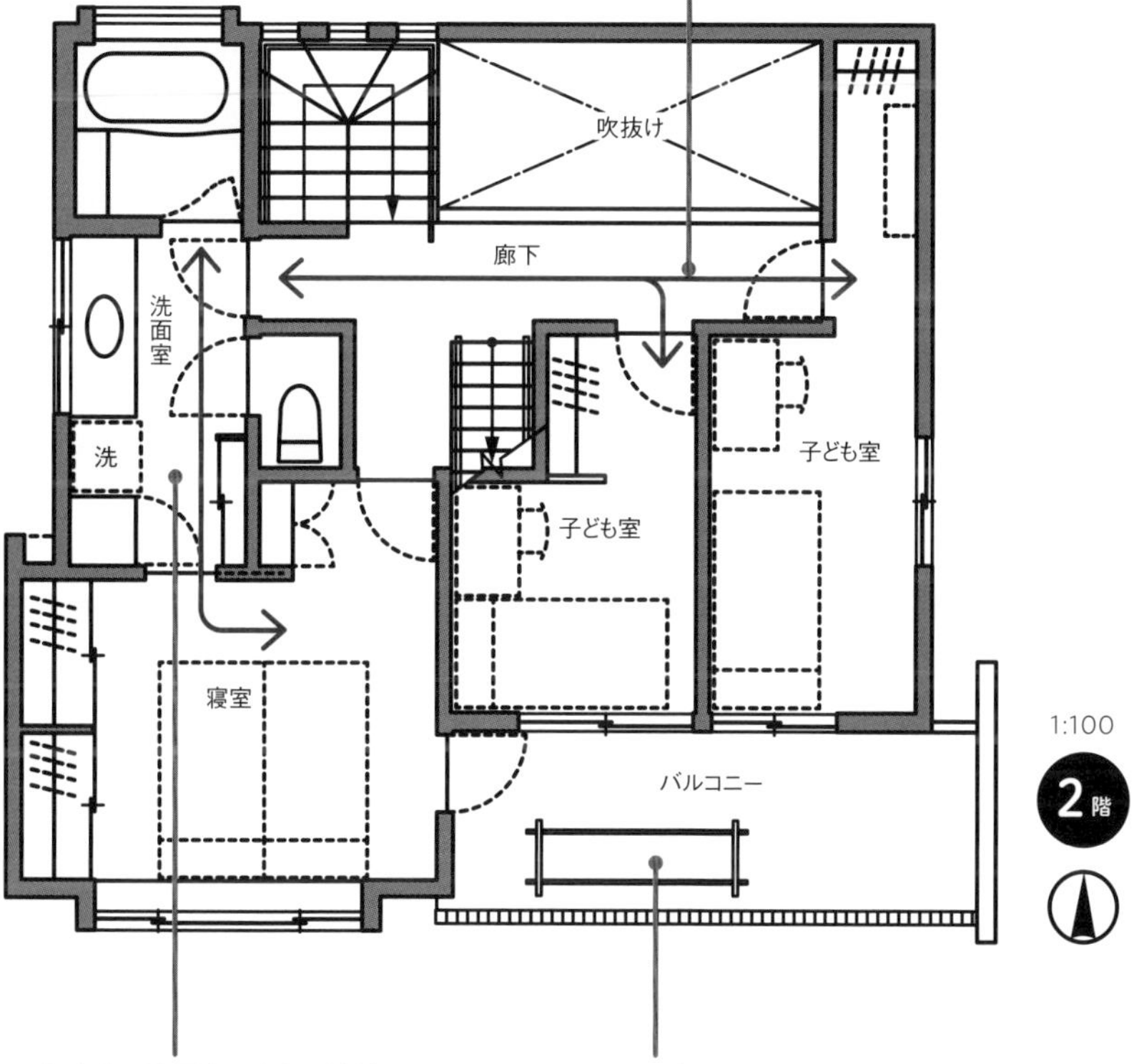

主寝室と洗面室、浴室を連続させた「ホテルプラン」。朝晩の身支度動線が短くて快適

洗面室で洗濯を終えたら、寝室を通ってバルコニーに干すことができる。取り込んだ洗濯物は、寝室のクロゼットにしまえるので洗濯動線が短い

method3

4カ所の収納をしっかり確保する

「個を大切にする」文化が広まり、家族みんなで物を共有するのではなく、ひとり一人が「自分に合った専用の物」を持つ時代になりました。さらに便利な家電が次々と出現するなど、家の中の「物」はいつの間にか増えています。生活の変化に応じて、収納スペースも見直されるべきです。

大切なのは、「動線上の最適な場所に、適量の収納を設ける」こと。それだけで片づきやすい家になり、「出しっぱなし」も減らせます。住まいのなかではとくに、次の4つの収納を、適量設けることが大切です。

・玄関の下足入れ
・玄関のコートクローク
・洗面室のリネン収納
・ダイニングルームの収納

「片づかない」と悩んでいる人の家では、必ずと言っていいほどこの4カ所に収納が足りていません。ここにたっぷりの収納を設けるだけで、片づけ問題のほとんどが解決すると言えるでしょう。さらに、棚を増やすなどの工夫で、収納の「空間稼働率」を上げ、高密度収納にすることも重要です。

4つの場所に適量の収納を設けた間取り例

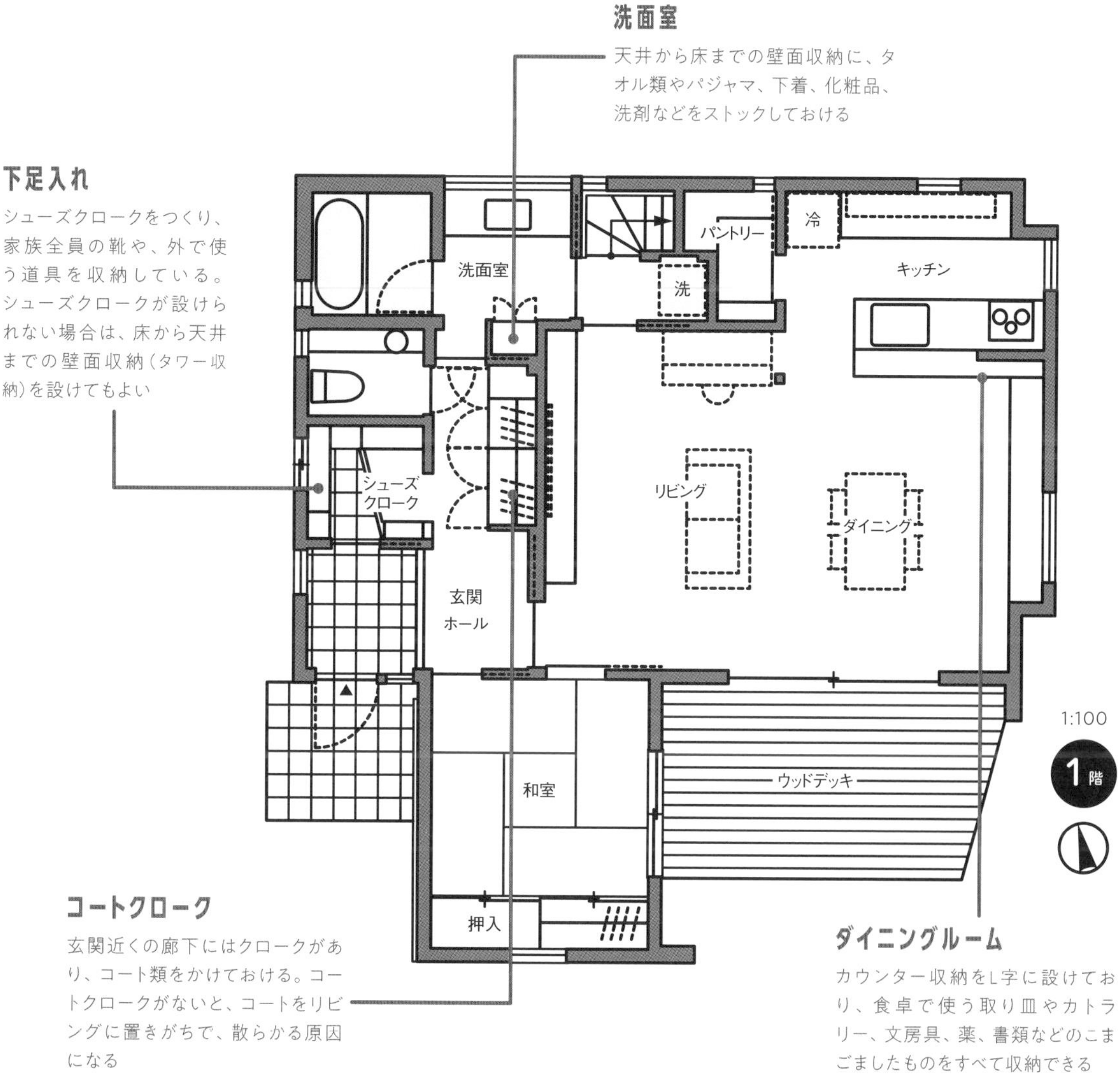

洗面室
天井から床までの壁面収納に、タオル類やパジャマ、下着、化粧品、洗剤などをストックしておける
下足入れ
シューズクロークをつくり、家族全員の靴や、外で使う道具を収納している。シューズクロークが設けられない場合は、床から天井までの壁面収納（タワー収納）を設けてもよい
洗面室
パントリー
冷
キッチン
洗
シューズクローク
リビング
ダイニング
玄関ホール
和室
ウッドデッキ
押入
1:100
1階
コートクローク
玄関近くの廊下にはクロークがあり、コート類をかけておける。コートクロークがないと、コートをリビングに置きがちで、散らかる原因になる
ダイニングルーム
カウンター収納をL字に設けており、食卓で使う取り皿やカトラリー、文房具、薬、書類などのこまごましたものをすべて収納できる

method 4

家事動線を短くする

家事をこなすときに歩く歩数は、少なければ少ないほどいいと言えます。家事の流れに合った動線と収納がつくられた住まいなら、短い時間で効率よく作業ができます。

家事動線のなかでも歩数が多いのは洗濯です。衣類を脱いでから着るまでの間には、洗う→干す（乾かす）→取り込む→たたむ→しまうという一連の作業があり、それぞれの移動距離が短いほど効率がよくなります。

洗濯物を外干ししたい場合は、洗濯機をできるだけ干し場の近くに設置するのが理想です。少なくとも同じフロアにすることで、洗濯カゴを抱えて階段を上り下りする必要がなくなります。さらにその近くにクロゼットがあれば、「洗う」から「しまう」までの作業をほぼ一カ所で済ませることができます。

最近では、洗濯物を外干しせず、衣類乾燥機やユニットバスで乾かす方も増えてきています。家事が時短になり、天気や時間を気にせず洗濯できるので、忙しい家庭にはとくに快適です。

家事動線が短い間取り例

外干しする家

洗濯物の干し場が洗面室の外にあるので、洗う→干すの動線が短い。洗面室は日当たりがよく、室内干しもできるので、シワを防ぎたいおしゃれ着などは室内干しにしている。

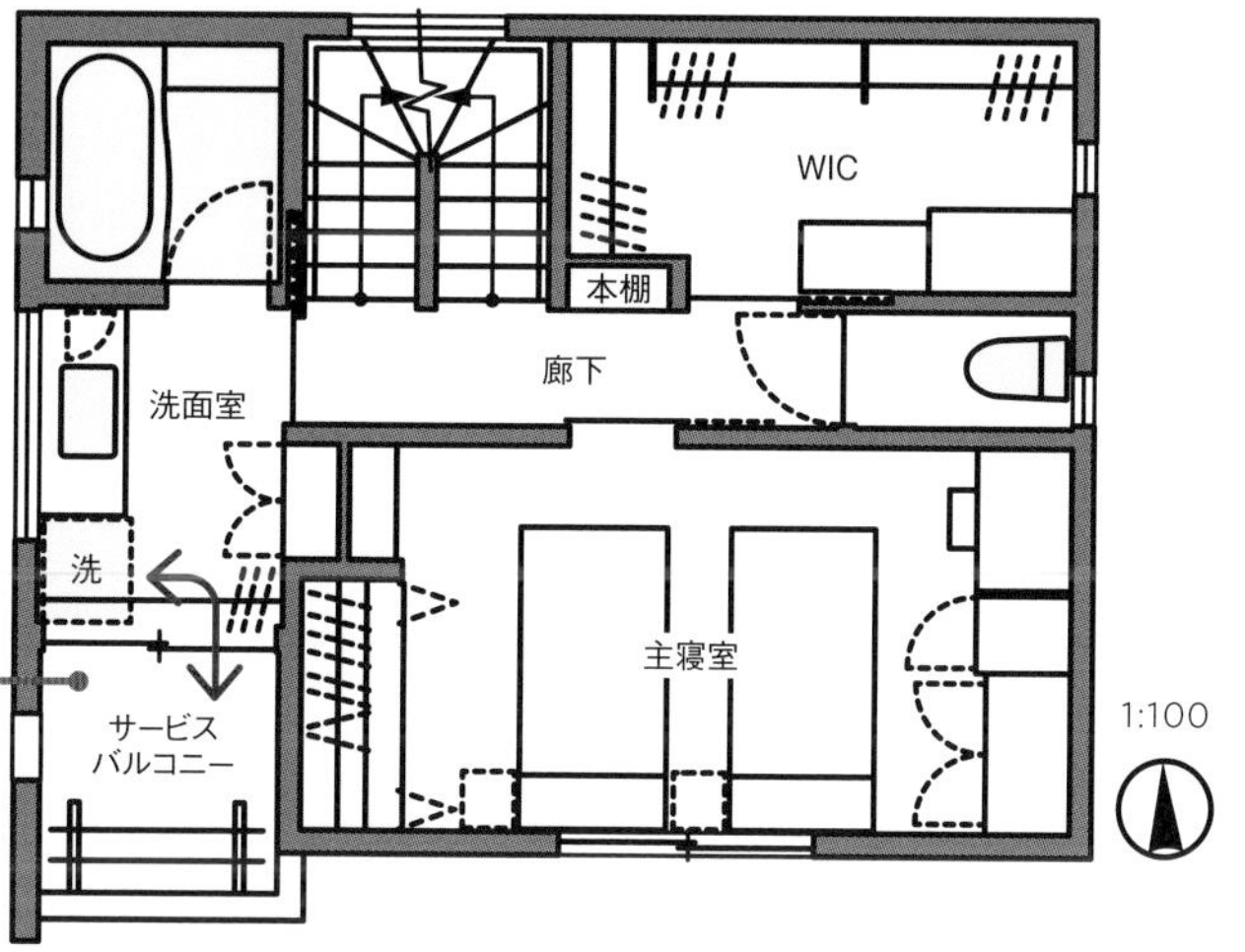

乾燥機＋室内干しする家

洗濯機の上に乾燥機を設置。さらにランドリーコーナーの天井にバーを設置し、室内干しもできるようにしている。乾いた洗濯物をたたんだり、アイロンがけができるカウンターもある。クロゼットも近くに

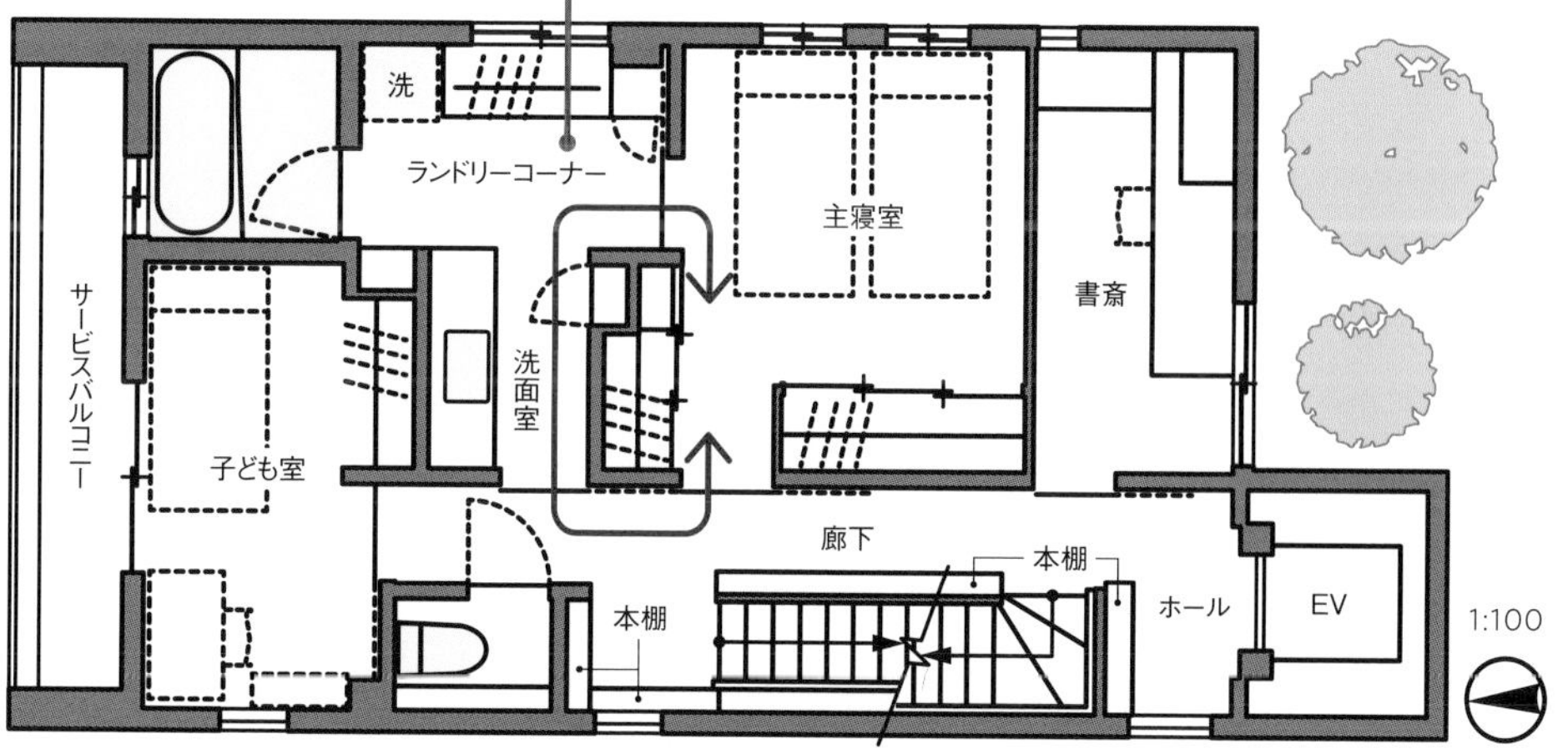

method 5

個人の居場所をつくる

「家族全員で一台のテレビを囲む」という光景が、少なくなりました。家で仕事をする人もいれば、塾や習い事で帰りが遅い子どももいて、家族といえども生活サイクルはそれぞれです。

ひとり一人の好みや考えが尊重され、自分の時間を優先する今、求められているのは、「自分の世界を大切にしながら、家族との絆も感じられる暮らし」ではないでしょうか。そのためには、家族ひとり一人が家の中に「自分の居場所」を持つことが必要なのではと思います。

しかし実際には、子どもには個室があっても大人にはない、という家がほとんどです。もし専用の個室がつくれなくても、リビングやダイニングの一角、あるいは寝室の一部に「自分だけのコーナー」を設けることで、解決はできます。

子育てが終わった世代の方は、子ども部屋だったところを自分の個室に変更するのもひとつの選択肢です。自分だけの空間で落ち着いた時間を過ごすことができれば、家族と一緒の時間もより大切に思えるはずです。

個人の居場所を確保した間取り例

夫のワーキングスペースは、階段上のホールに設置。家で仕事をするときや、パソコンで調べ物をするときなど、適度に家族の気配を感じながら作業することができる

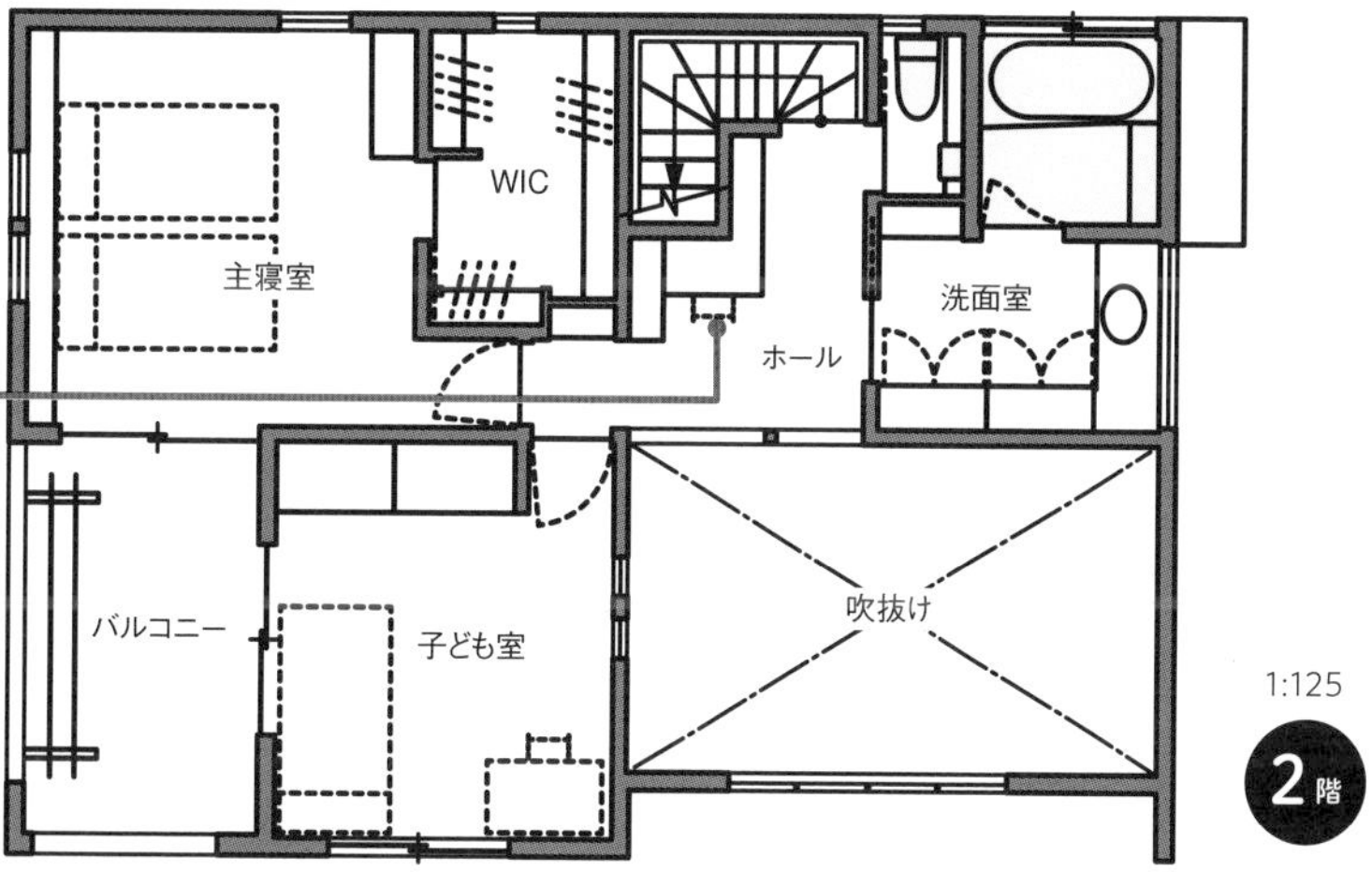

キッチンの一角に、妻のワーキングスペースを設けた。家事の合間にレシピを見たり書き物をしたりできるので便利

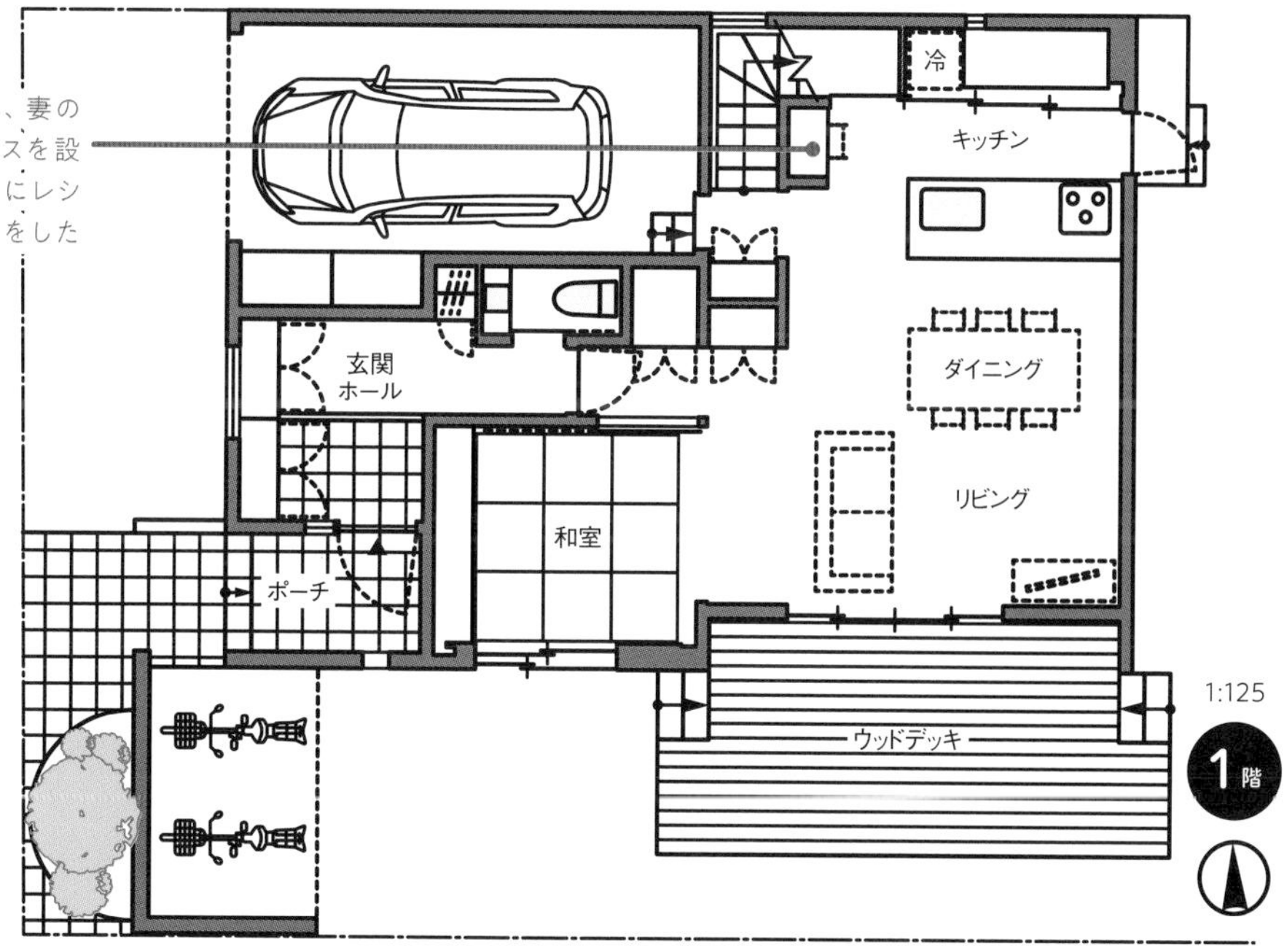

間取りを考える前に確認しておきたいこと

これから家を建てるときやリフォームをする前に、
夫婦や家族で考えて確認しておきたいことがあります。
今までの暮らし方を振り返りつつもそれに固執することなく、
理想の暮らしや少し先のこともイメージしながら考えてみると、
これからの自分たちに合った具体的なプランが浮かんでくるはずです。

☑ どんな来客があるか

友人を呼んで食事をする、離れて住む家族がときどき泊まりに来る、法事などで親戚が集まることが多い、近所の人が気軽に寄れる家にしたい、など、来客の種類や頻度はどうでしょうか? ダイニングの広さや、キッチンのスタイル、和室を設けるかどうか、玄関の広さをどうするかなどを考えるヒントになります。

☑ キッチンは誰が使うか

住まいのなかで、キッチンは以前に増して重要な場所になりつつあります。キッチンに立つのはひとりだけなのか、夫婦で一緒に立つことも多いのか、あるいは家族みんなで立てるようにしたいのかも、考えてみてください。それにより、使いやすいキッチンのスタイルや配置が決まってきます。

☑ 暮しの中で大切にしたいことは

たくさんの本がいつも目に入るようにしたい、帰宅後はまずシャワーを浴びてさっぱりしたい、休日はバーベキューを楽しみたい、家庭菜園をしたり漬物を自分でつくりたい、など、暮らしの中で大切にしたいことを書きだしてみてください。間取りを考えるうえで大切なことです。

☑ 洗濯物をどこで乾かすか

乾燥機も普及してきていますが、外干しにこだわりたい人もいるでしょう。また、共働きで朝が早いので夜のうちに洗濯を済ませ、家の中に物干し場をつくりたいという人もいます。それにより洗濯機や物干し場の位置が変わるだけでなく、クロゼットの位置やバルコニーが必要かどうかも決まります。間取りや動線を決める最初の一歩になることもあります。

☑ 家で仕事をする時間は

リモートワークが増えています。家で仕事をする時間が長い場合は、家族とある程度距離をとって落ち着けるスペースが必要ですし、オンライン会議が多い場合は、閉じた空間が必要になります。

☑ 10年後にはどうなっているか

今の家族だけでなく、少し先の家族の姿もイメージしてみてください。子どもたちは家を出ているかもしれない、リタイアしたら家でどんなふうに過ごすようになるだろう、時々孫の面倒を見るかもしれない、階段の上り下りがきつくなっているかもしれない、など。ライフスタイルや体の変化に対応できる間取りにしておけると安心です。

CHAPTER

2

「自分の正解」が見つかる！

戸建ての間取り集

土地の特徴や、家族構成、ライフスタイルなどの異なる、
45軒の家族がたどりついた
住みやすい間取りの実例をご紹介します。
それぞれの間取りの理由を考えていくことで
自分に合った間取りも自然と見えてくるはずです。

新築

庭

壁の内側に広がる庭と一体になった平屋

松の木を残してエントランスに配した

生まれ育った家の門のそばにあった松の木を残し、閉鎖的にならないようにした。白い外壁を背景に、シンボルツリーとして際立たせた

広いウッドデッキで庭と家をつなぐ

2人暮らしなので住居部分はコンパクトにし、その分庭を広く。LDと寝室の前に広いウッドデッキを設け、庭とのつながりをつくった

妻の実家を相続した60代ご夫婦の「終の住まい」です。116坪の敷地を生かしながら、今までの人生を労い、豊かな気持ちで暮らせる家づくりを目指しました。

交差点に面する敷地のため、プライバシーを確保する必要がありました。敷地の南側には板塀を建てましたが、西側は建物の壁を伸ばして（メイン写真）、外からの視線を遮りました。街並みに対して閉じすぎた印象にならないよう、道路との間に植栽を施しています。

住戸の中は、プライベートスペースとパブリックスペースを分けた間取りです。家の扉はすべて引き戸にしており、開け放すとワンルームのように生活することもできます。LDからも寝室からも庭が眺められ、低い位置につくった和室の窓からは、ほかの部屋とは印象の違う石庭を眺めることができます。

家族構成
夫婦
敷地面積
383.19㎡
延床面積
104.32㎡

高窓から部屋の奥まで一日中自然光が届く

住戸の奥まで自然光が入るように、リビング・ダイニング部を半層の吹き抜けにして、さらに高窓を設けている

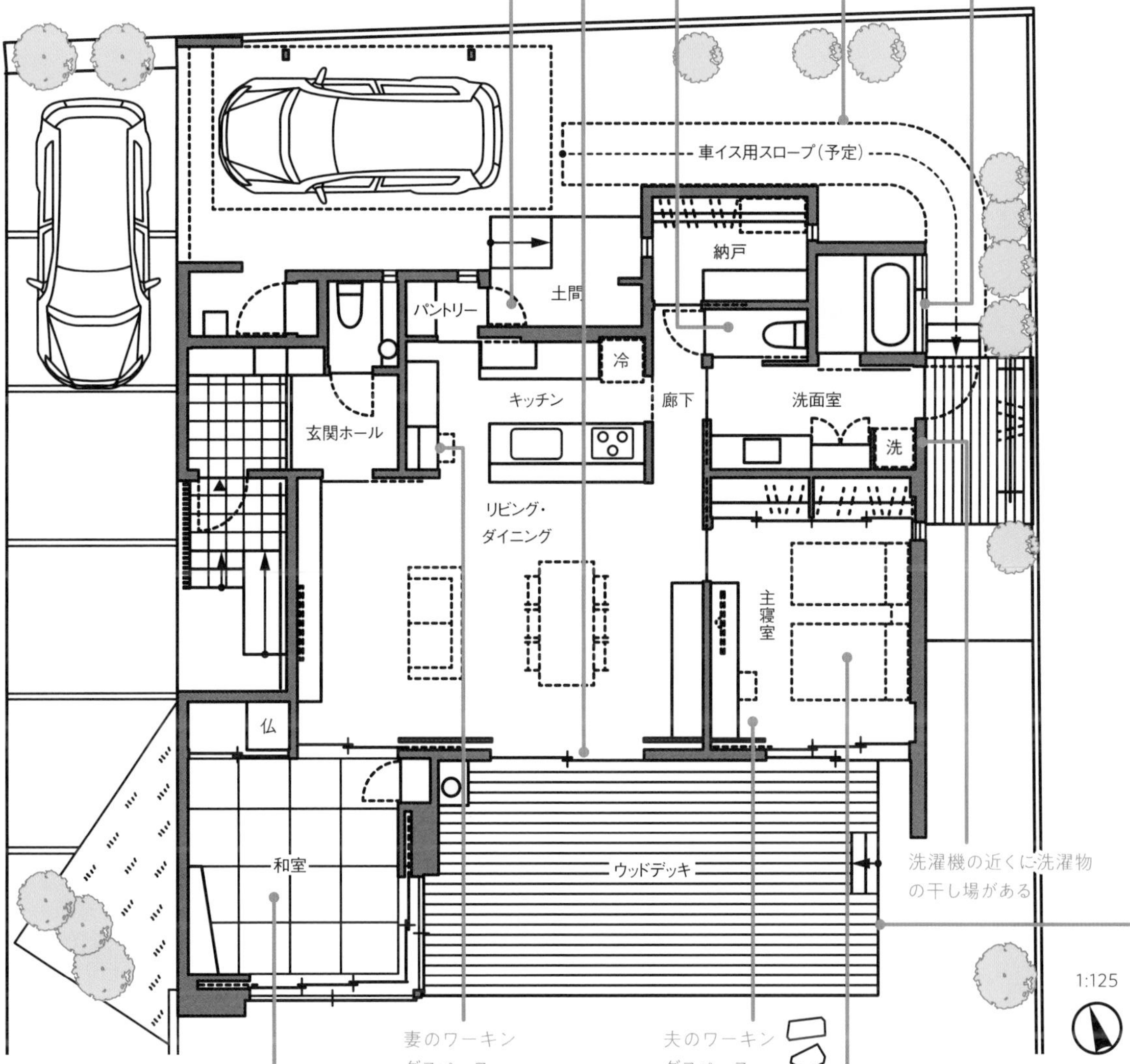
将来は車椅子用のアプローチになる予定
浴室から緑が見える
駐車場から入れる勝手口
2方向から入れるトイレ
妻のワーキングスペース
夫のワーキングスペース
寝室からも庭が眺められる

POINT

座って過ごす和室の窓はあえて低くする

和室は畳の上に座るので、目線に合わせて窓の高さを抑え、庭の見せたいところだけが見えるように。和室から見えるのは、家に残されていた石を集めてつくった石庭

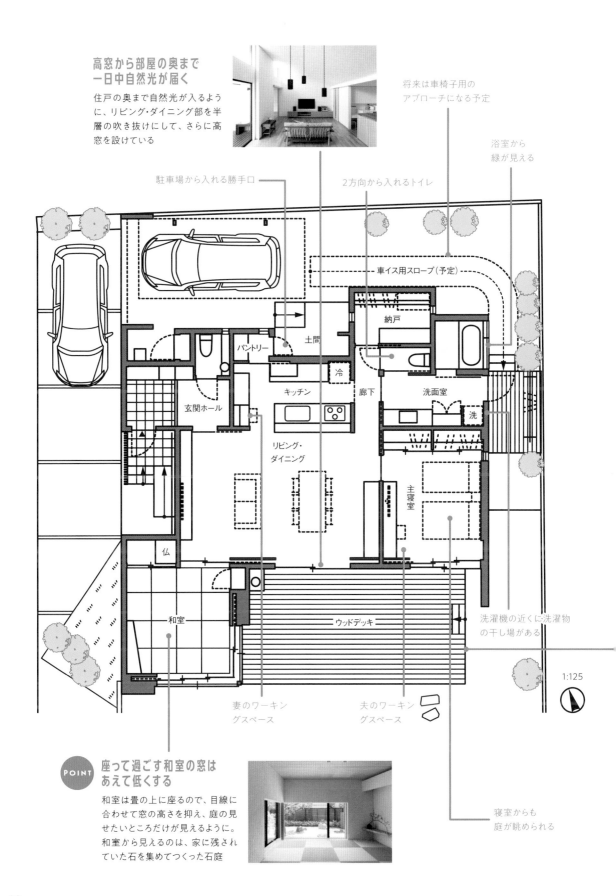

新築

コンパクト

交差点に立つ変形地を 壁で囲って住みやすく

敷地の配置

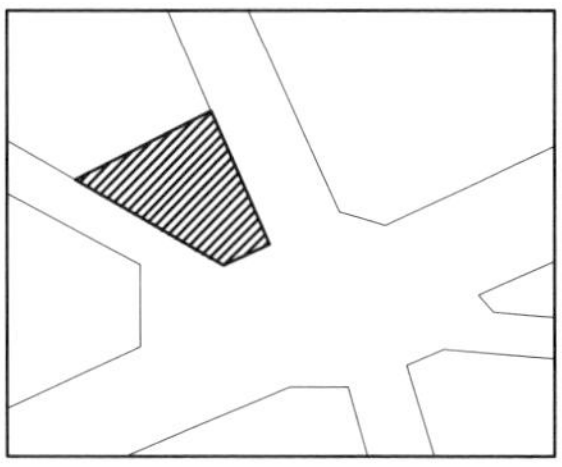

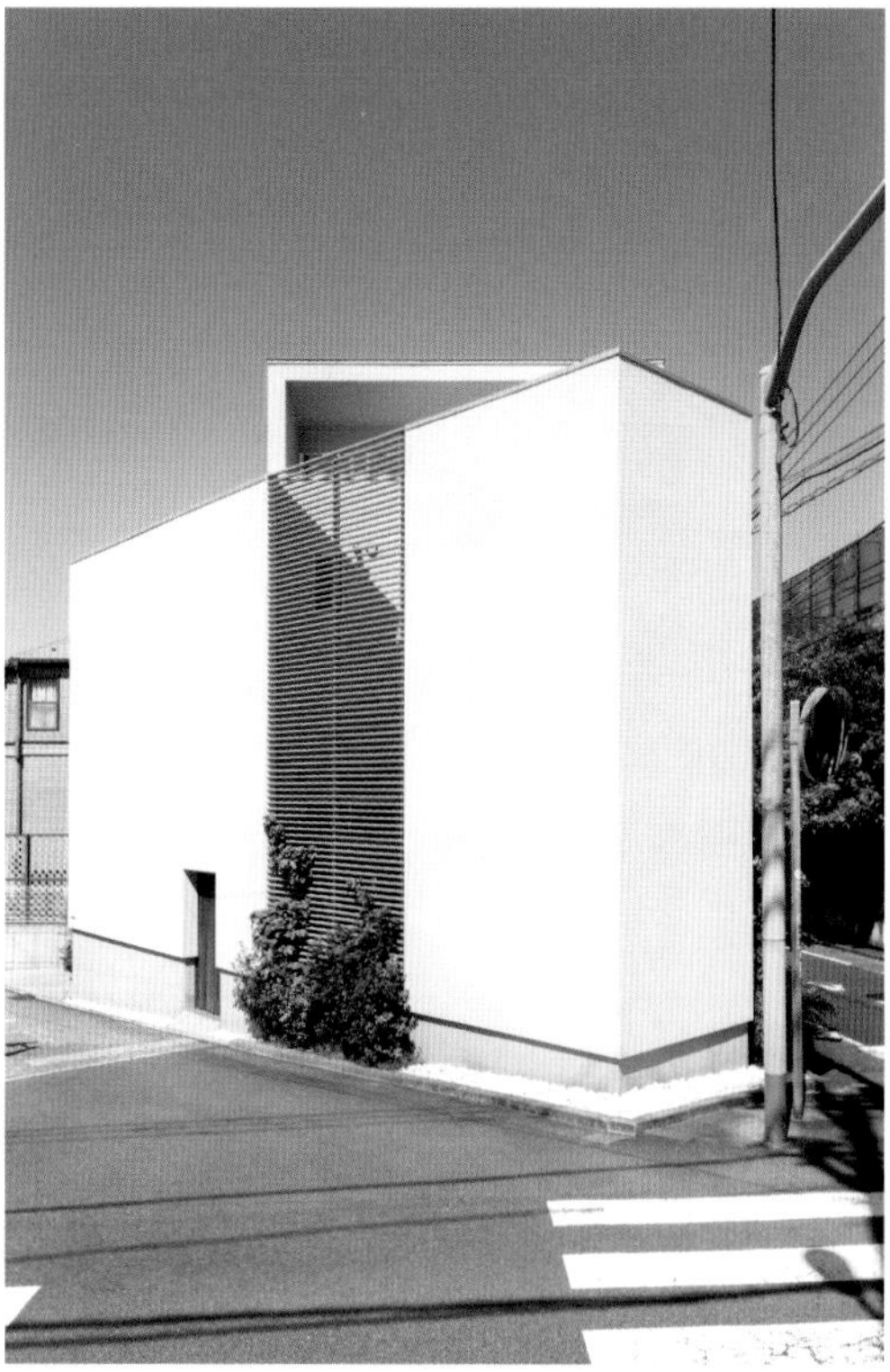

POINT 敷地を壁で囲い プライバシーを守る

三方を道路に囲まれた、交差点に建つ土地なので、敷地を高い壁で囲んでプライバシーを守っている。壁の一部をルーバーにして、光と壁を採り込んでいる

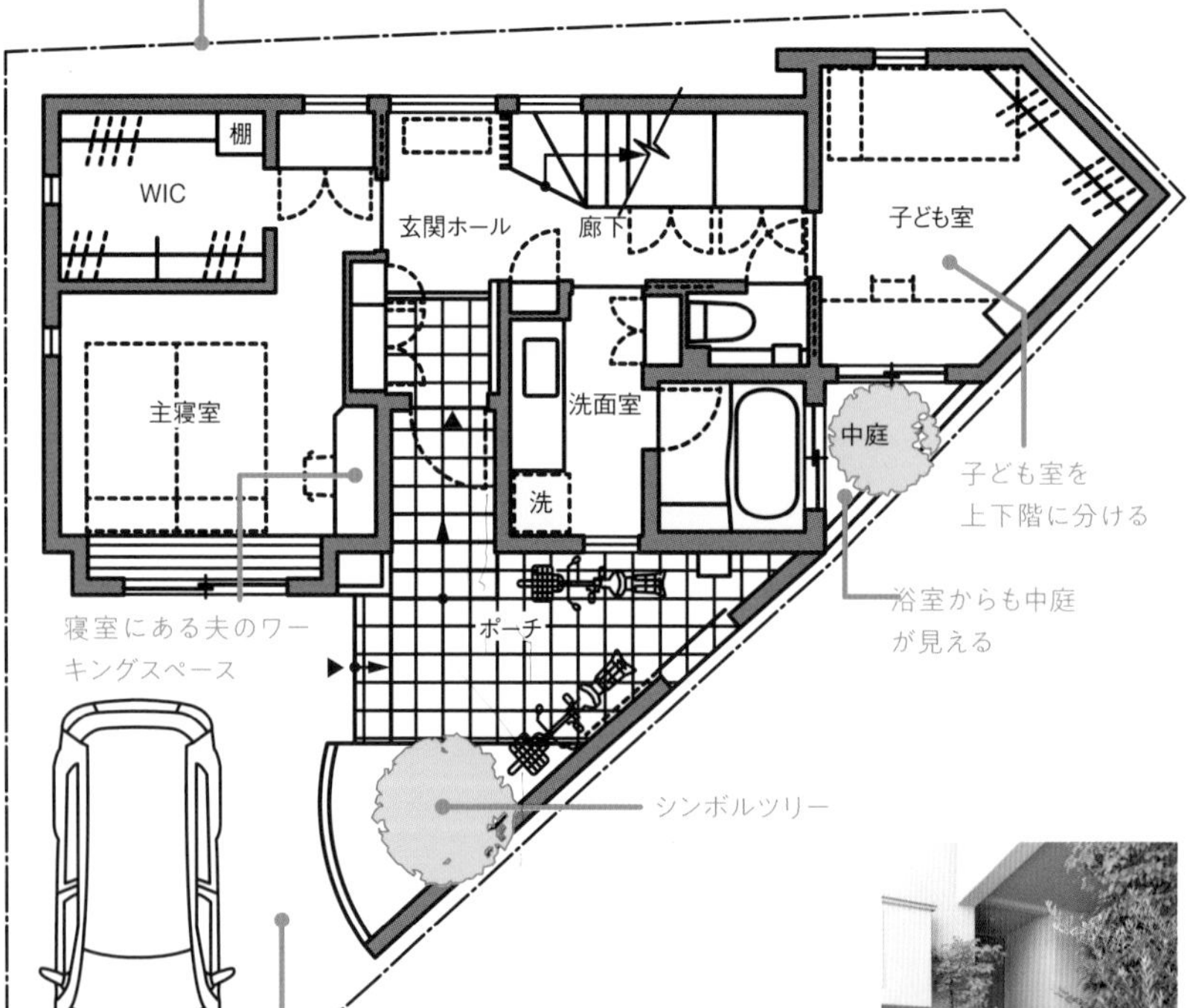

玄関ドアが 通りから見えない工夫

玄関は外から見えないように、接面道路からアプローチをクランクさせた。訪れる人をシンボルツリーが迎え入れる

家族構成
夫婦+子ども2人
敷地面積
105.13㎡
延床面積
1階 46.61㎡
2階 48.68㎡

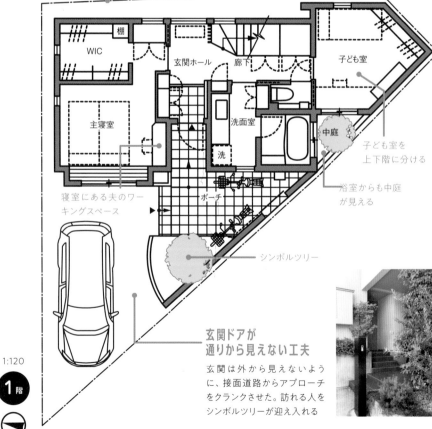

五差路の一角にある、変形の土地に建つ家です。プライバシーを守るために高い壁で囲みながら、中に入ると開かれた、光と風を感じられる住まいを目指しました。

そのために、2つの小さな中庭をつくりました。ひとつは、壁の一部をルーバーにし、子ども室に光と風を運んでいます。浴室からもこの中庭の緑が目に入ります。

もうひとつの中庭は、2階に設けたリビング横のバルコニーに面しています。

道路に面していても高い壁で囲まれているので、外の目を気にせずにここでお茶や食事を楽しむことができます。

リビングには高窓を設けて、光を採り入れています。

北側斜線の低い方にキッチンを配置

2階のほとんどを占めているLDKのうち、北側斜線のため低くした位置にキッチンを配置した。リビングに向かって天井を高くしているので開放感がある

ダイニングの一角に設けた母と子のスタディコーナー

ダイニングの一角に、母親の書斎を兼ねた子どものスタディカウンターを設けた。料理をしながら、子どもたちの様子が見える

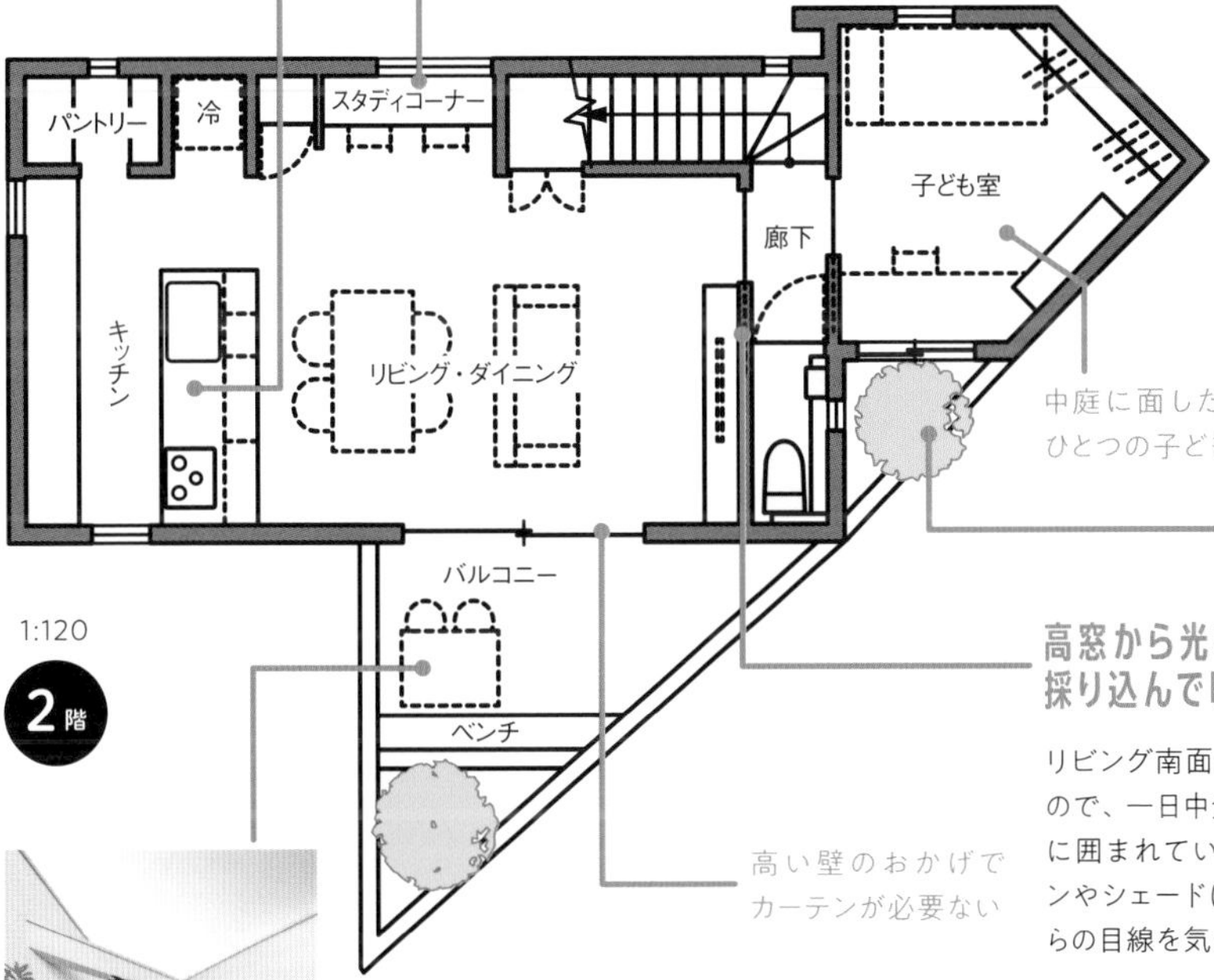

中庭に面したもうひとつの子ども室

ルーバーで光と風を採り入れながら、通る人の目線をかわす

高窓から光を採り込んで明るく

リビング南面には高窓を設けているので、一日中光が差し込む。高い壁に囲まれているので、日中はカーテンやシェードは必要ない。常に外からの目線を気にせず過ごせる

高い壁のおかげでカーテンが必要ない

中庭に面したバルコニーで食事もできる

2階のリビングの外の、高い壁に囲まれたバルコニー。アウトドア感覚で、お茶を飲んだり食事を楽しむこともできる

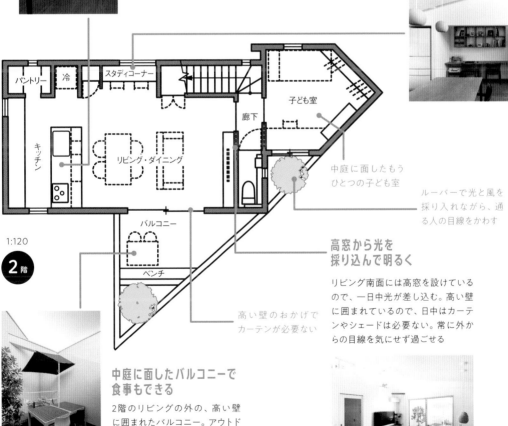

新築

コンパクト

傾斜地、住宅密集地でも光あふれる住まいに

POINT **壁をルーバーで覆いプライバシーを確保**

道路に面した窓のある壁をルーバーで覆った。光や風を入れながら、外からの視線を遮ることができる

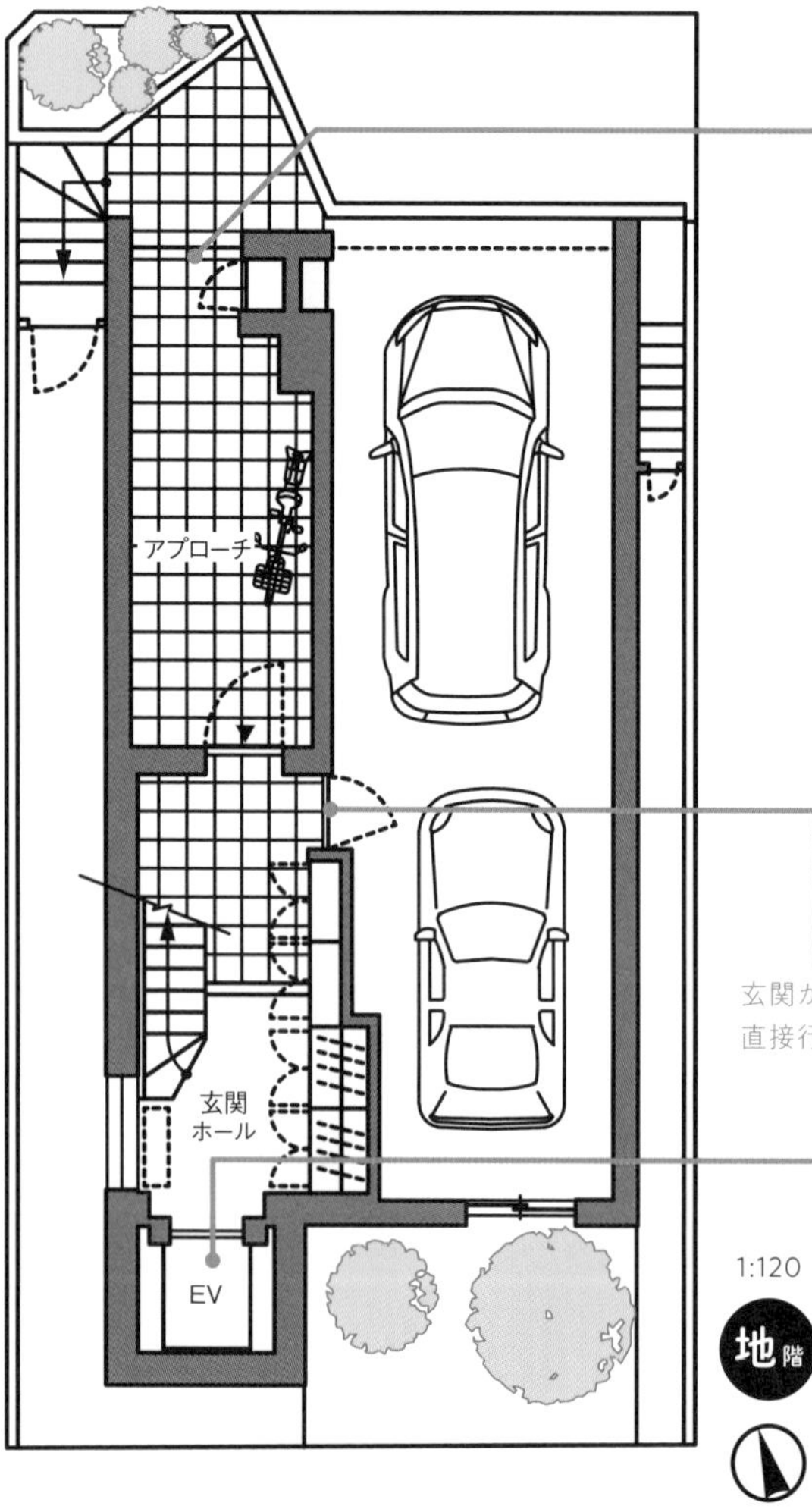

アプローチを通って玄関へ

傾斜地を利用して、半地下に玄関とアプローチを設けた。左手前にはゴミ置き場があり、アプローチ内が自転車を駐めるスペースにもなっている

玄関から駐車場に直接行けるドア

将来を見据えてエレベーターを設置

家族構成
夫婦+子ども1人
敷地面積
112.58㎡
延床面積
地階 28.58㎡
1階 56.17㎡
2階 51.90㎡

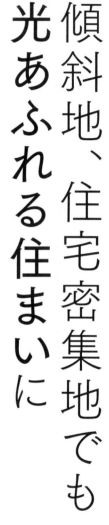

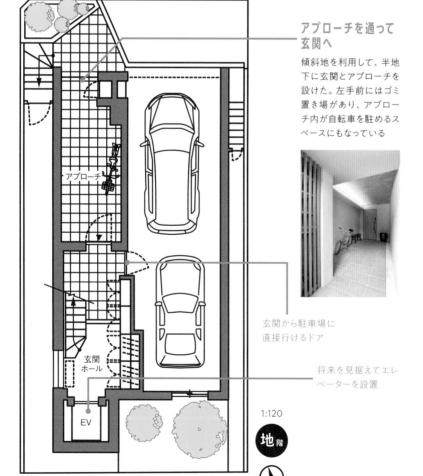

50代のご夫婦と中学生の子どもが暮らす家です。「子育てが終わってからもずっと住み続けられる『終の棲家』にしたい」というご要望でした。

傾斜地なので、土地を道路のレベルに合わせて、地盤面より1・4メートル下がった半地下のガレージと、玄関へのアプローチをつくりました。地下から2階までのエレベーターを設け、万一、車椅子生活になったときに備えました。

密集地に建つ都市型の家では、道路や隣家からの視線が気になるという問題もあります。そこで、道路に面した窓のある壁を、一面アルミルーバーで覆いました。中からは外が見え光が入りますが、外からの視線は遮られます。

2階のリビングは、天井を高く吹き抜けにしてロフトを設けました。高窓から明るい日差しが降り注ぎ、開放感があります。

衣類管理が一カ所で終わるランドリーコーナー

大きな窓から光が入る洗面室。乾燥機を備えているが、窓際で洗濯物を干し、広いカウンターの上でアイロンがけもできる。寝室のクロゼットにも近く、衣類の動線が短い

廊下を利用して大量の本を収納

本好きな家族のために、大量の本を収納できる棚を廊下に設置。ただ通るだけの空間が、図書館のようなスペースに

高窓から光が入る

2階のリビングは吹き抜けをつくって明るく、気持ちよく

高窓を設けたので、家の奥まで光が入る

ロフトにつながる階段

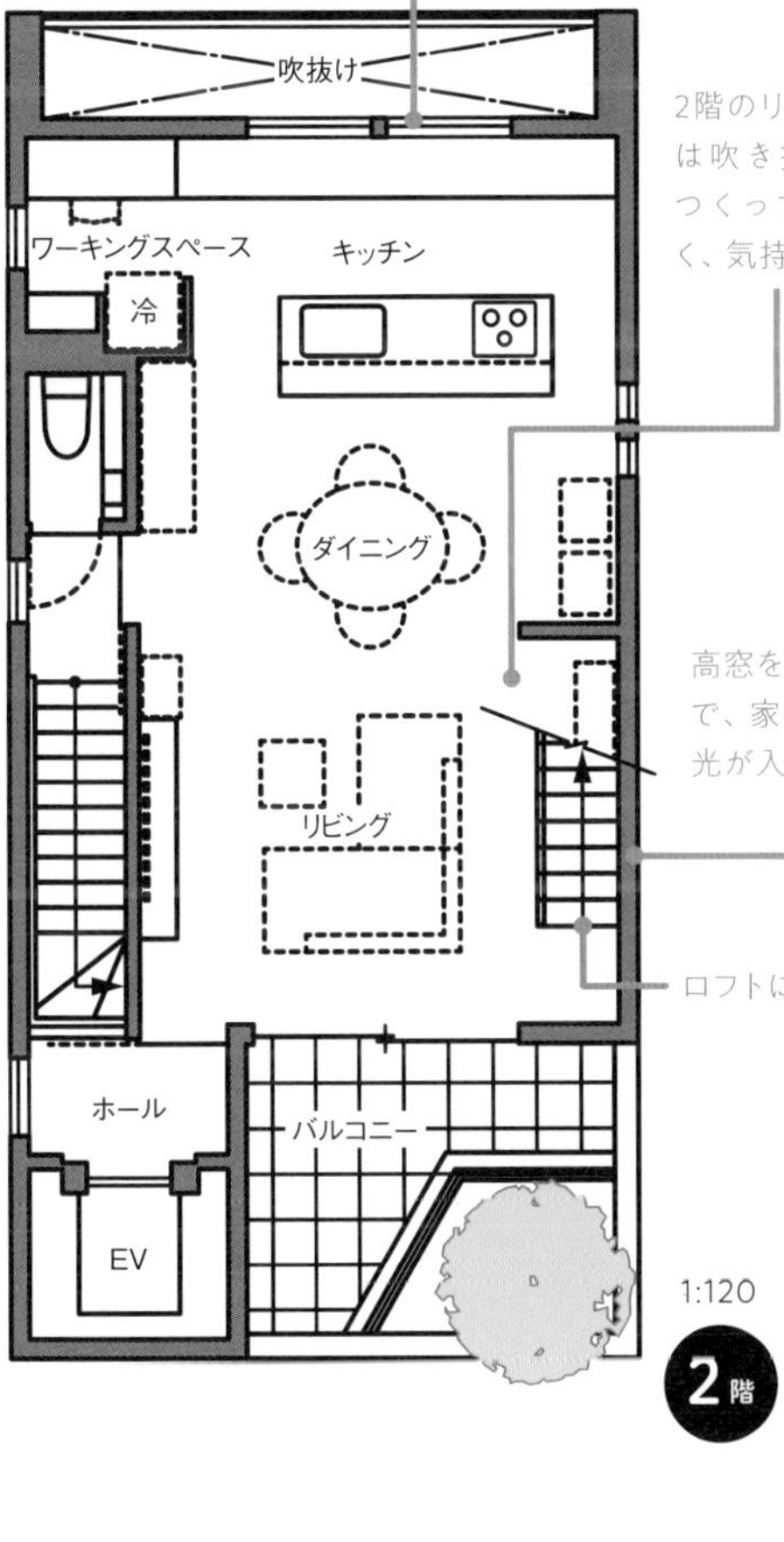

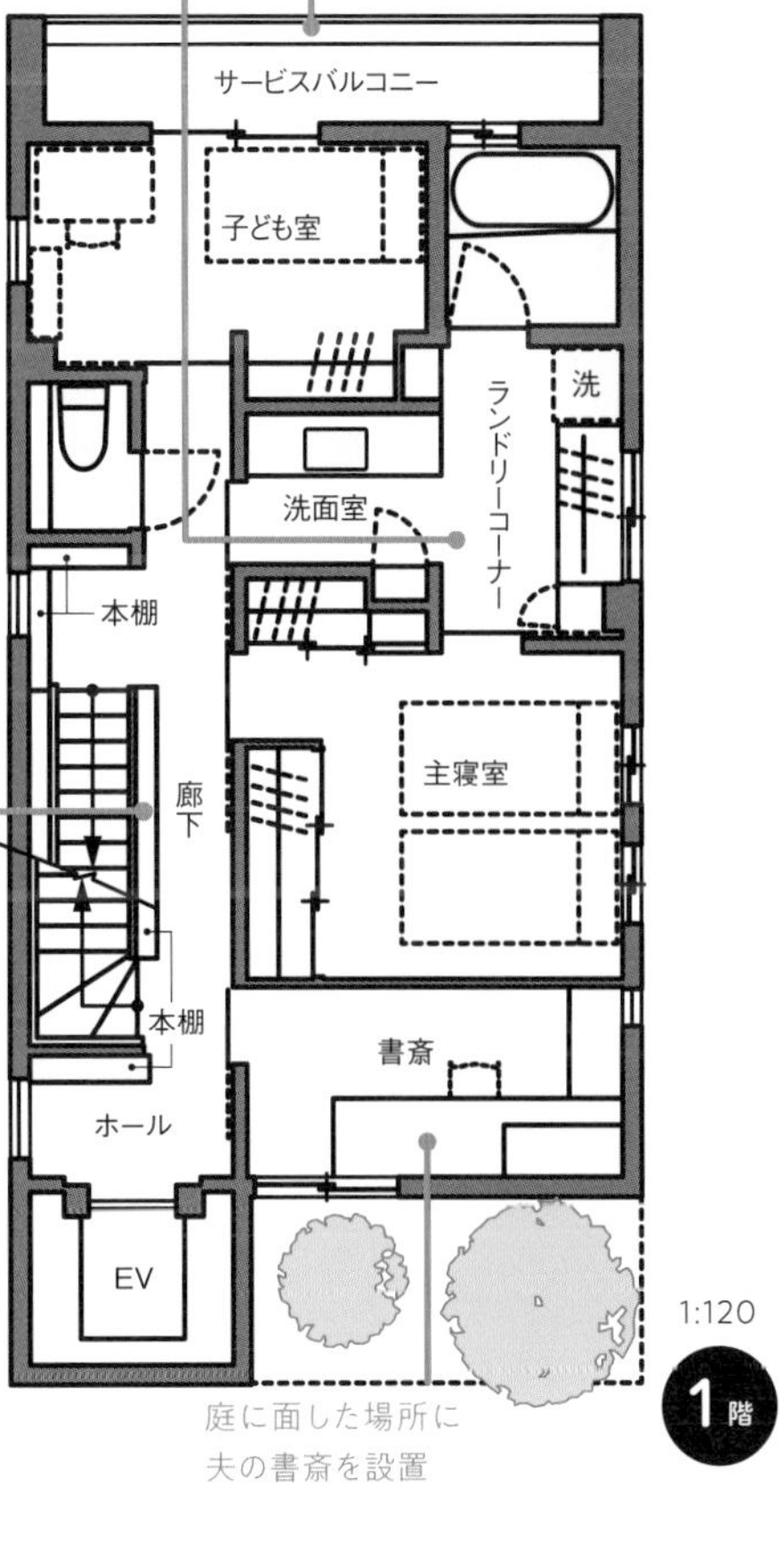

庭に面した場所に夫の書斎を設置

新築
庭

高台の敷地のマイナス点を地下からのアプローチで解決

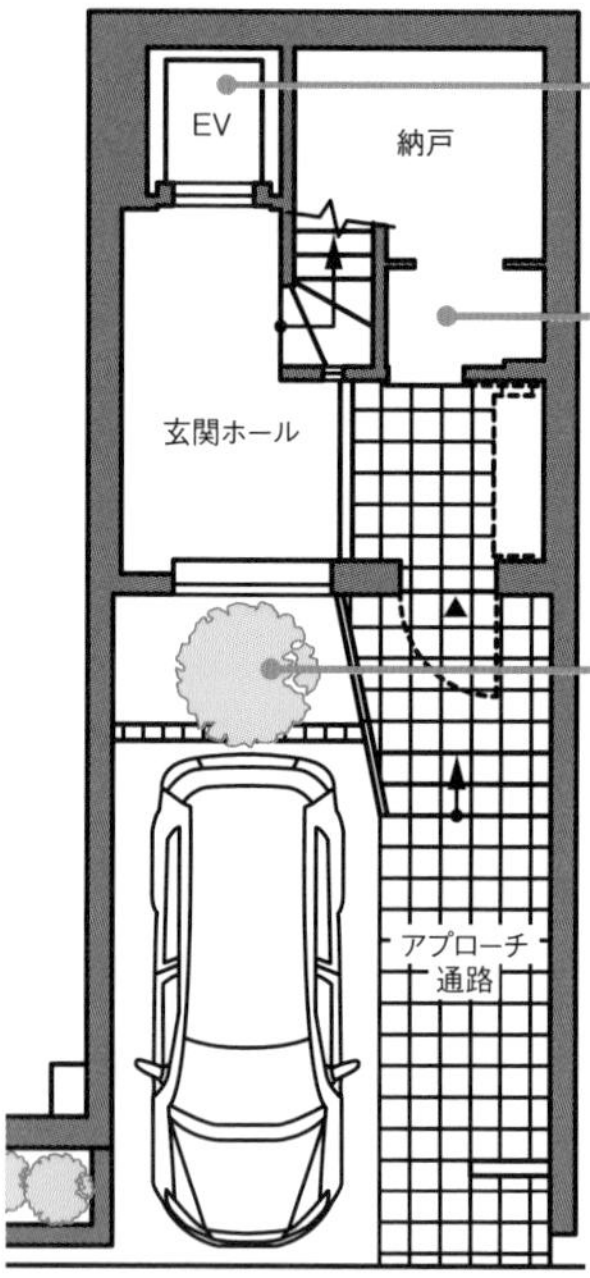

地下から2階までエレベーターで移動できるので、老後も安心して暮らせる

玄関内に靴のままで入れるクロークがあり、ゴルフ道具などはここに収納できる

1:130

地階

庭のウッドデッキ下が地階のアプローチに

1階のウッドデッキの下は、玄関へのアプローチになっている。シンボルツリーのシャラの樹は、玄関ホールの大きな窓からも見える

家族構成
夫婦
敷地面積
175.45㎡
延床面積
地階 29.08㎡
1階 68.37㎡
2階 49.52㎡

敷地と道路に高低差がある場合の多くは、玄関までのアプローチを階段で解決しています。このご夫婦も、長い階段のある高台の家にお住まいでしたが、老後を見据えて建て替えの相談にみえました。長年住み慣れた場所で暮らし続けるために提案したのは、擁壁を掘って地下をつくり、前面道路からの平坦なアプローチの家に建て替える案です。3層建てになるので、エレベーターを設置しました。階段の上り下りが難しくなったときにも安心です。

アプローチ部分の屋根が、1階の庭のウッドデッキになっています。リビングの上階に夫の書斎を、1階のキッチンの隣に妻の書斎を設けました。ひとりになれる場所がありながら、吹き抜けの間取りでゆるくつながれる、安心感もある間取りです。

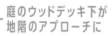

眺望のいい場所に夫の書斎を設置

LDの上階には夫の書斎スペースを設けている。吹き抜けになっているので目の前が開けていて、窓の外の景色を眺めながら作業ができる。背面には壁いっぱいの書棚を設置

通り抜けられるWICで寝室と水回りがつながる

寝室からは、廊下を通って洗面室につながっているが、ウォークイン・クロゼットを通り抜けていくこともできる。2人の動線がぶつからず、朝・夜の身支度がスムーズ

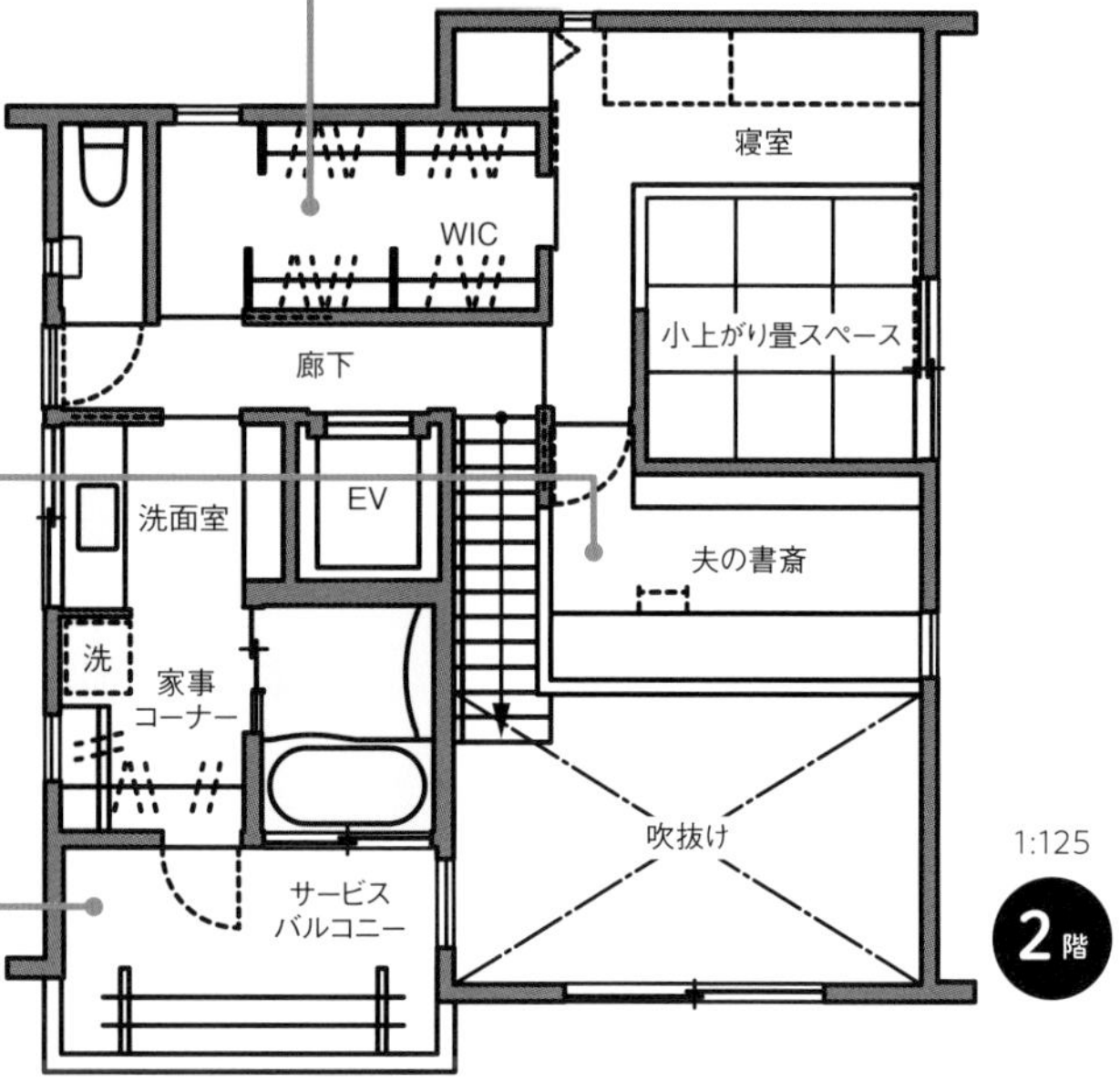

吹き抜けから一日中光が入る明るいリビング

リビングは吹き抜けになっていて、高い位置にある窓からも光が降り注ぐので、室内全体が一日中明るい。同じ床の高さのウッドデッキが、空間をさらに広く見せている

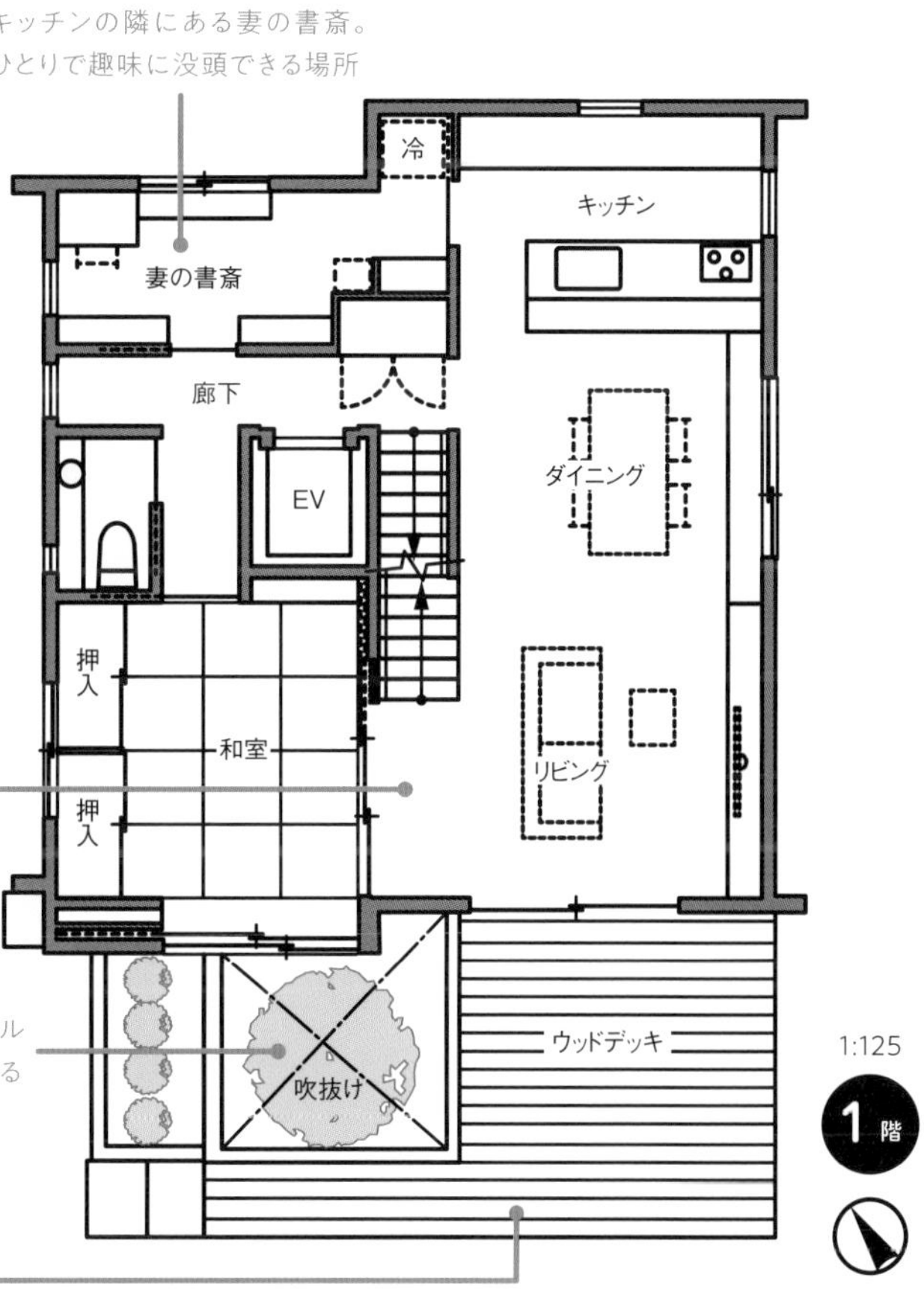
和室からもシンボルツリーが眺められる

POINT アプローチの上は広いウッドデッキに

地下に設けたアプローチの屋根が、1階の庭のウッドデッキになっている。リビングの大きな窓からいつでも庭が眺められる

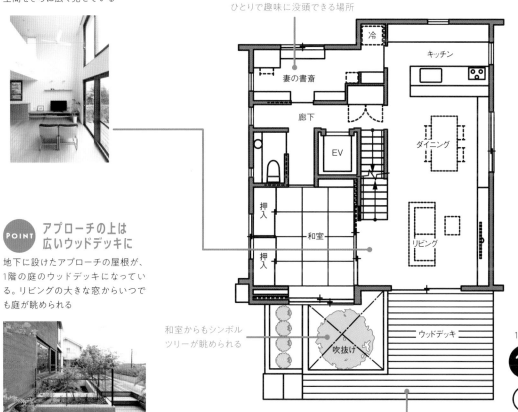

新築

平屋

家の中心に薪ストーブがある郊外の平家

東日本大震災で浸水したのをきっかけに、祖父の家があった広い敷地に、家族3人で住める平屋を建てた50代男性。高齢のお母様のために、暖かくて居心地のいい家をつくりたいというご依頼でした。いざというときには電気もガスもいらない薪ストーブを導入しました。

ご本人とお姉様の個室は、水回りの近くに。お母様の個室には専用の洗面台があるので、水回りから離れた場所でも不便はありません。ご近所の人たちとのつながりを大切にするお母様のために、和室の外に縁側をつくりました。玄関を通らず、庭を通って気軽に来てもらうことができます。

広い庭を眺めながら、快適に過ごせる住まいになりました。

庭に踏み石を設けて歩きやすく

近所の人たちは、玄関を通らず庭を通って、直接ウッドデッキに来ることができる。庭を歩きやすいように踏み石を設けた

母の寝室から和室を通ってリビングに行ける

母の寝室は離れのような位置にあり、和室を挟んでいるので、子どもたちと生活時間が違っても音が気にならない。和室を開け放せば、LDKへの通路になる

家族構成
本人+母親+姉
敷地面積
481.02㎡
延床面積
1階 159.42㎡
2階 17.39㎡

POINT 薪ストーブのあるリビングでくつろげる

L字型の家の中心にLDKを設けて、薪ストーブを配置した。温められた空気が、各居室にも伝わっていく

車椅子も使えるアプローチ

玄関へは、階段のほかにゆるやかな勾配のアプローチがあり、車椅子で入ることができる。駐車場から来る場合も、このアプローチを利用する

キッチン→パントリー→洗面室が回遊動線になっている。洗濯機のある洗面室から、パントリーを通って干し場に出られる

勝手口の外には薪置き場があり、リビングに直接搬入できる小窓を設けている

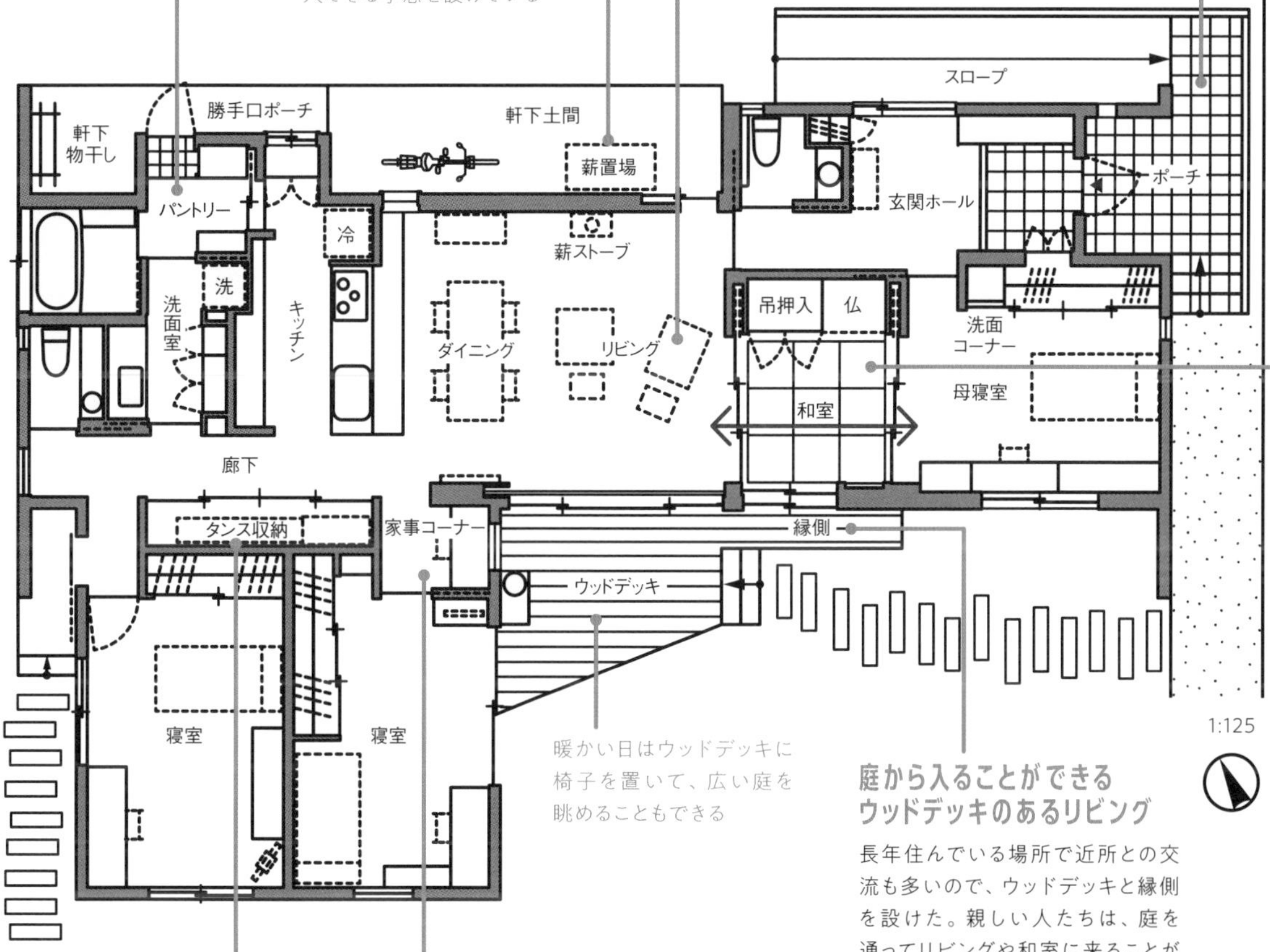

暖かい日はウッドデッキに椅子を置いて、広い庭を眺めることもできる

思い出のある大きな古いタンスは、転倒防止のため廊下収納の中に収めた

庭を眺めながらアイロンがけができる家事コーナー

庭から入ることができるウッドデッキのあるリビング

長年住んでいる場所で近所との交流も多いので、ウッドデッキと縁側を設けた。親しい人たちは、庭を通ってリビングや和室に来ることができる

新築

庭

北側斜線を生かした開放感ある2階リビング

POINT 斜線制限により角度をつけた屋根

隣地の日照を確保するための斜線制限があり、屋根が北側に向かって斜めになっている。2階のリビング・ダイニングはそれを生かした勾配天井に。南側の窓から光がいっぱいに入る

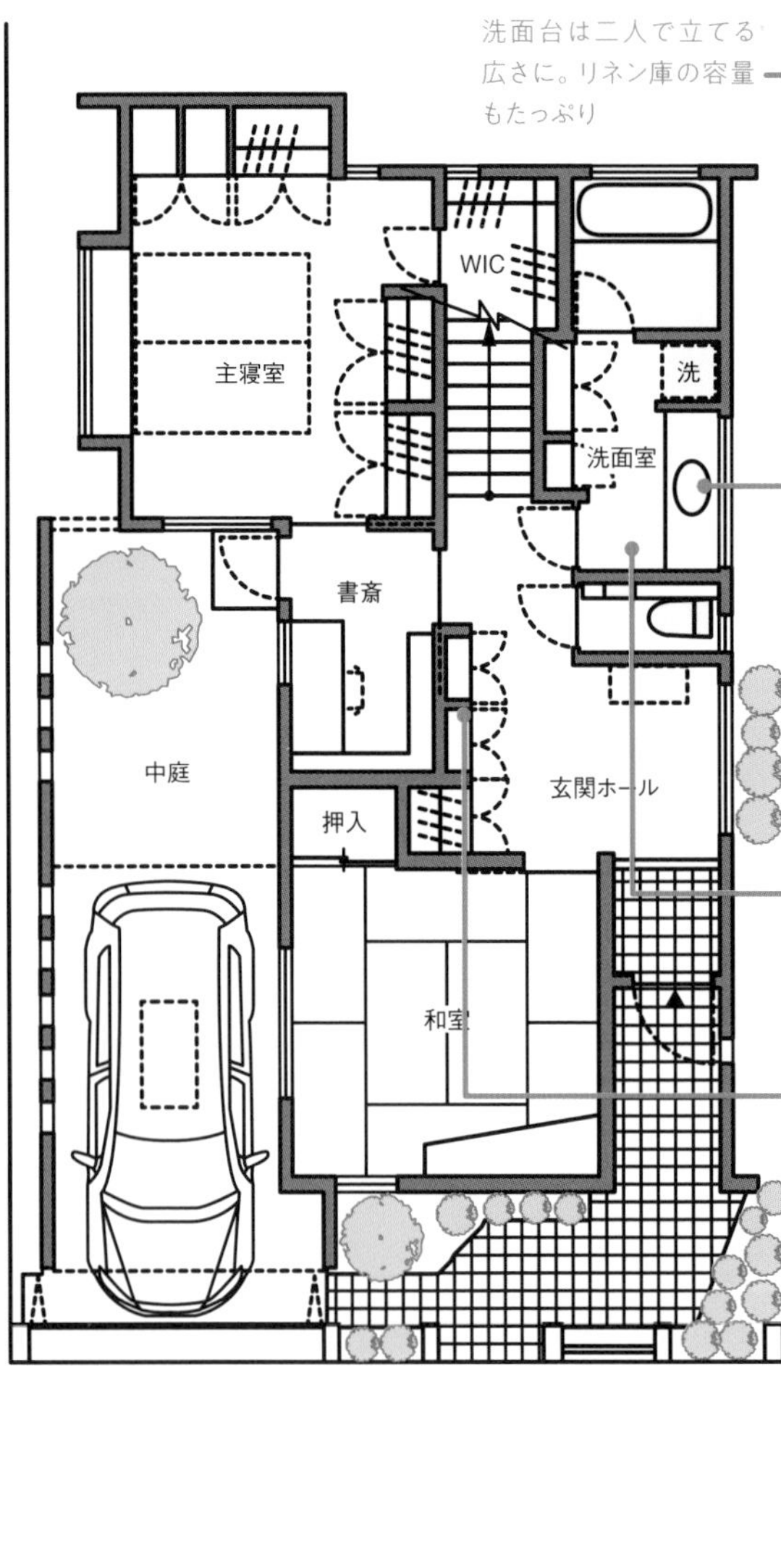

洗面台は二人で立てる広さに。リネン庫の容量もたっぷり

寝室と水回りが近いので身支度動線が短い

ホールの壁面に、コート掛けと下足入れのほかに、新聞や段ボール類、日用品ストックなどをしまえる収納を設置

1:120

1階

家族構成
夫婦+子ども2人
敷地面積
132.24㎡
延床面積
1階 62.76㎡
2階 65.58㎡

私が24年前に建てた自宅です。家族が集うLDを明るく、広くしたいと思い、2階に配しました。北側の斜線制限をかわすため、屋根の角度を生かし、勾配天井にしています。それにより、吹き抜けのような開放感あるLDとなりました。日中は高窓からの光が部屋の奥まで注ぎます。

庭を高い外壁で囲んだので、外からの目線が気になりません。中庭のシンボルツリーは1階からも2階からも眺めることができ、天気のいい日はバルコニーで食事も楽しめます。

仕事と育児を両立させるために、家事効率のいい動線も考えました。来客が多いので、キッチンは独立型でできるだけコンパクトに。洗濯物は基本的に乾燥機で乾かします。適所に適量の収納も確保しました。この住まいが、忙しい私を今日まで支えてくれています。

子ども室はロフトがベッドになっていた

子どもが小さいときは、デスクを並べて置き、それぞれのデスクの上にロフトを設けて寝室とした（成長してからは2つの個室に分けるリフォームを実施）

階段や廊下を長くしてギャラリーに

好きなインテリアを楽しむため、階段や廊下はあえて長くして、「飾る」ためのスペースに。通る人が楽しめる、ギャラリーのような場所にしている

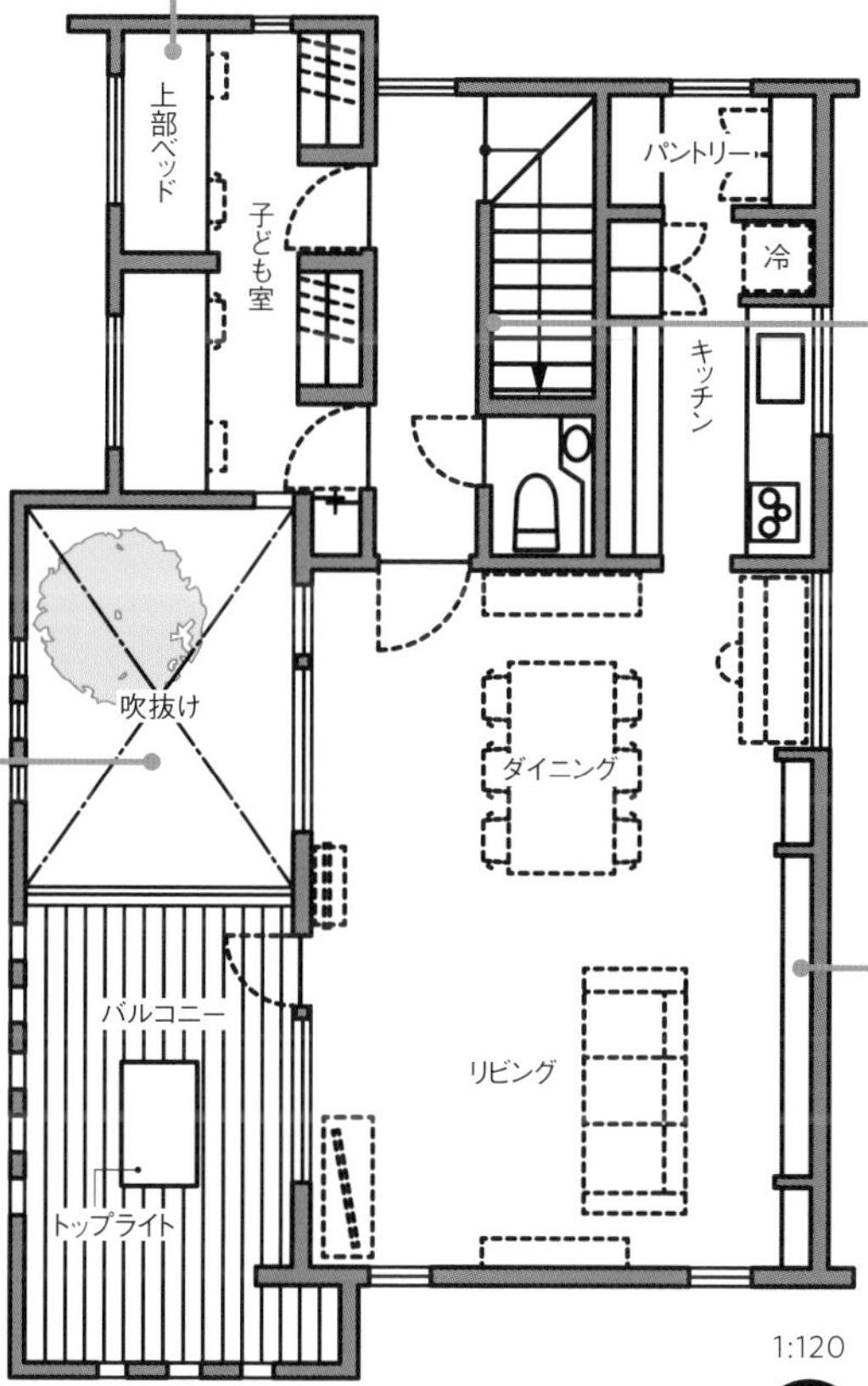

1:120

2階

リビングには背の低いカウンターを

くつろぐための空間であるリビングには、背の高い家具は置かず、背の低いカウンター収納を作成。ひざ掛けやソファカバーの替え、アルバムなどを収納している

壁で囲んだ中庭でLDからの眺めを楽しむ

2階のリビングから続くバルコニーは、高さ1.6mの壁で囲みプライバシーを守っている。バルコニーのトップライトがテーブル代わりになり、お茶やバーベキューを楽しめる

新築

庭

中庭の緑を楽しむ店舗併設の二世帯住宅

美容室を経営する女性が、娘さん家族と同居するための住まいです。女性は近く引退する予定で、娘さんが後を継ぐことになっています。町の人たちに長年親しまれてきた美容室なので、お客様にこれからも足を運んでいただけるような店舗のプランを考えました。

1階にはお母様の寝室と水回り、そして店舗があります。住宅と店舗の中心に中庭を設け、どちらからも緑を楽しむことができる間取りです。店舗の奥には事務スペースとスタッフが休憩できるバックヤード、着付けができるスペースを設けました。お母様の寝室に隣接したトイレは、お客様と兼用とし、入り口が2カ所になっています。

2階は娘さん家族のスペースです。LDKはロフトへの吹き抜けになっているので、明るく、開放的な空間。2階からも中庭の緑が目に入ります。

明るく、シンプルな内装の店舗

昔ながらの方も通いやすい、親しみやすい店舗になるように、木を使ったシンプルなデザインに。鏡の上に設けた高窓からも光が入り、一日中明るい

POINT

待ち時間にも中庭を眺めてもらえる

美容室のお客様が待ち時間に座るためのカウンターを、中庭に面した場所に設置。待ち時間も緑を眺めながら過ごしてもらえる

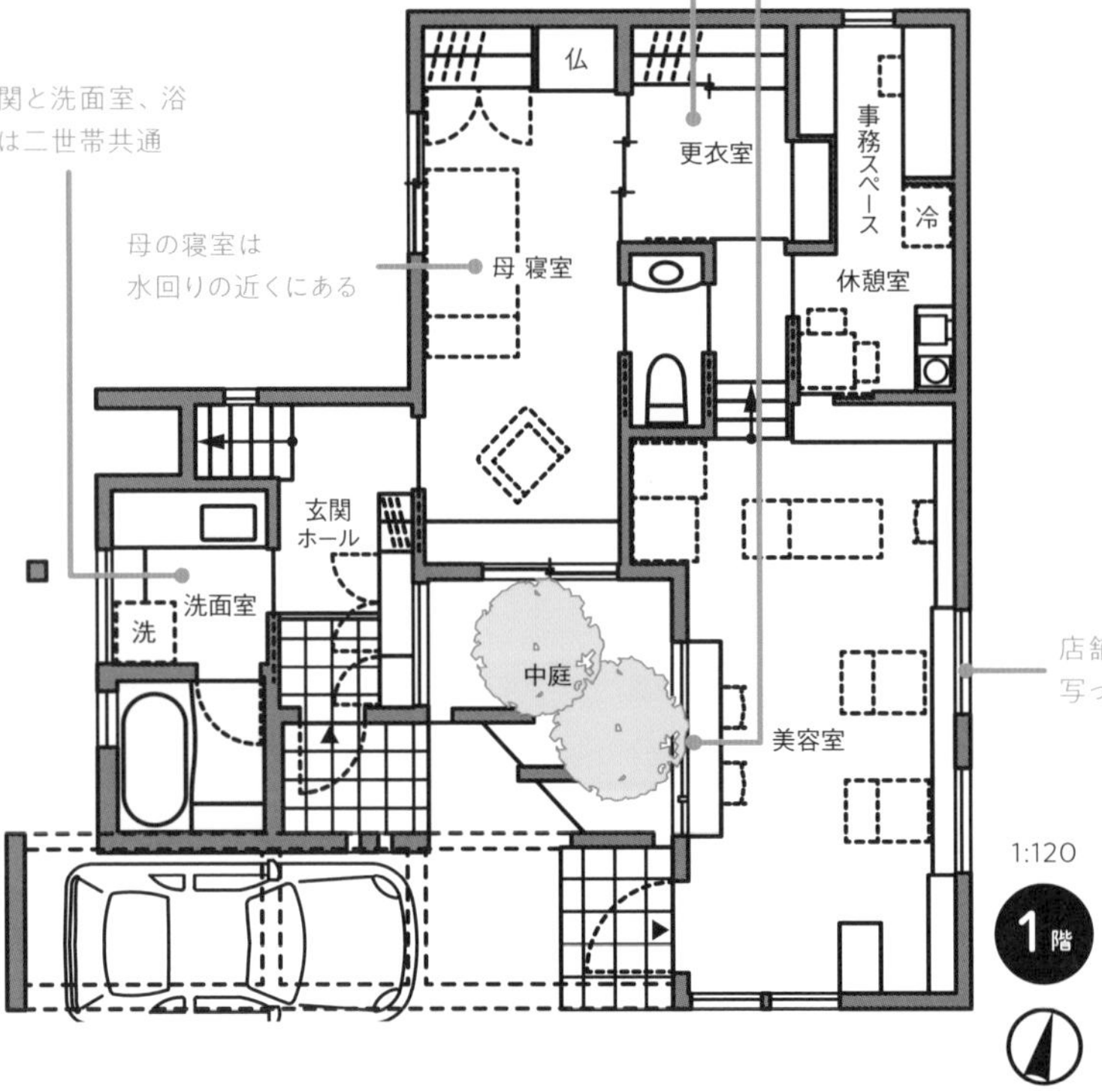
美容室の着付け室
店舗の鏡に緑が写って美しい

家族構成
母+夫婦+子ども1人
敷地面積
117.41㎡
延床面積
1階 62.17㎡
2階 54.02㎡

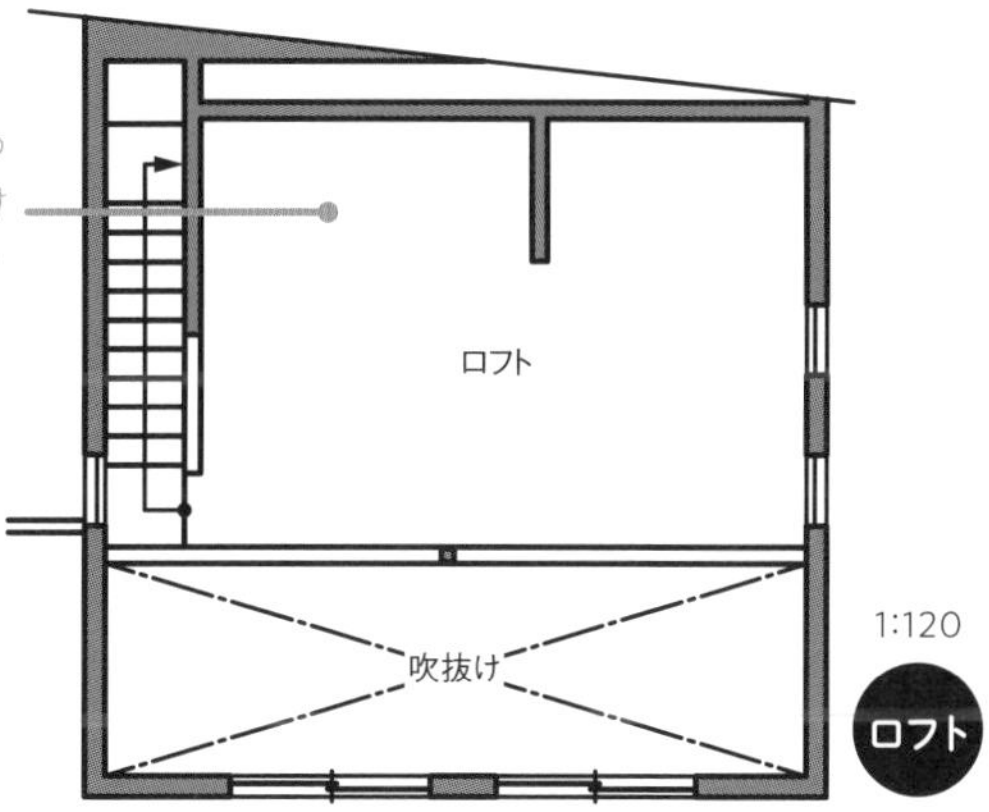
将来子ども室として使う予定のロフト。吹き抜けに面しているので明るい

親子で使えるスタディコーナー

ロフトにつながる階段の下にカウンターを設け、親子共用のスタディコーナーを設けた。キッチンにいる人ともコミュニケーションがとれる

ロフトとつながる吹き抜けがある

リビングの上のロフトは子ども室にする予定。LDKが吹き抜けに面しているので開放感があり、大きな窓から光が差し込んで一日中明るい

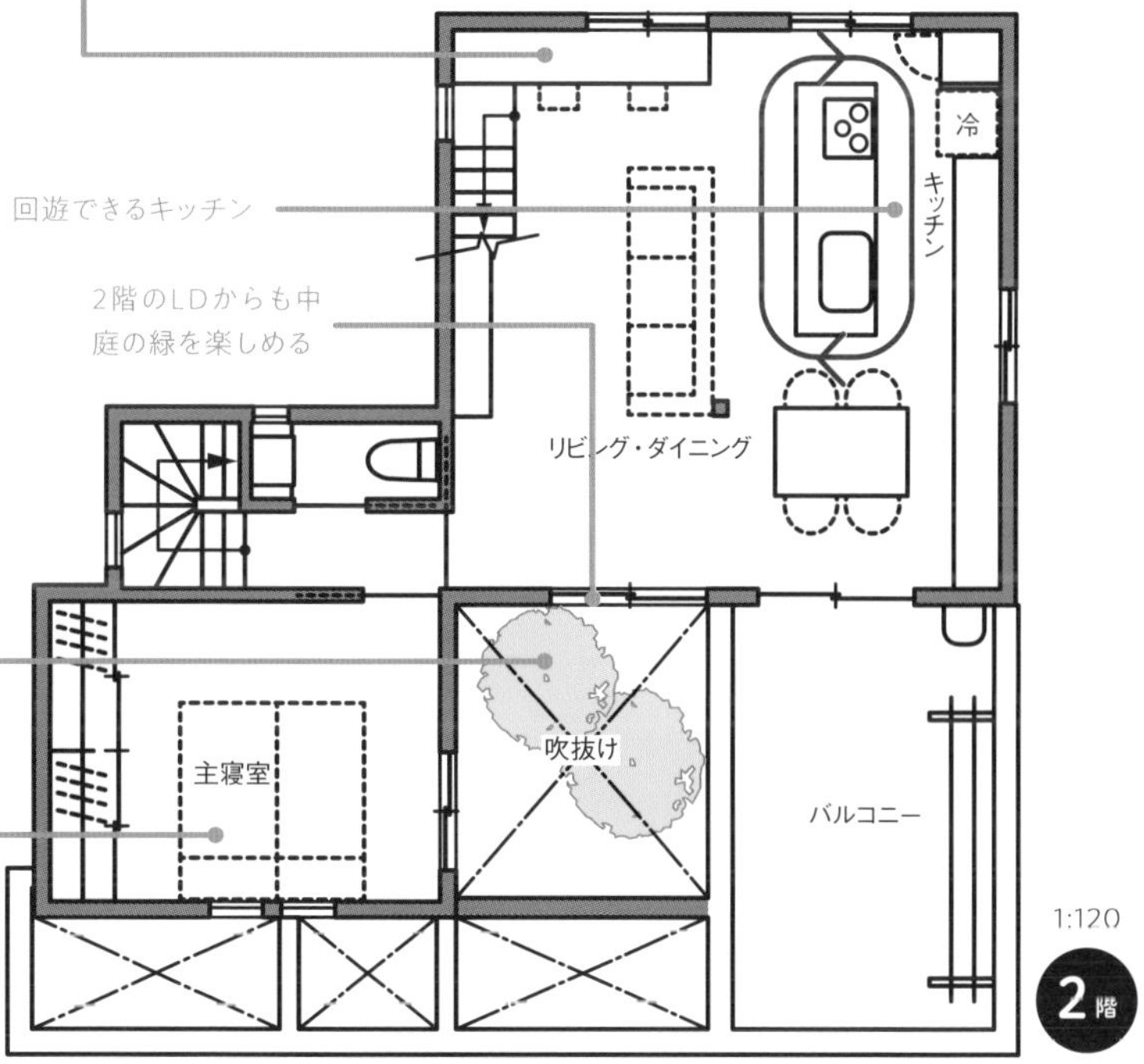
寝室からも中庭の緑が見える

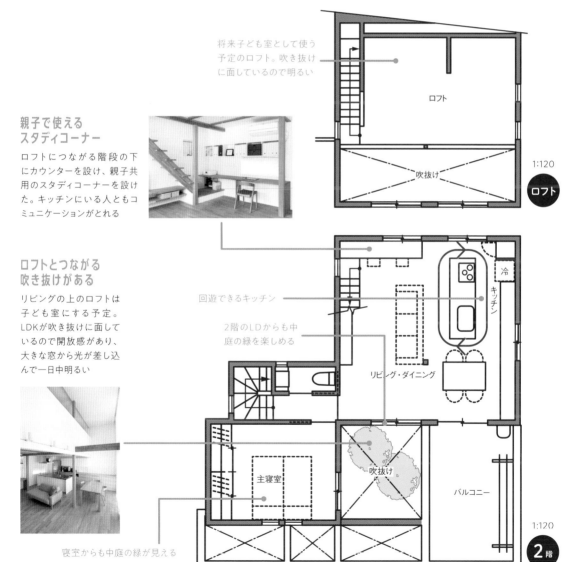

新築

平屋

プライバシーを確保した3坪の店舗併設の平屋

POINT

店舗と住宅の入り口は壁を立てて区切っている

店舗と住宅の入り口の間に壁を立てて、住宅の玄関ドアが直接見えないようにしている。店舗の奥のキッチンから、住宅へとつながる間取り

中庭があることでプライバシーが守られる

L字型の建物と塀で中庭を囲むつくり。平屋の利点を生かし、屋根勾配に合わせて天井を高くしている。道路からの視線を気にすることなく、カーテンを開けて生活することができる

42坪の平屋の中に、約3坪の洋菓子店を併設。交差点に面した変形の敷地という条件の下で、地域の方に親しみやすい店舗と、プライバシーを確保しながら暮らせる住居が両立する間取りです。昔からあるポストをそのままに残しています。

現在は子どもと同居していますが、近い将来にはご夫婦二人暮らしになる予定。敷地の広さも十分なことから、生活動線の短い平屋を提案しました。

将来自宅で料理教室を開きたいという妻の要望で、キッチンは2列のアイランド型に。作業台が広いうえに回遊できるので、複数人でも使いやすいキッチンです。店舗と住居の入り口は並んでいますが、間に壁を建て、コンクリートの塀で住戸のプライバシーを守っています。塀の内側の中庭はLDKと寝室に面しているので、どの部屋からも四季を感じられます。

家族構成
夫婦+次女
敷地面積
273.63㎡
延床面積
101.81㎡

奥まで光が差し込む一日中明るいリビング

天井を高くして高窓をつくり、部屋の奥やキッチンまで光が差し込むようにしている

2列型のキッチンで作業台を広く

キッチンはアイランド型で、シンクを前面に、コンロを背面に置いた2列型に。コンパクトなスペースでも、作業台を広くとることができる

駐車場につながる勝手口から、店舗と住居のそれぞれのキッチンに行ける
両方から入れるトイレ
塀の壁に物干し受けを設置。どこからも見えない
寝室からも中庭が見える
コンクリート塀で店舗エリアと自宅を分ける

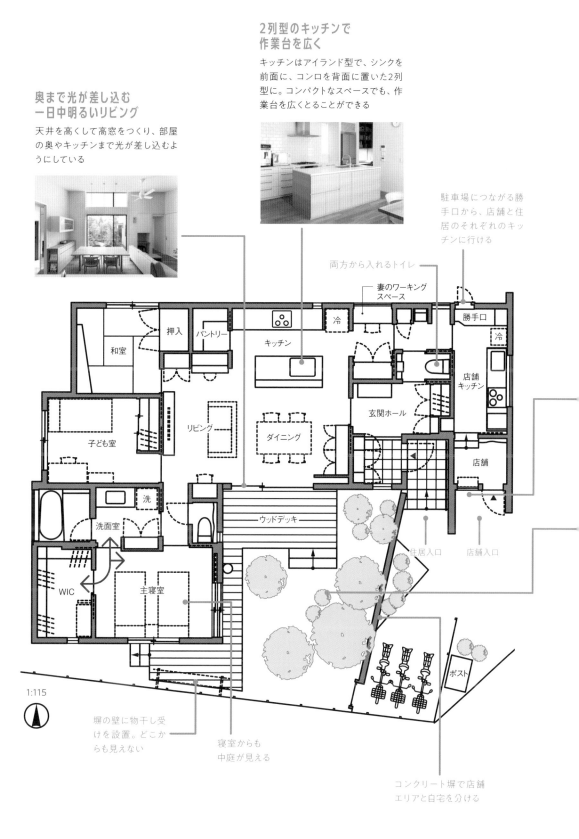

新築

庭

室内とデッキから桜並木を眺められる家

ルーバー屋根の駐車場とエントランス

前面道路より、土地が1.3m上がっているため、擁壁をつくる必要があった。擁壁下の駐車場の屋根をルーバーにして、駐車場からも中庭の気配が感じられるようにした

主寝室と水回りがつながるホテルプラン

寝室は、洗面室から浴室へとつながっているので身支度動線が短く快適。扉を開け放せばキッチンから洗面室へと抜ける通路にもなる

洗濯物干し場が勝手口の外にあるため、洗濯機はキッチンに設置した。引き戸を閉めれば隠すことができる

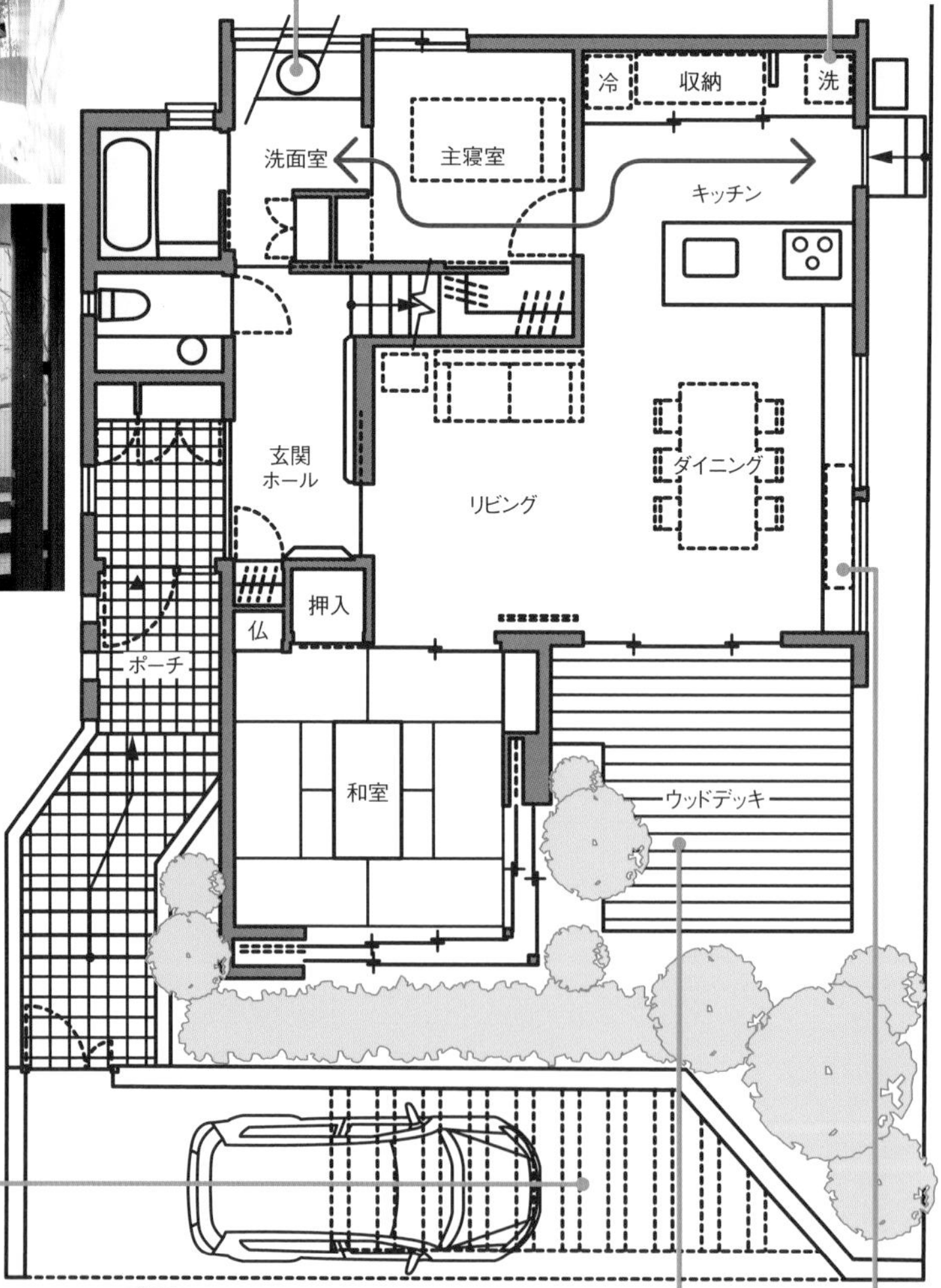

POINT 中庭から通りの桜並木を眺められる

中庭をつくり、リビングと床の高さが同じウッドデッキを設けた。春は美しい桜並木を眺めながらお茶が飲める

隣家側はプライバシーを考慮して、高い位置にステンドグラスの窓を設けた

家族構成
本人+子ども2人
敷地面積
208.35㎡
延床面積
1階 89.02㎡
2階 32.29㎡

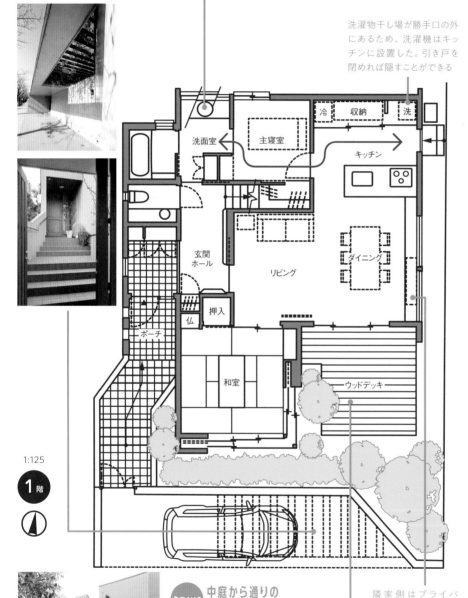

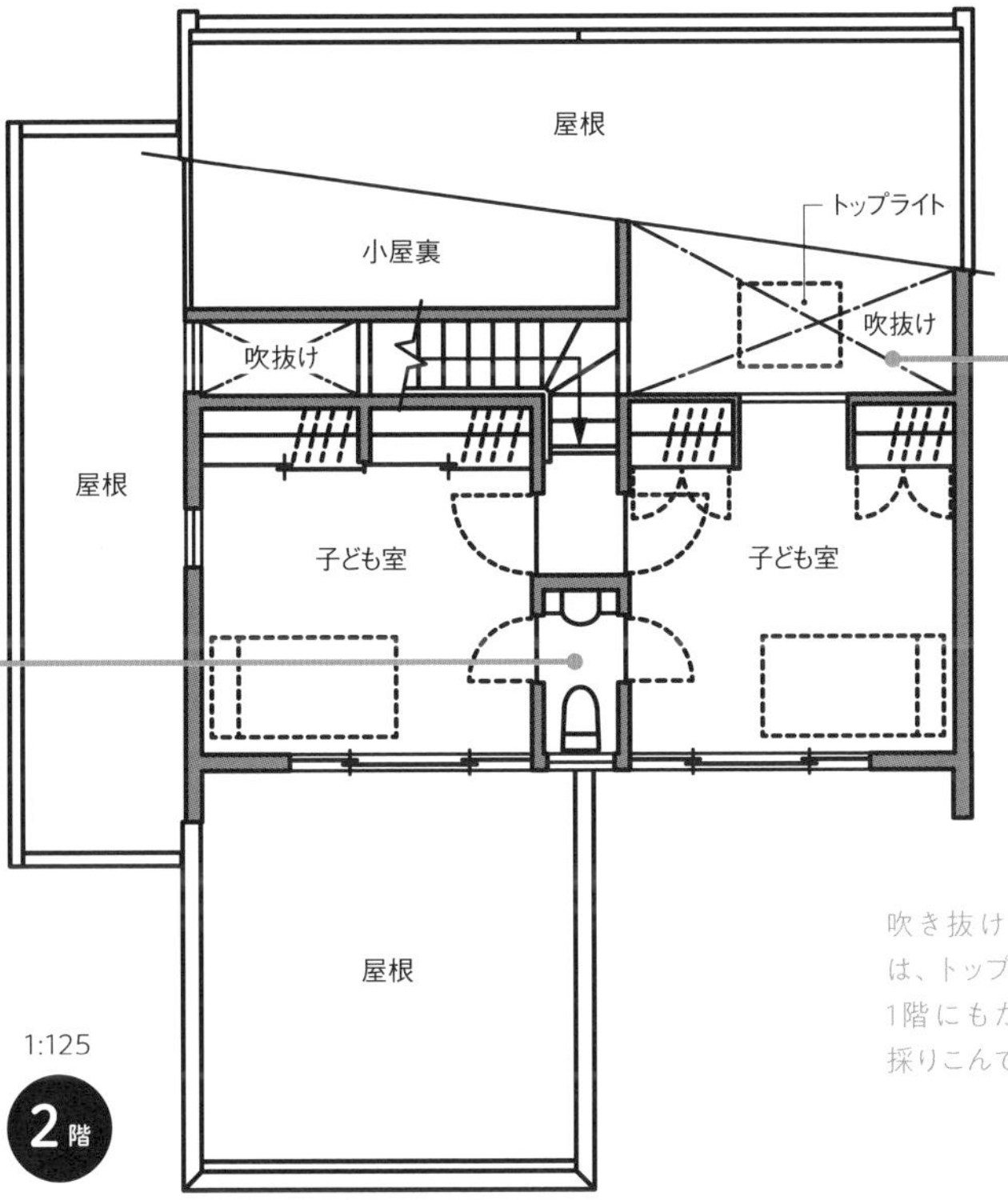

2人の個室が1つのパウダールームにつながる

長女と次女の個室の間には、両側から入れる洗面台つきのトイレ（パウダールーム）を設けた。朝晩の身支度がスムーズ

吹き抜けた勾配天井には、トップライトを設置。1階にもたっぷりの光を採りこんでいる

この家の前には、桜並木があります。LDからも和室からも桜を眺められるよう、広い開口部とウッドデッキを設けました。通りからは家の中が見えないギリギリの高さに塀を設けています。

洗面室やトイレのようにプライベートな場所は、できれば欧米の住宅のように寝室につながっているのが理想です。この住宅では、1階の寝室は、洗面室につながるホテルプランとしています。2階のふたりの娘さんの個室の間には、共有の洗面台つきトイレ（パウダールーム）を設け、欧米型のプランに近づけました。洗面や歯磨きのためにいちいち一階に降りる必要がないので、身支度がスムーズ。長く海外で暮らしたご家族の要望でつくったプランです。

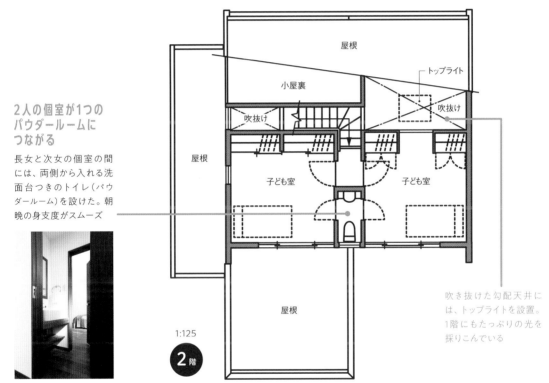

新築

平屋

細長い土地を生かした ひとり暮らしの住まい

70代のひとり暮らしの女性が暮らす平屋の住まい。隣地には息子家族の家があります。快適なひとり暮らしを楽しめて、家族ともつながりやすい間取りを考えました。

南北に細長い敷地の中央に玄関を設け、南にパブリックスペース、北にプライベートスペースをまとめています。日中を過ごすパブリックスペースでは、どこにいても庭の緑が目に入ります。LDKは高窓から光が差し込む一日中明るい空間。和室のスクリーンを開け放せば、ひと続きの広い空間として使えます。プライベートスペースは、寝室から水回りにつながるホテルプランで、朝や夜の身支度もスムーズです。

ダイニングと同じ床の高さで続く広いウッドデッキから、隣の息子家族の家と行き来ができます。天気のいい日は、ここでバーベキューを楽しむこともあるそうです。

キッチン脇に設けたミシンコーナー

家事の合間にも趣味の洋裁を楽しめるように、キッチンの脇にミシンコーナーを設置。緑の見える明るい場所で作業できる

勾配天井で視線が上に抜ける

勾配天井で開放感のあるLDKになった。ハイサイドライトを設けたので、一日中明るい

家族構成
本人
敷地面積
223.54㎡
延床面積
82.18㎡

ドア2つのトイレで老後も安心

トイレは入り口が2つあり、玄関から洗面室へとつながる通路になる。もし将来介護が必要になったときにも、サポートが受けやすい

外からの視線を避けながら明るく

リビングでは、テレビの下の小さな窓から緑を楽しみ、高窓から明るさを採り込んでいる

寝室と水回りがつながっているホテルプラン

テレビの下の窓からも庭が眺められる

隣に住む家族たちは、ウッドデッキからも出入りできる。ここでバーベキューを楽しむことも

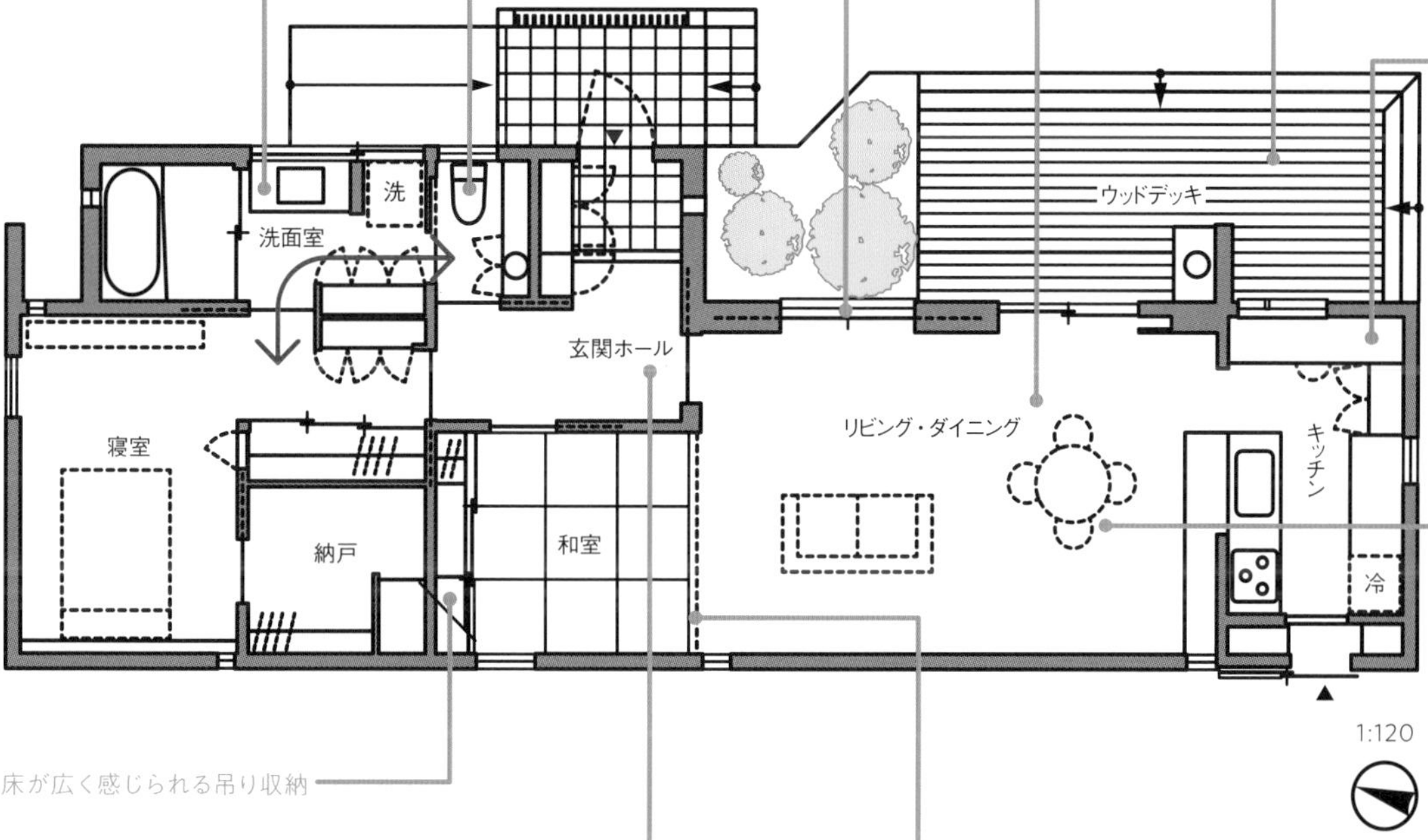

床が広く感じられる吊り収納

POINT

玄関から右がプライベート 左がパブリック

細長い敷地に建つ家なので、玄関を真ん中に設けている。右側が寝室や水回りなどのプライベートスペース、左側はLDKなどのパブリックスペースとゾーニングすることで暮らしやすく

リビングと和室はスクリーンで仕切れる

リビングに続く和室は、客室として使うときはプリーツスクリーンで仕切ることができる。ふだんはプリーツスクリーンを上げ、ひと続きの空間として使っている

新築

家事ラク

家事動線を整えて時間を生み出す家

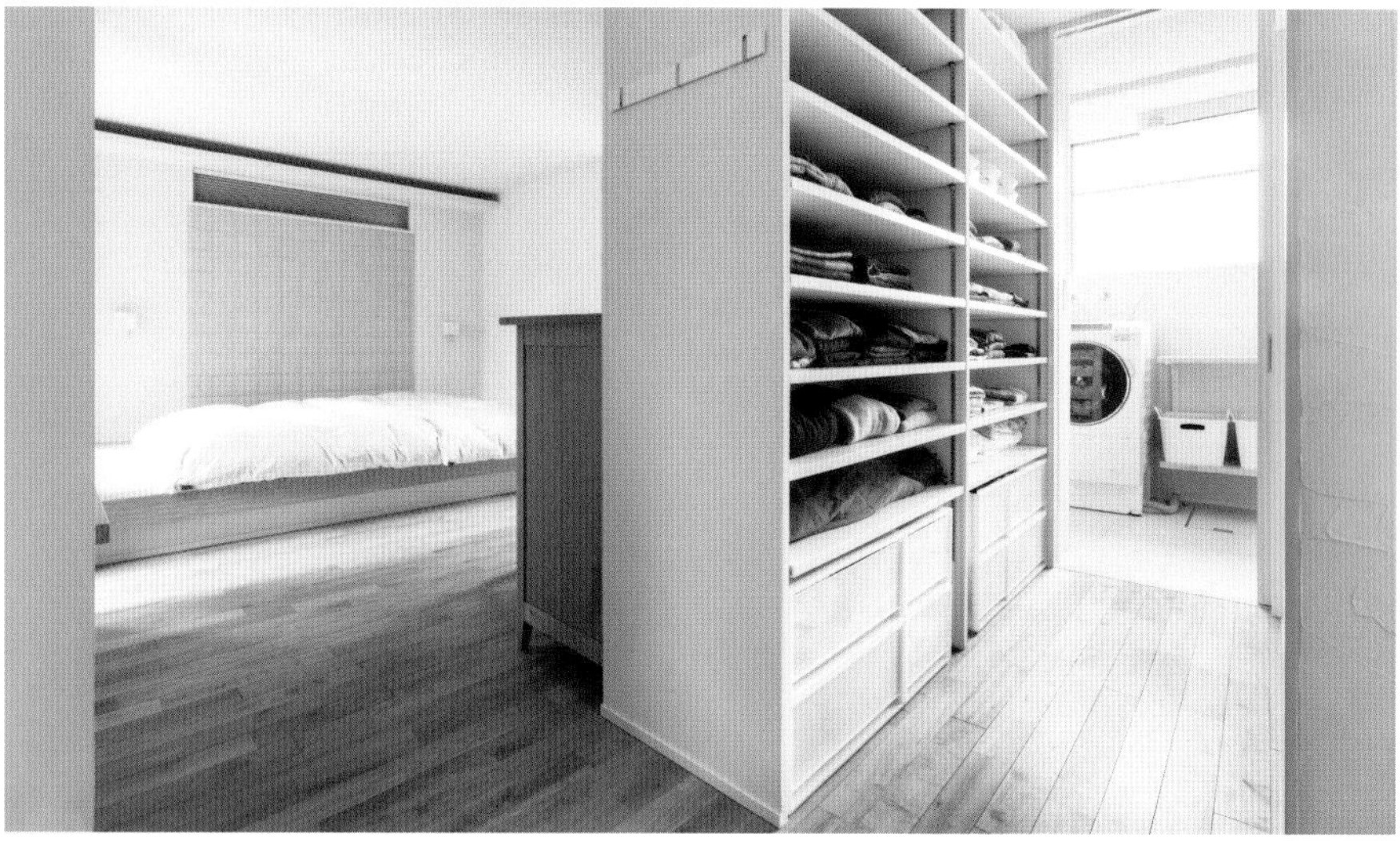

散らからない家にするために役立つシューズクローク。段ボール置き場もある

郵便物や荷物の仕分けカウンター。外のポストにつながっている

緑豊かなアプローチ

黒を基調にしたシンプルな外観。オープン外構で開放感のあるエントランスだが、玄関ドアの手前に植栽を置き、外からの視線を遮っている

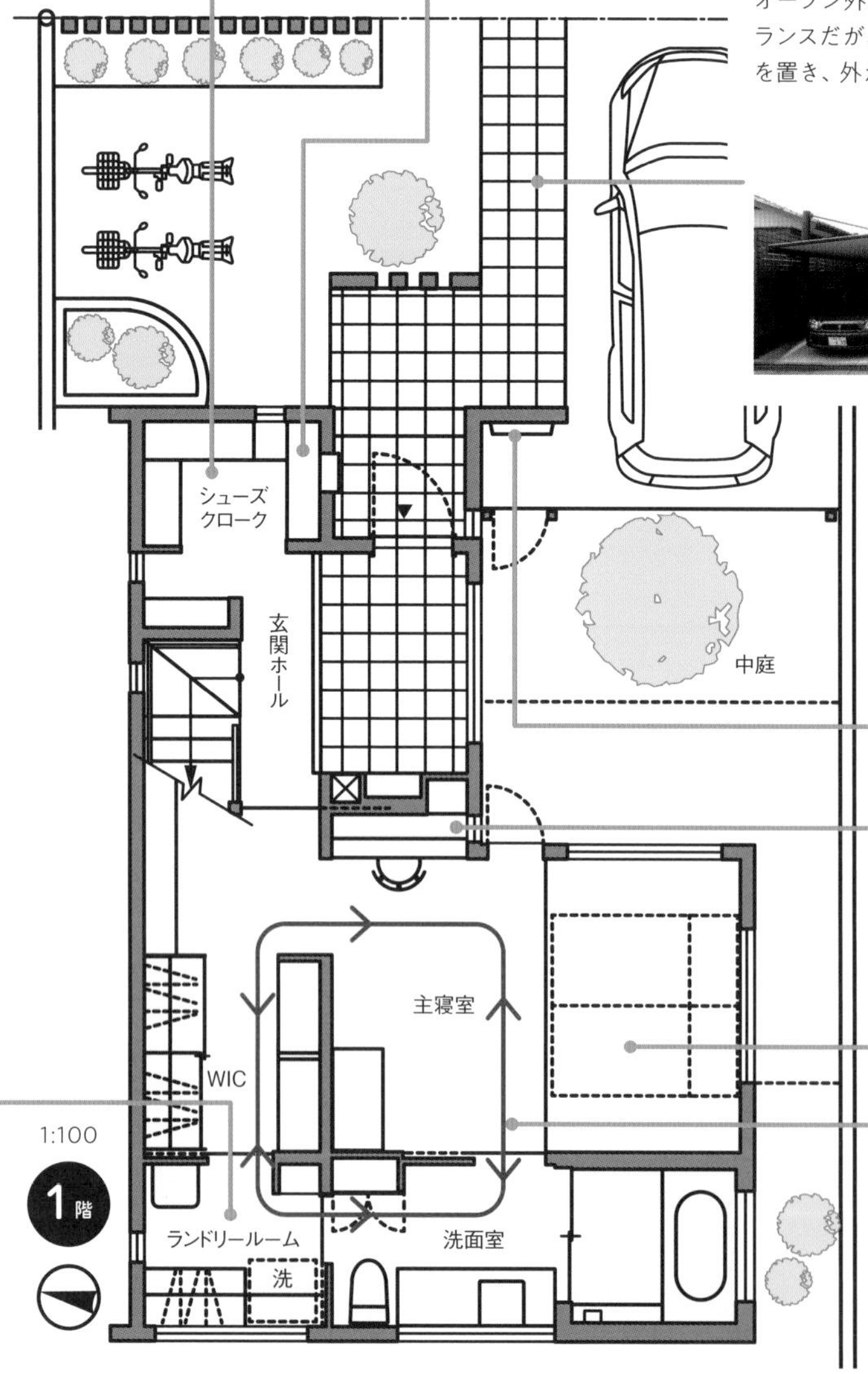

外用の道具を隠すため、衝立を設けた

夫のワーキングスペース

布団を敷くため、小上がりの畳スペース

寝室→WIC→水回りが回遊動線に

1:100

1階

家族構成
夫婦
敷地面積
125.51㎡
延床面積
1階 49.54㎡
2階 49.54㎡

共働きのご夫婦の家です。忙しい毎日に少しでも時間の余裕が生まれるようにと、身支度動線と家事動線が短くなる間取りを考えました。

1階にプライベートスペースを、2階にパブリックスペースをまとめています。ウォークイン・クロゼット→家事室→洗面室・浴室→寝室が回遊動線になっているので、朝や帰宅後、就寝前など、二人がうまくすれ違いながら1カ所ですべての身支度を終えることができて効率的です。

リビングルームとキッチンは、日当たりのいい2階に。リビングを囲むようにバルコニーを配置し、開放感のある空間にしています。

玄関脇には、広いシューズクロークを。郵便物などを処分するシュレッダーも置き、家の中に不要なものを持ち込まないことで、家事の負担を減らしています。

部屋を狭く感じさせない浮いた押入れ

2階の東側には、離れのような和室がある。座ったときには目線が低くなるので、収納を床から浮かせた吊り押入れにすることで、空間が広く感じられる

プライバシーを守り、空間に一体感を持たせる壁

リビングを囲むように配置したバルコニーには、1.65mの高い壁を立てた。外からの目線を遮ると同時に、L型のバルコニーをリビングから続く空間のように見せて一体感をつくりだしている

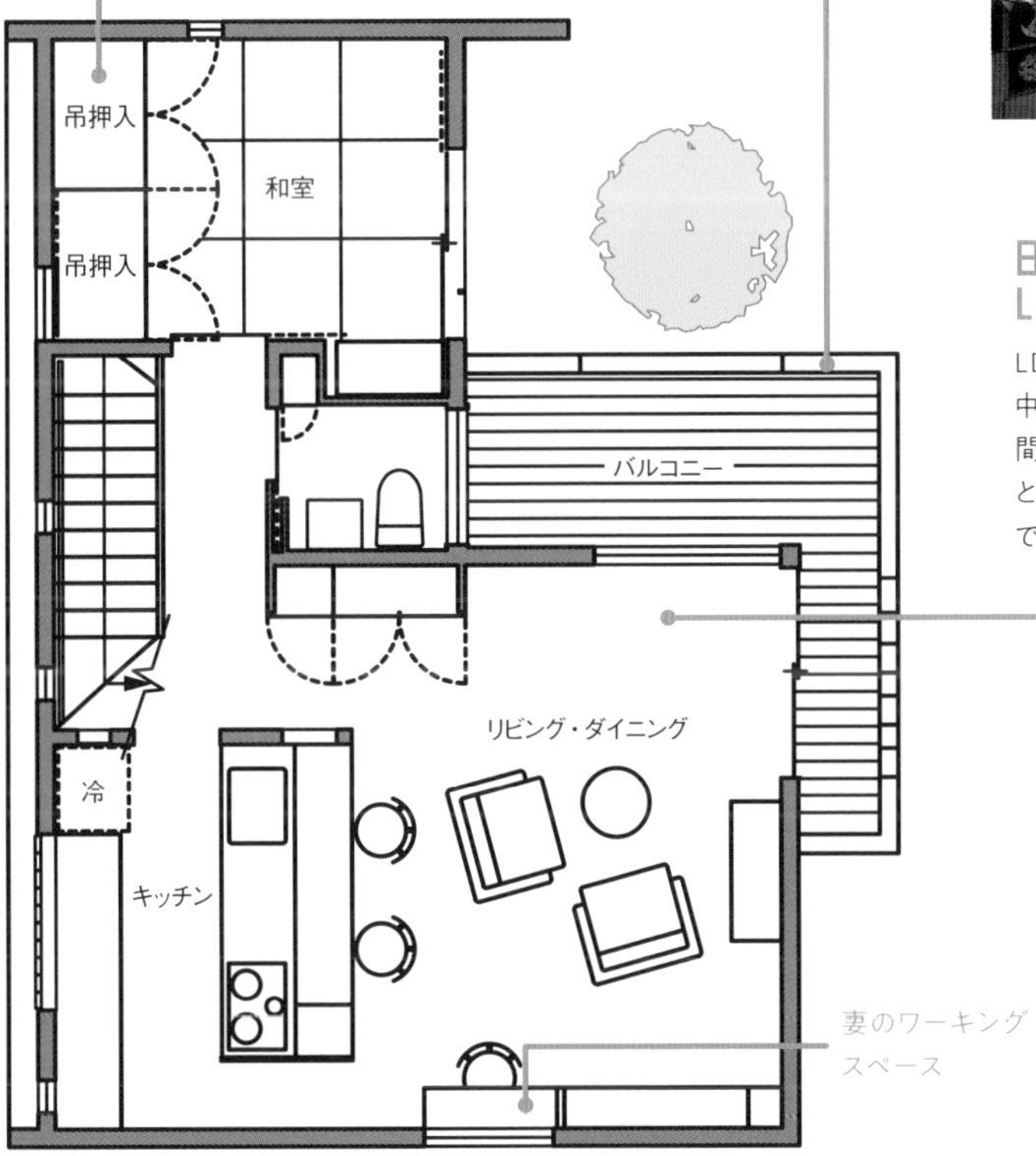

1:100

2階

日当たりのいい2階にLDKを配置

LDKは、日当たりのいい2階に。日中は高窓から自然光が入り、夜は間接照明でくつろげる。キッチンと対面するダイニングカウンターで、並んで食事をするスタイル

POINT

ランドリールームとWICが近く洗濯動線が短い

WICと洗面室の間のランドリールームには、室内干しができるように、部屋干しファンを設置。カウンターで洗濯ものをたたんだりアイロンがけもする。衣類の片づけも、すぐに終了

新築

子育て

「ただいま手洗い」と納戸で子育てがしやすい家

LDKの横に和室があると子育てしやすい

LDKのそばに和室があると、多目的に使えるので便利。子どもが小さいうちは、ここで昼寝をさせたり、遊ばせながら家事ができる。来客用の寝室にすることも

キッチンから、リビングやウッドデッキで遊ぶ子どもたちが見える

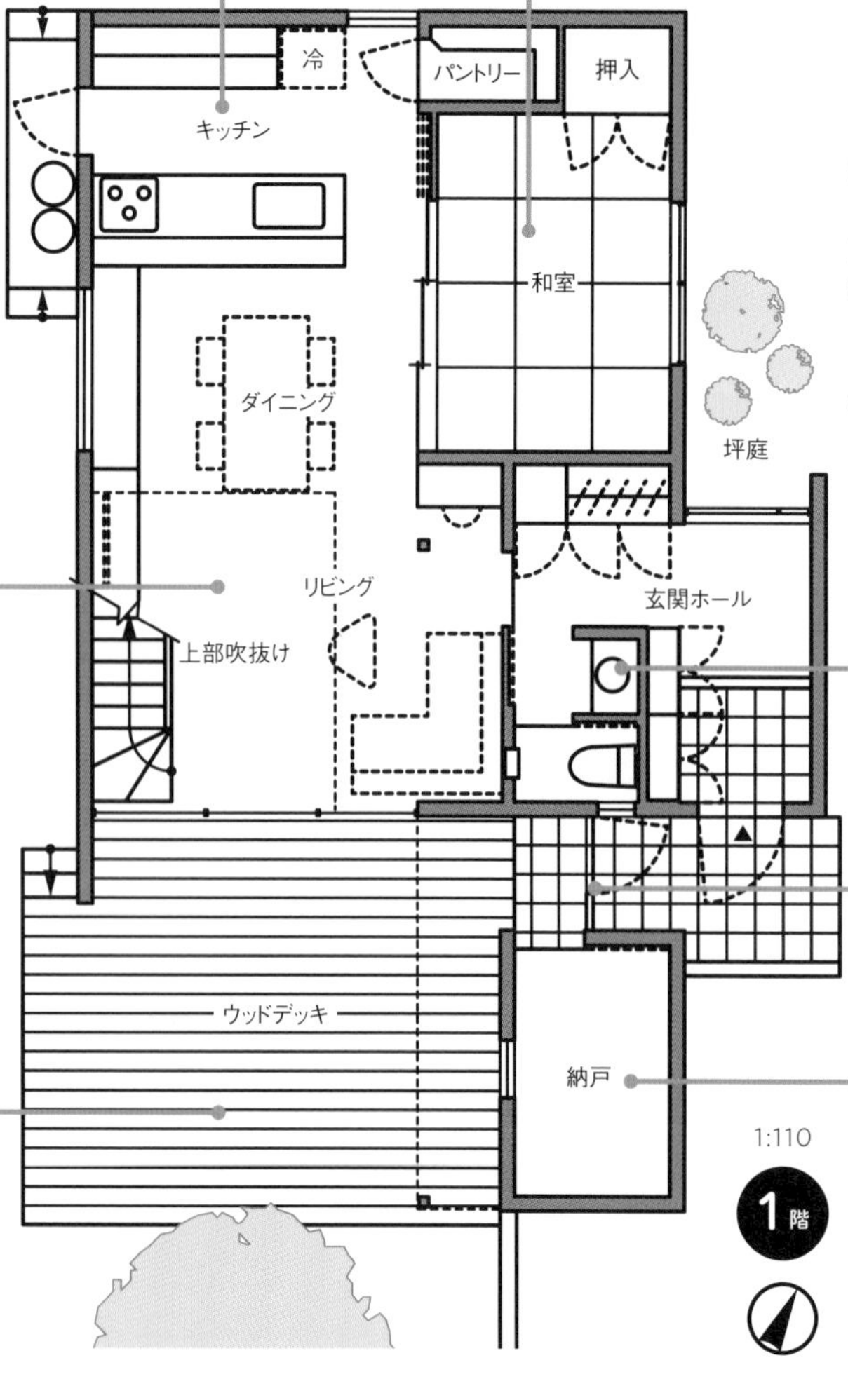

POINT リビングに入る前に洗面所を使える

玄関からリビング・ダイニングに移動する途中にある洗面台。玄関から直接は見えない。家族が帰ったらすぐ手を洗うことができて、来客にも使ってもらえる

エントランスから直接ウッドデッキや納戸に行ける

サーフボードやキャンプ用品など、アウトドア道具などを収納する納戸

家族構成
夫婦＋子ども2人
敷地面積
202.24㎡
延床面積
1階 64.16㎡
2階 47.73㎡

衛生意識の高まりに伴い、子育て世代を中心に、「玄関を入ってすぐのところに手洗い場を設けたい」という要望が増えています。この「ただいま手洗い」は、住宅の間取りのスタンダードになりつつあります。

ご夫婦と2人の子どもたちが暮らす住まいです。玄関からリビングにつながる廊下の途中に、トイレから独立した洗面台を設け、子どもたちに「帰宅後すぐに手を洗う」という習慣をつけています。

庭に面して、アウトドアの道具類を収納できる大きな納戸を設けました。この上部のバルコニーの道路側の壁を高くすることで、通りからの視線を遮り、中庭を形成しています。エントランスから直接つながる広いウッドデッキでは、バーベキューも楽しめます。中庭に面したリビングの上は吹き抜けにして、部屋の奥まで光を採り込んでいます。

将来は2つに仕切れる子ども室

9.2畳のプレイルーム。成長したら、真ん中に壁を設けて部屋を分ける予定。それを見越して、ドア、窓、コンセントなどの位置を決めている

吹き抜けをつくって家中を明るく

リビングの上に吹き抜けをつくり、上からの光を1階に採り込んでいるので、家中が明るい。天井が高くなり、ゆったりとした空間に

主寝室から水回りにつながるホテル動線

家族みんなで眠る寝室が直接洗面室につながっていて、その奥に浴室がある。小さい子どもをお風呂に入れたり、着替えさせたりするときにも動線がスムーズ

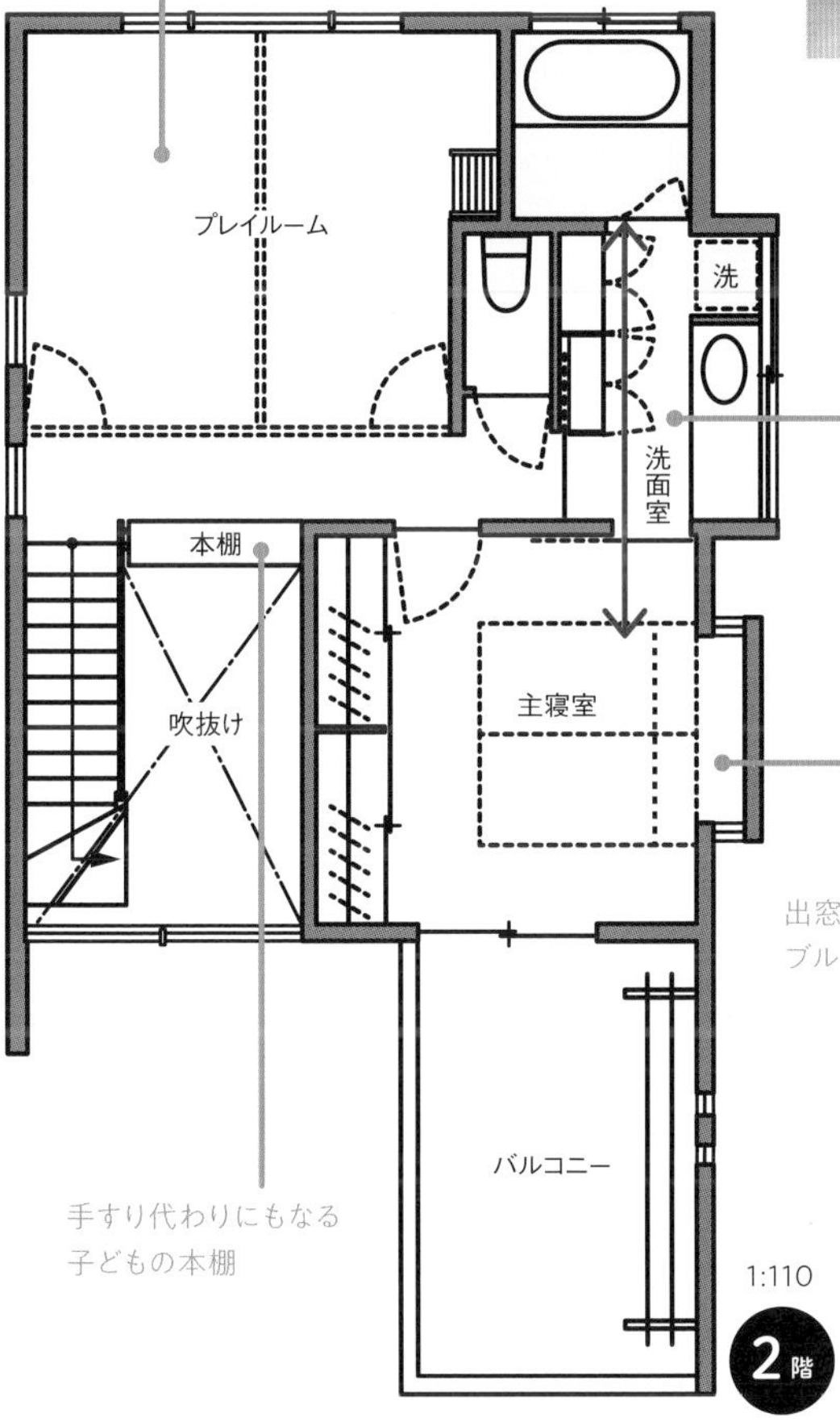

出窓があると、ナイトテーブル代わりになって便利

手すり代わりにもなる子どもの本棚

広いウッドデッキでアウトドア気分も味わえる

リビングの外にあるウッドデッキには、玄関からも直接アクセスできる。広さがあるのでハンモックを吊るしたり、バーベキューをするなどアウトドア気分が味わえる

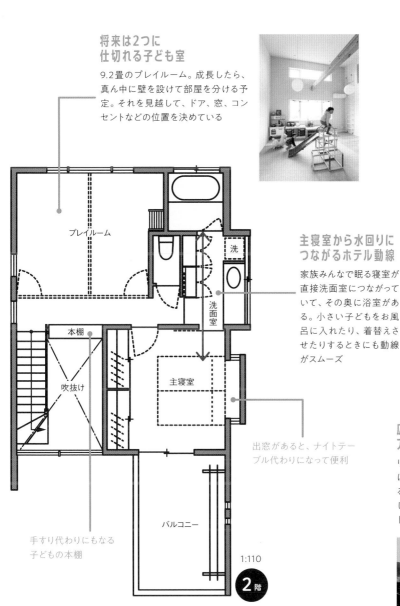

新築

コンパクト

庭と音楽を楽しむ豊かなひとりの住まい

風は通すが視線は通さない壁

通りに面して高い塀を建て、プライバシーを守っている。一部をルーバーにしているので、風は通るが、外からの視線を遮ることができる

吹き抜けがあると明るく開放的に感じられる

限られたスペースでも、吹き抜けがあることで開放感のある空間になる。上からも光が入るので、一日中明るい

階段下スペースを本棚にして活用

1階には客用のパウダールーム

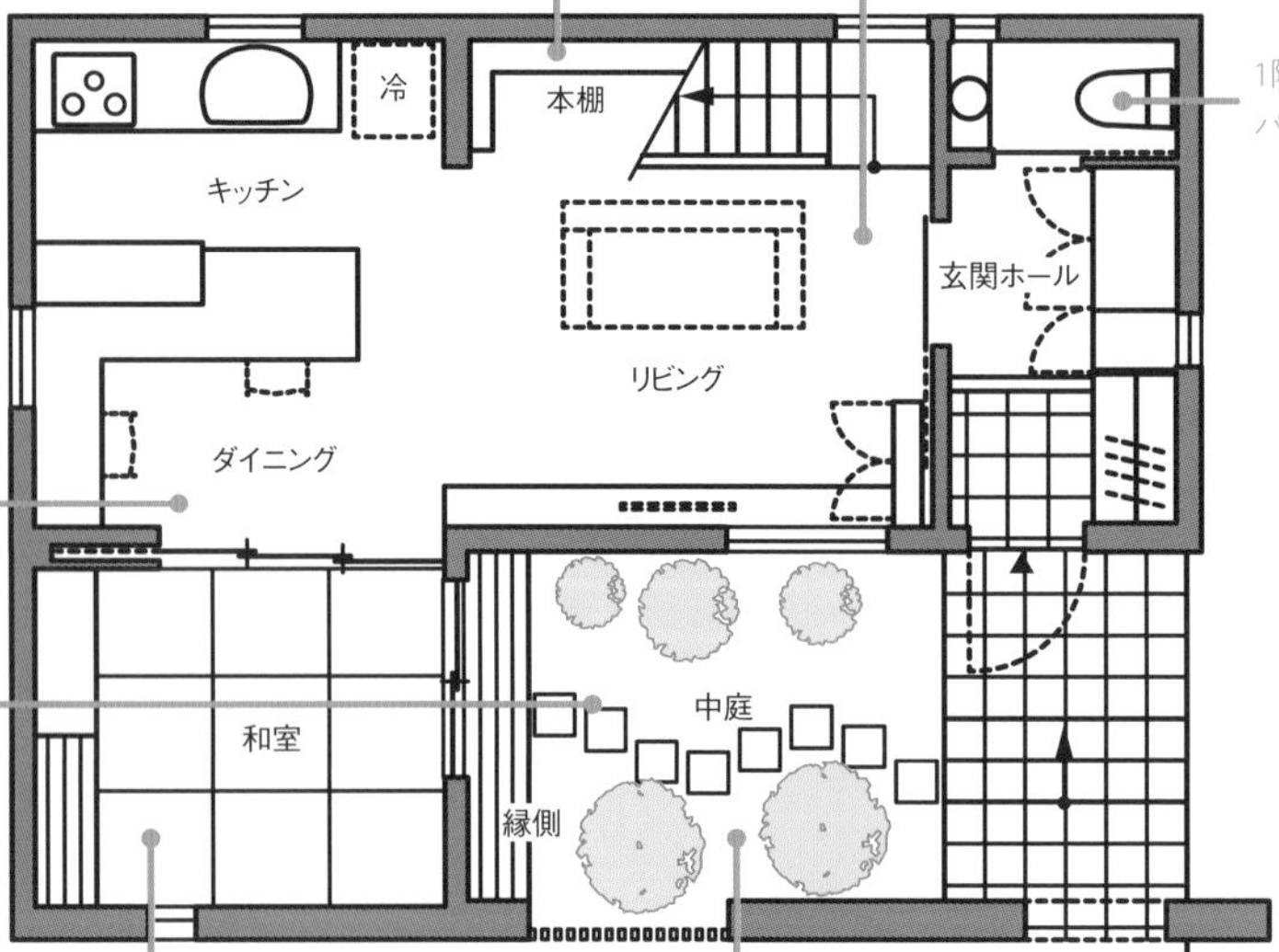

1:100

1階

来客のときは個室として使える和室

中庭が一日中光溜まりになっている

家族構成
本人
敷地面積
84.31㎡
延床面積
1階 40.16㎡
2階 33.53㎡

60代の男性が、ひとり暮らしを満喫するための家です。ひとりの時間も、友人や近所の人とつながる時間も充実するような間取りを考えました。

玄関を通らず、中庭を抜けて和室の縁側に行くことができます。近所の人にも気軽に寄ってもらえて、ここでお茶を飲むことができます。

キッチンとダイニングは、ひとりで使いやすいコンパクトなつくりに。2階は寝室や水回りのあるプライベートスペース。ピアノが趣味の男性が、周りを気にせず思い切り弾くために防音室仕様にしました。

リビングの上も吹き抜けなので、1階にも一日中光が入ります。吹き抜けをつくることで1階と2階がつながり、空間も広く感じられます。また、2階からも中庭の緑を楽しむことができます。

思い切りピアノを弾ける防音室を設置

近所に配慮して、防音壁と防音扉を採用したピアノ室。本棚の後ろに隠れている扉を閉めれば、夜でもピアノを弾くことができる。周りからの騒音も気にならない

トイレ、洗面、洗濯スペースを1カ所に

2階のトイレを使うのは本人だけなので、洗面室と同じ空間に収めて、スペースを節約。洗面室から干し場のバルコニーに出られる。バルコニーの高い壁で、干した洗濯物は通りからは見えない

ひとり暮らしにちょうどいいコンパクトなDK

ひとりで立つのにちょうどいいコンパクトなキッチン。キッチンと一体化したダイニングテーブルは、ワーキングペースともつながっている

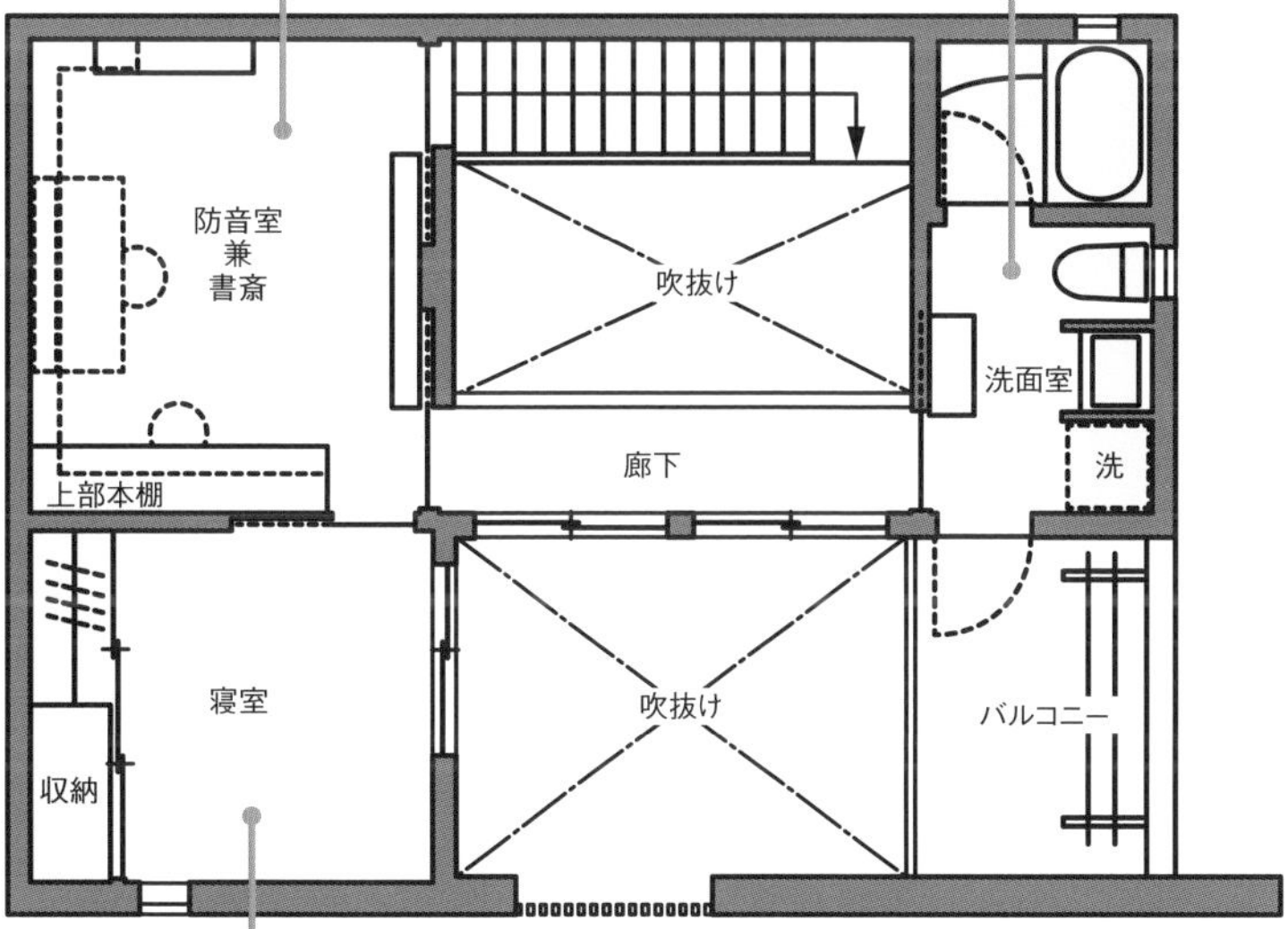

1:100

2階

POINT

中庭から入ってきた人と縁側で話ができる

中庭から縁側につながるので、近所の人には玄関を通らずに入ってきてもらえ、気軽に交流ができる

寝室も中庭に面しているので眺めがいい

新築
二世帯

31坪、6人家族でも スキップフロアなら快適に

「ただいま手洗い」をリビング手前に設置

洗面室は2階にあるので、帰宅後すぐに使える手洗い場を、玄関ホールに設けた。室内に入る前に手を洗えるので安心

リビングの手前にあるコート掛けスペース

柱を飾り棚として活用

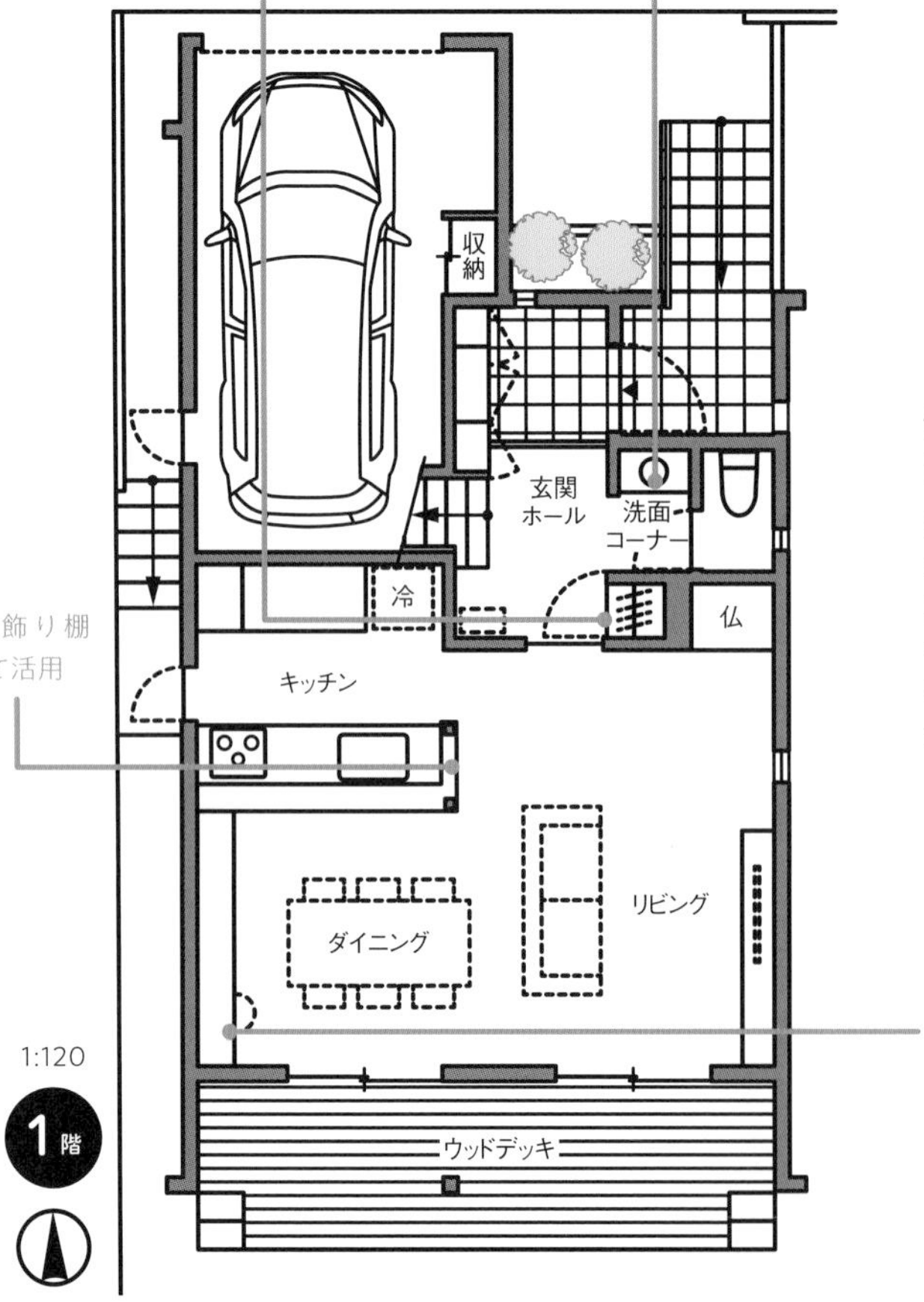

ダイニングにある妻のワーキングスペース

ダイニングの収納カウンターの一部を、下をオープンにして妻のスペースに。キッチンにも近いので、家事の合間に座ることができる

家族構成
母+夫婦+子ども3人
敷地面積
118.57㎡
延床面積
1階 59.81㎡
2階 58.34㎡

空間を半階ずつ重ねる「スキップフロア」は、高低差を利用して居室を増やしたいときに有効です。半階ごとにフロアができ、家族間の気配を程よく感じながら暮らせるというメリットもあります。

家族6人が暮らす家です。1階にパブリックスペースを配置し、1階から2階に行く途中に中2階を設け、お母様の個室としました。個室の中に専用の洗面台を設けているので、いつでも使うことができます。二世帯で高齢の家族がいる場合、専用の洗面台を置くのはおすすめです。

2階には水回りと夫婦の寝室、子ども2人の個室があります。もうひとりの子どもの個室は、さらに半階を上がった2・5階に設けました。

玄関を入ってすぐのところに「ただいま手洗い」を設置。2階の洗面室まで上がらずに手が洗えるので便利です。

POINT

中2階のあるスキップフロア

限られた敷地内で空間を有効活用するため、スキップフロアにした。空間がゆるやかにつながり、家族同士のコミュニケーションもとりやすい

母親の個室に専用の洗面台

中2階の母親の個室には、押入れの一部に専用の洗面台を設けた。使いたいときに気兼ねなく使えて、2階の洗面室まで階段を上る必要がない。扉を閉めれば洗面台は隠れる

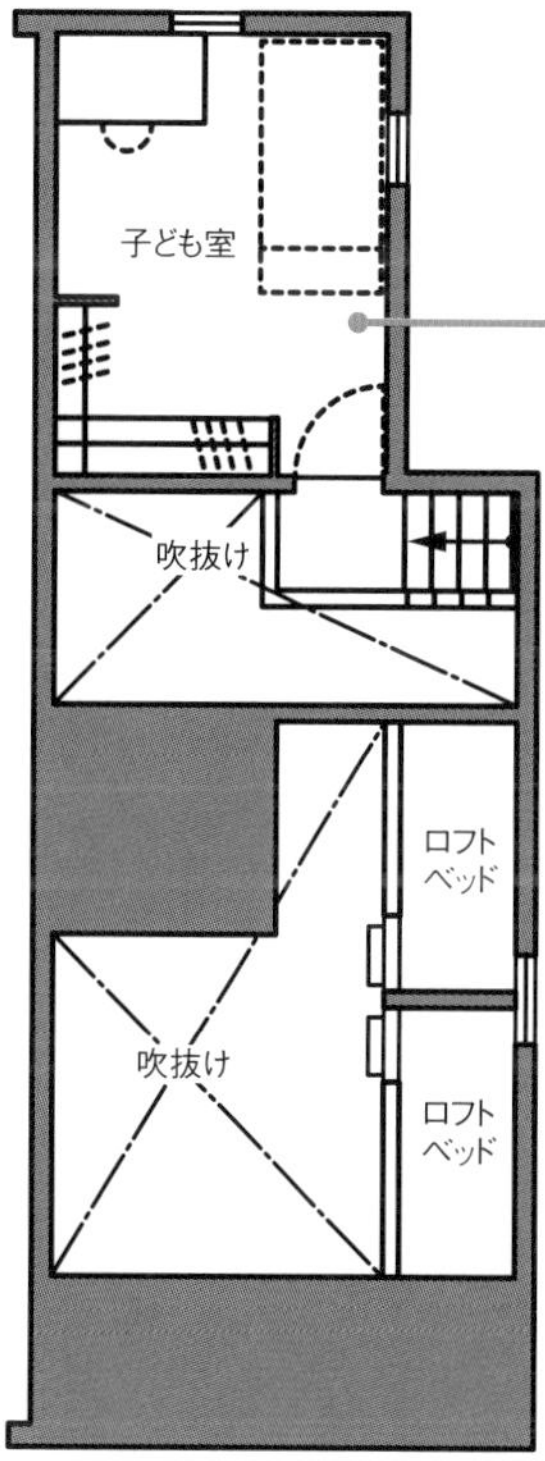

子ども室は2つ

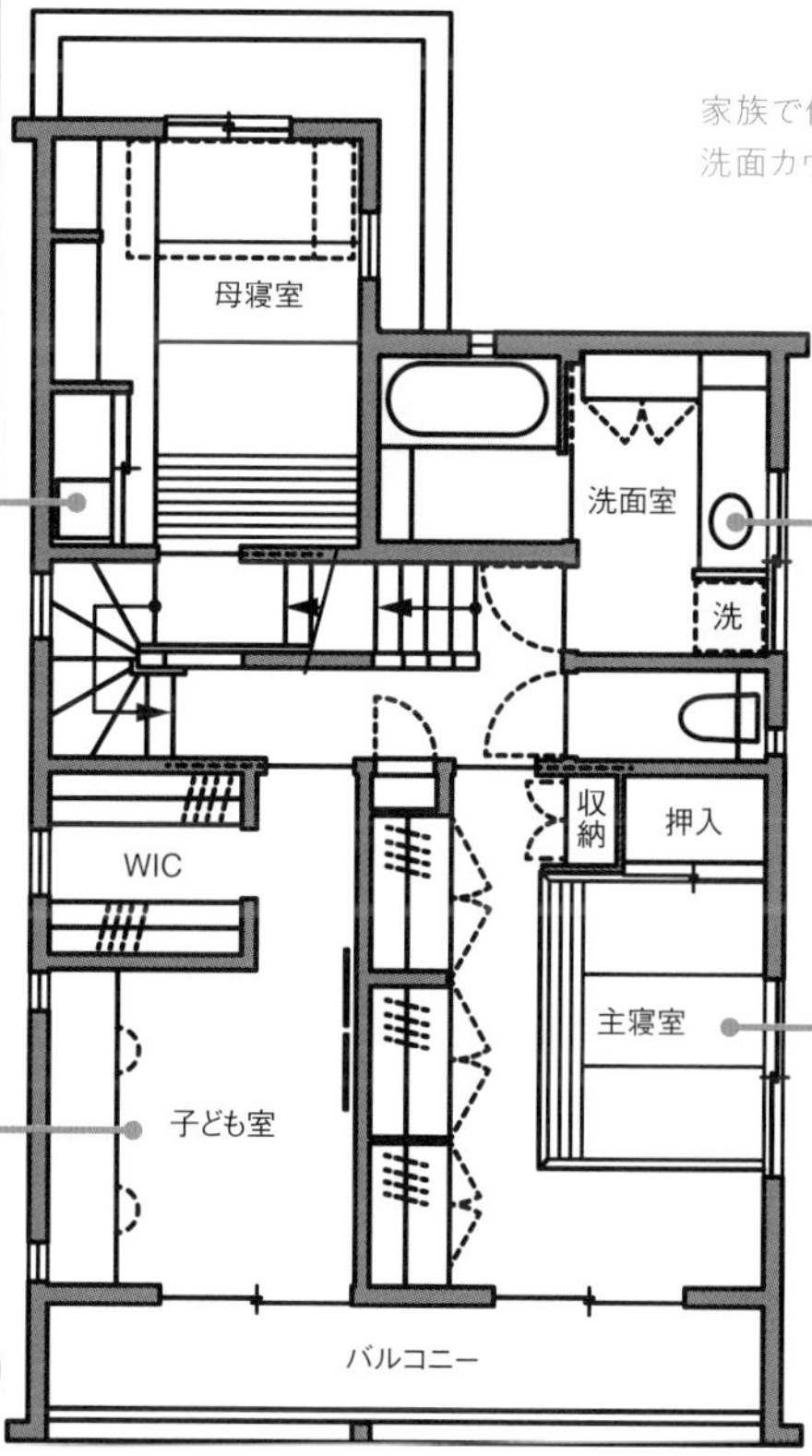

家族で使える広い洗面カウンター

寝室は、小上がりの畳スペースに布団敷き

新築

家事ラク

ゲストルームを確保し快適な暮らしを実現

娘たちと一緒に立てるキッチン

ひとり暮らしだが家族が来ることも多いので、キッチンは広めにつくっている。シンクとコンロを2列に分けたアイランドタイプで、娘たちが来たときも一緒に調理や片づけがしやすい

石庭が眺められる和室は客室にもなる

リビングの隣にある和室は、畳に座ったときの目線に合わせて窓を低く設けている。障子を開けると石庭が目に入る。娘家族の寝室として使うことも

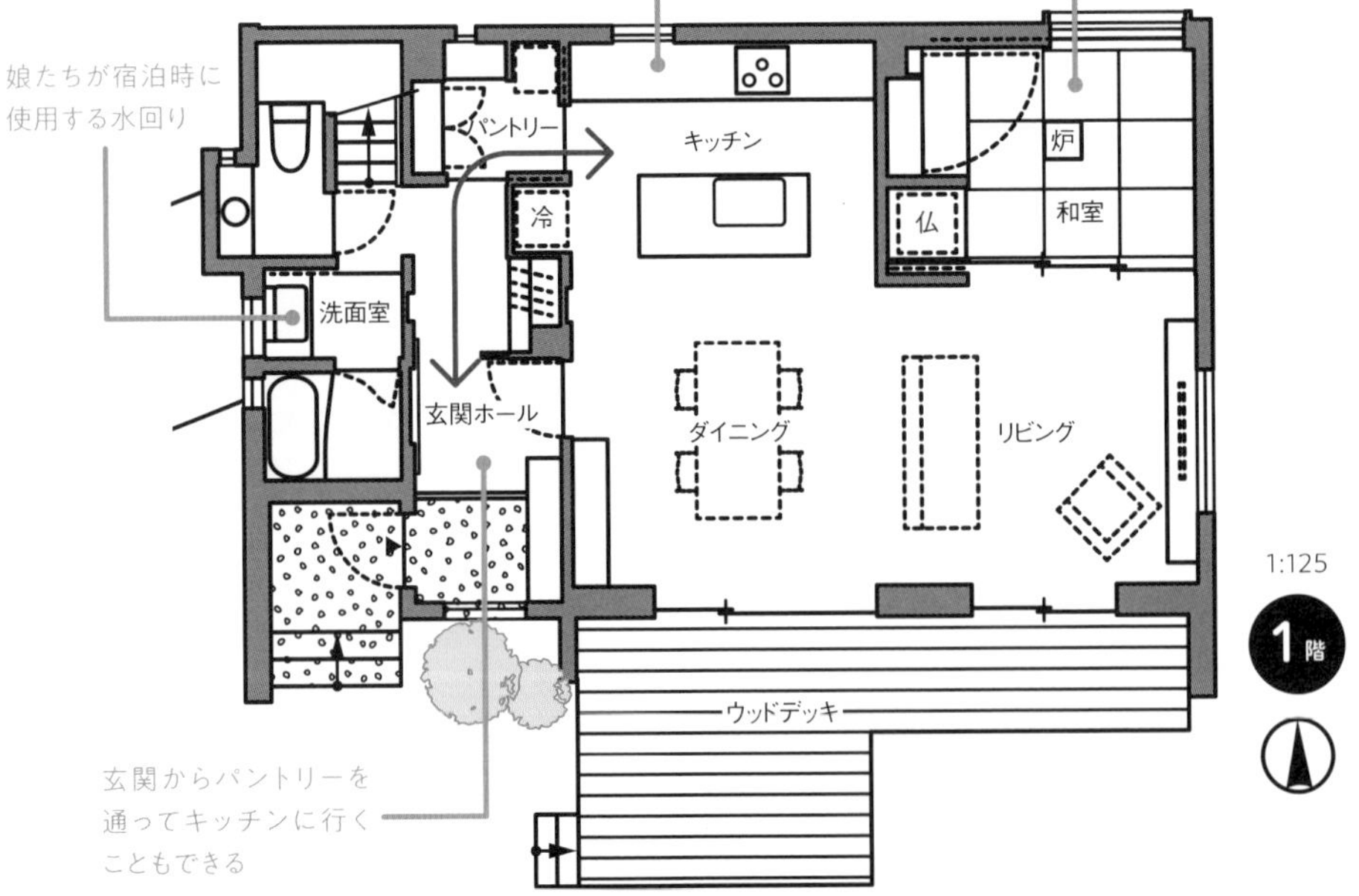

家族構成
本人
敷地面積
542.40㎡
延床面積
1階 79.50㎡
2階 54.65㎡

60代の女性の住まいです。3人の娘はいずれも自立して家を出ていますが、家族を連れて頻繁に訪ねてきます。ひとりで過ごすときはもちろん、子どもたちが滞在するときも、快適に過ごせるような間取りを考えました。

1階はパブリックスペースです。以前の住まいは暗く、寒かったので、「明るく、温かい家にしたい」という要望がありました。そこで光が入る吹き抜けをつくり、全館空調システムにし、断熱等級を6（P.135参照）に。リビングの隣の和室は茶室としても使いますが、娘さんたちが来たときは客室になります。1階にも客用の浴室を設けているので、「お互いに気兼ねなく使えて快適」と娘さんたちの夫から大変喜ばれているそうです。

2階はプライベートスペースです。本棚やピアノのあるプライベートリビングでくつろいだり、書斎で仕事をしたりできます。

寝室は庭に面した書斎に続いている

家で仕事をすることも多いため、寝室の奥に書斎を設けている。寝室との間の間仕切り戸を閉めれば、寝室を暗くすることができる

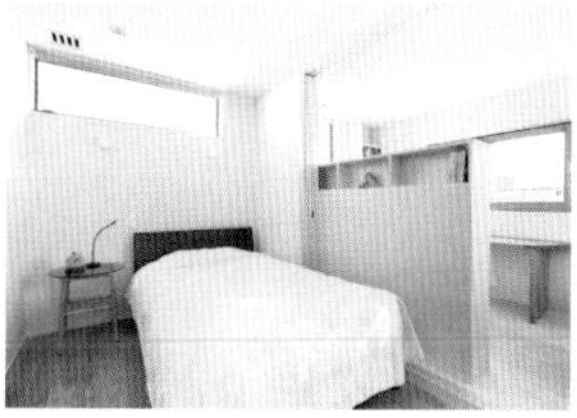

吹き抜けの上はくつろげる空間

吹き抜けを見渡せるホールは、ピアノや大きな本棚を置いた自分だけのリビング。明るい空間で、読書や外の景色を眺めながらゆったりくつろぐことができる

上部は、全館空調システムのための機械室

窓のある明るい浴室

「浴室に窓をつくり明るくしたい」という要望に応えて、南側のバルコニーに面した場所に専用の浴室を設けた。ガラス張りなので光がよく届く

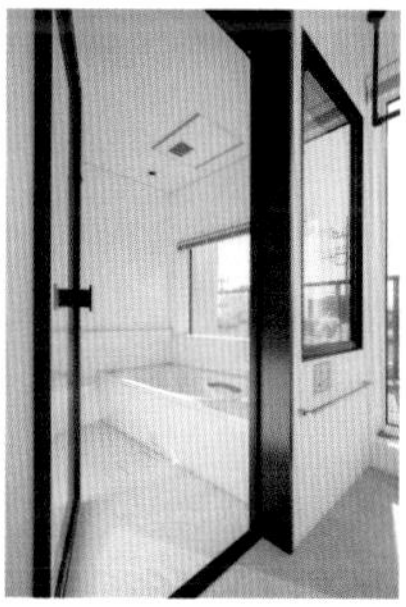

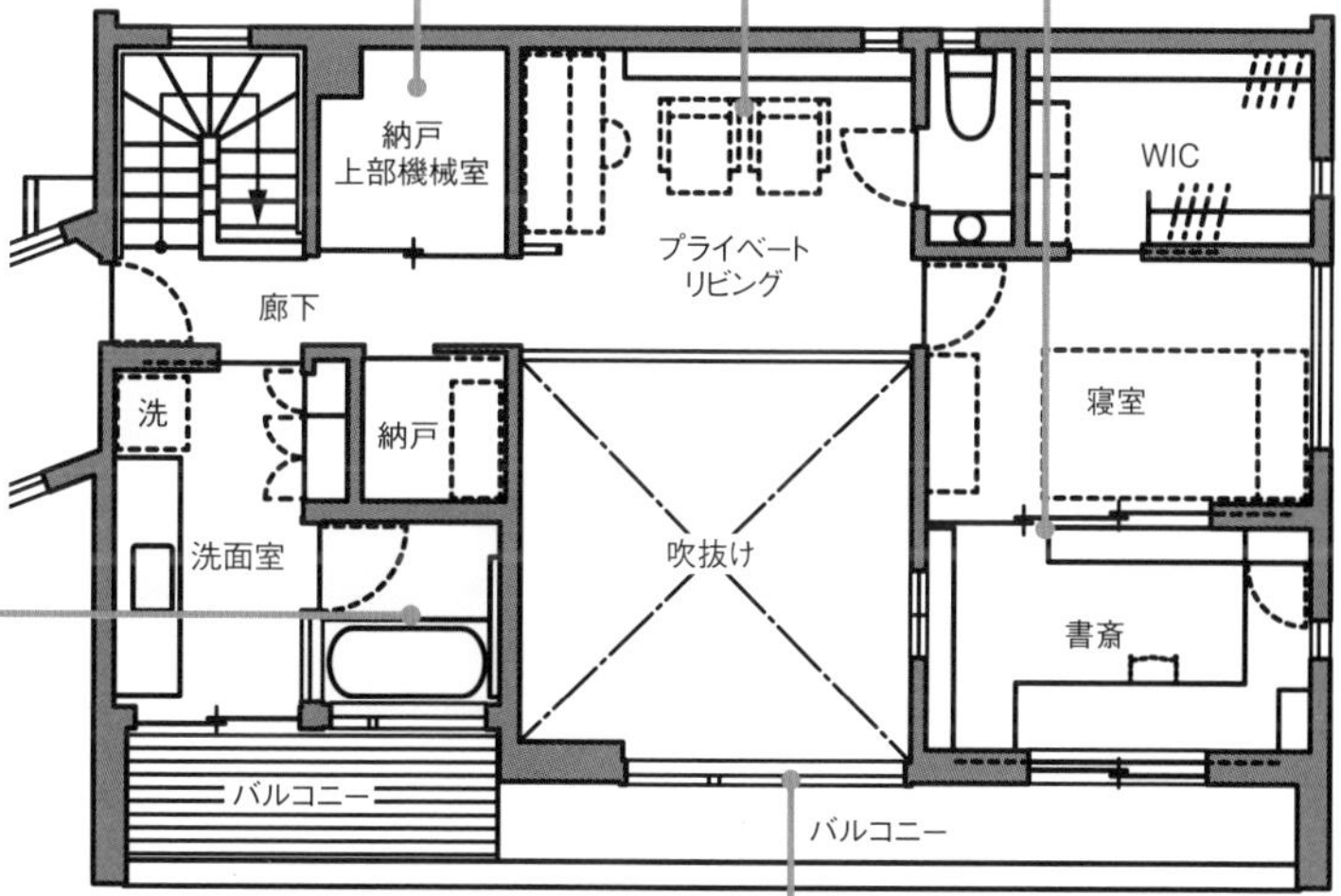

1:125

2階

吹き抜けの窓は、調光スクリーンで光の量を調整する

新築

庭

家のあちこちから中庭が眺められる住まい

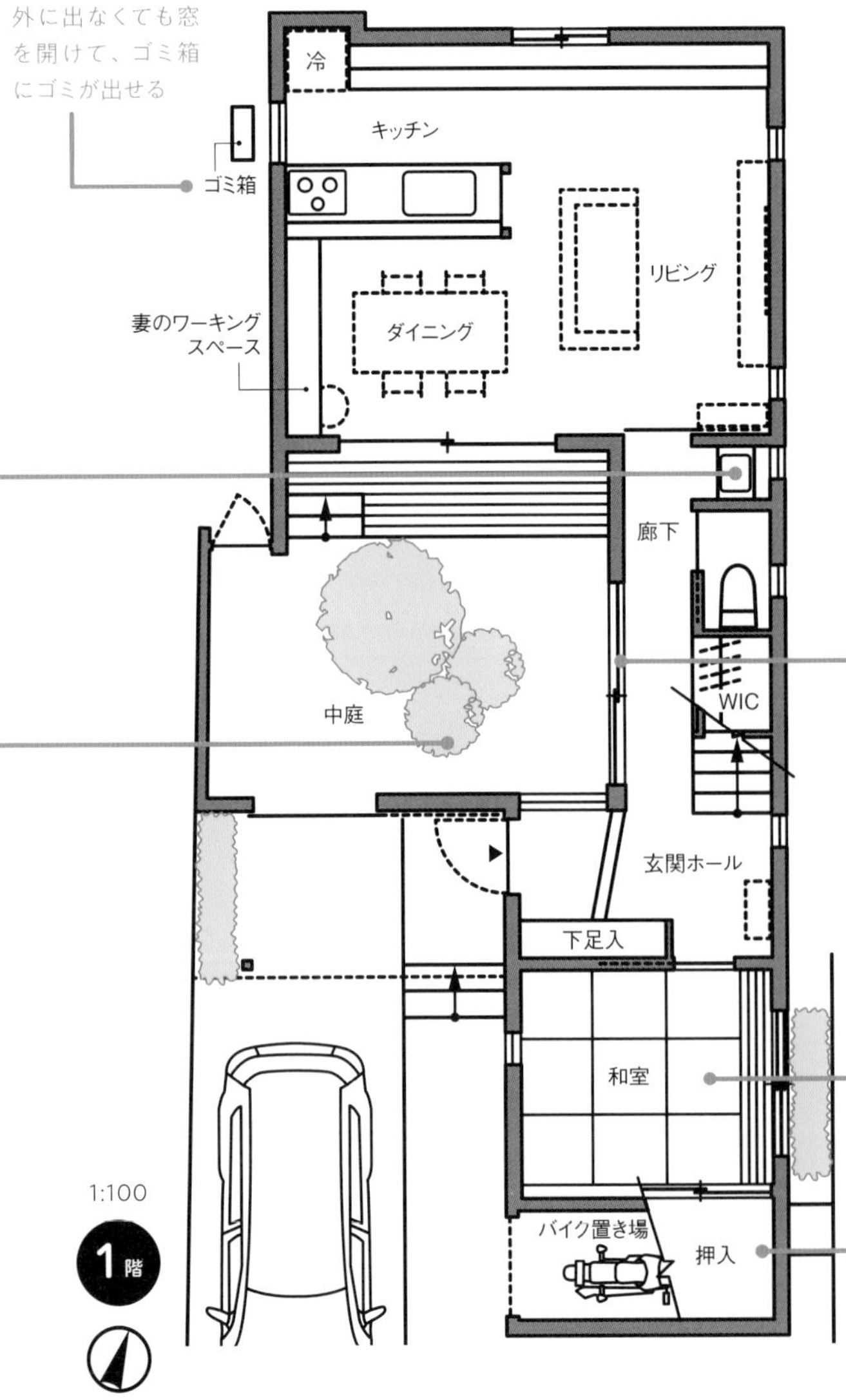
来客用の和室
駐車場脇に設けたシャッターつきのバイク用ガレージ。バイクの高さギリギリに設置し、上部は和室の押入れになっている

POINT

廊下や階段からも緑が目に入る

廊下を歩いているときも、中庭の緑を楽しむことができる。玄関には大きなガラス窓があり明るい

家族構成
夫婦+子ども2人
敷地面積
135.85㎡
延床面積
1階 55.64㎡
2階 50.24㎡

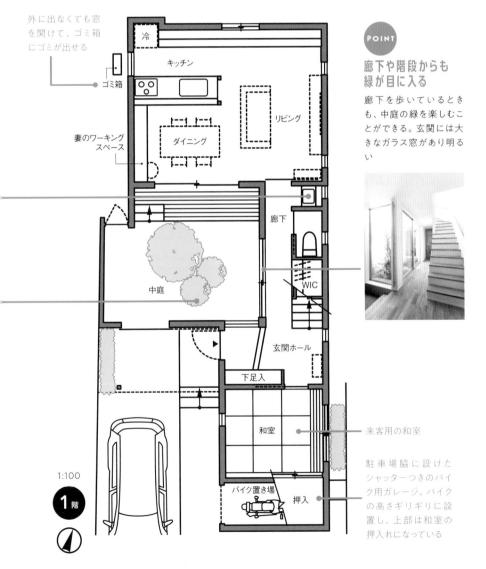

マンション住まいだったご夫婦が、子どもの誕生を機に一軒家に住み替えることにしました。中庭がつくれること、そして車と大切なバイクを駐めておけることという要望に沿って、土地探しから一緒に行いました。

奥行きのある敷地ですが、中庭をつくり、各所の窓は中庭に向けることで、通りからの目線を気にせず暮らせるようにしました。家のなかのあちこちから中庭が眺められるようになっています。

リビングに入る前に使える「ただいま手洗い」や、将来中央に壁を立てて2つに仕切れる子ども室など、子育て世代に対応した間取りにしています。

家事がスムーズになるように、洗濯機は干し場のバルコニーに近い場所に。買い物が多いときは、正面の木戸から中庭を通って、LDKに直接入ることができます。

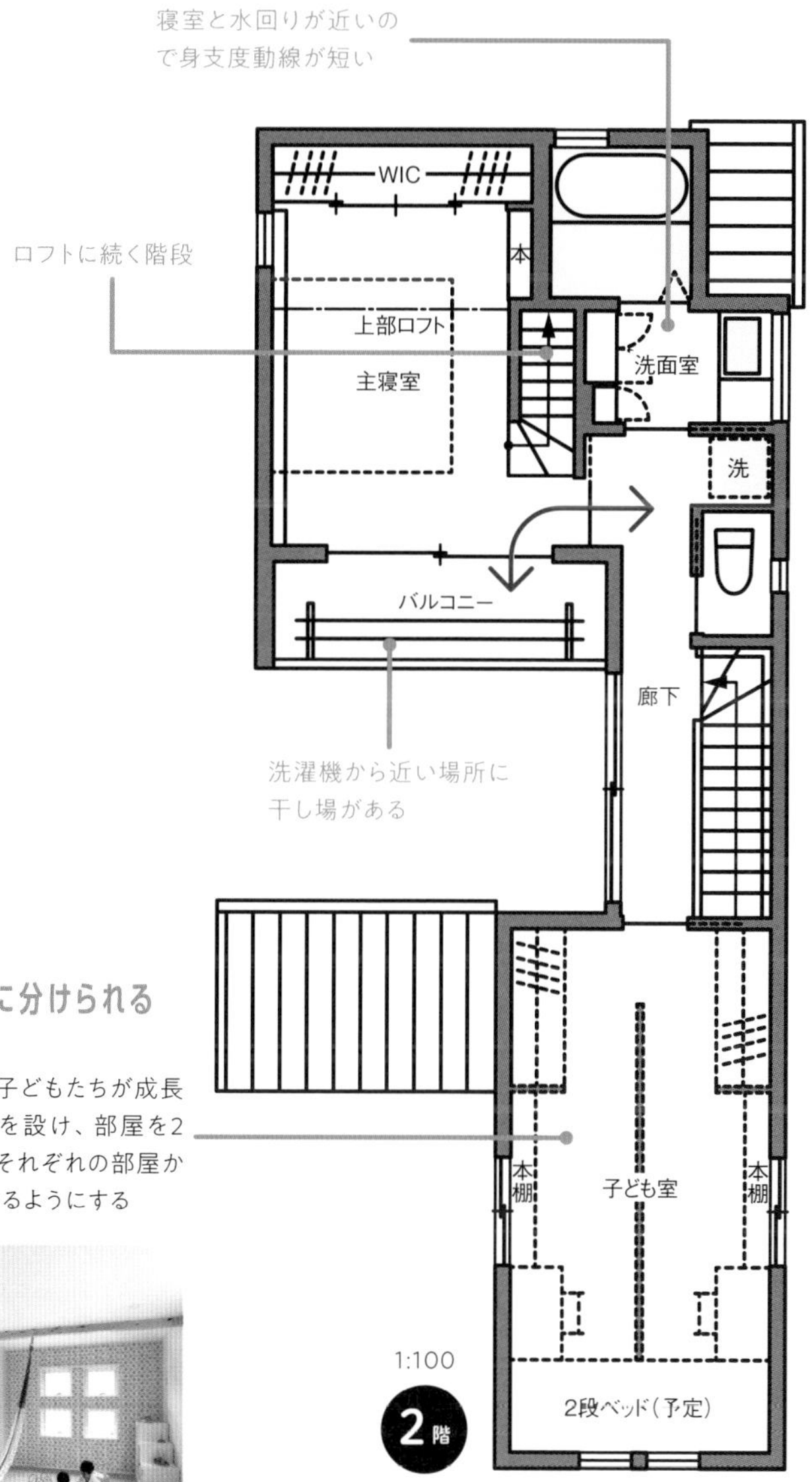

リビングに入る前に手を洗える

玄関からリビングへとつながる廊下に、トイレと手洗い場を設けた。帰宅後はここで手を洗ってから部屋に入ることができる。出かける前に子どもたちをトイレに行かせるときも便利

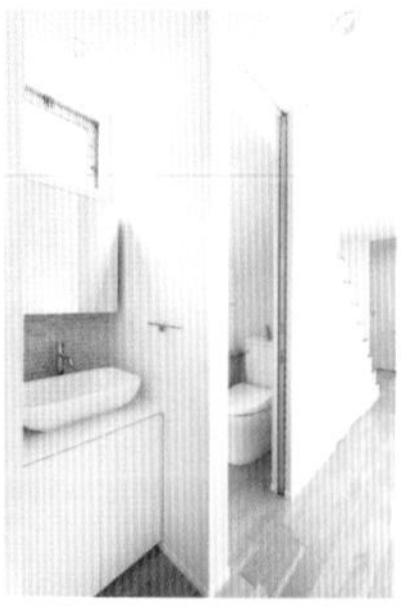

成長したら2つに分けられる子ども室

広い子ども室は、子どもたちが成長したら、中央に壁を設け、部屋を2つに分ける予定。それぞれの部屋から2段ベッドに行けるようにする

中庭を通って直接LDKに行ける

買い物から帰ったときなど、玄関に入らず引き戸を開け、中庭からLDKに行くことができる

新築

二世帯

書斎でつながる快適な距離感の二世帯

POINT

二世帯が行き来できる書斎

1階の和室の隣に、大きな本棚のある夫の書斎を設けた。階段にも近く、子世帯が1階に住む母とつながれる場所になっている

子世帯の玄関にはシューズクロークを設置

玄関の中に、土足のまま入れるシューズクロークを設けた。ゴルフや外遊びの道具、段ボールなども収納できて便利。引き戸を閉めると壁と一体に

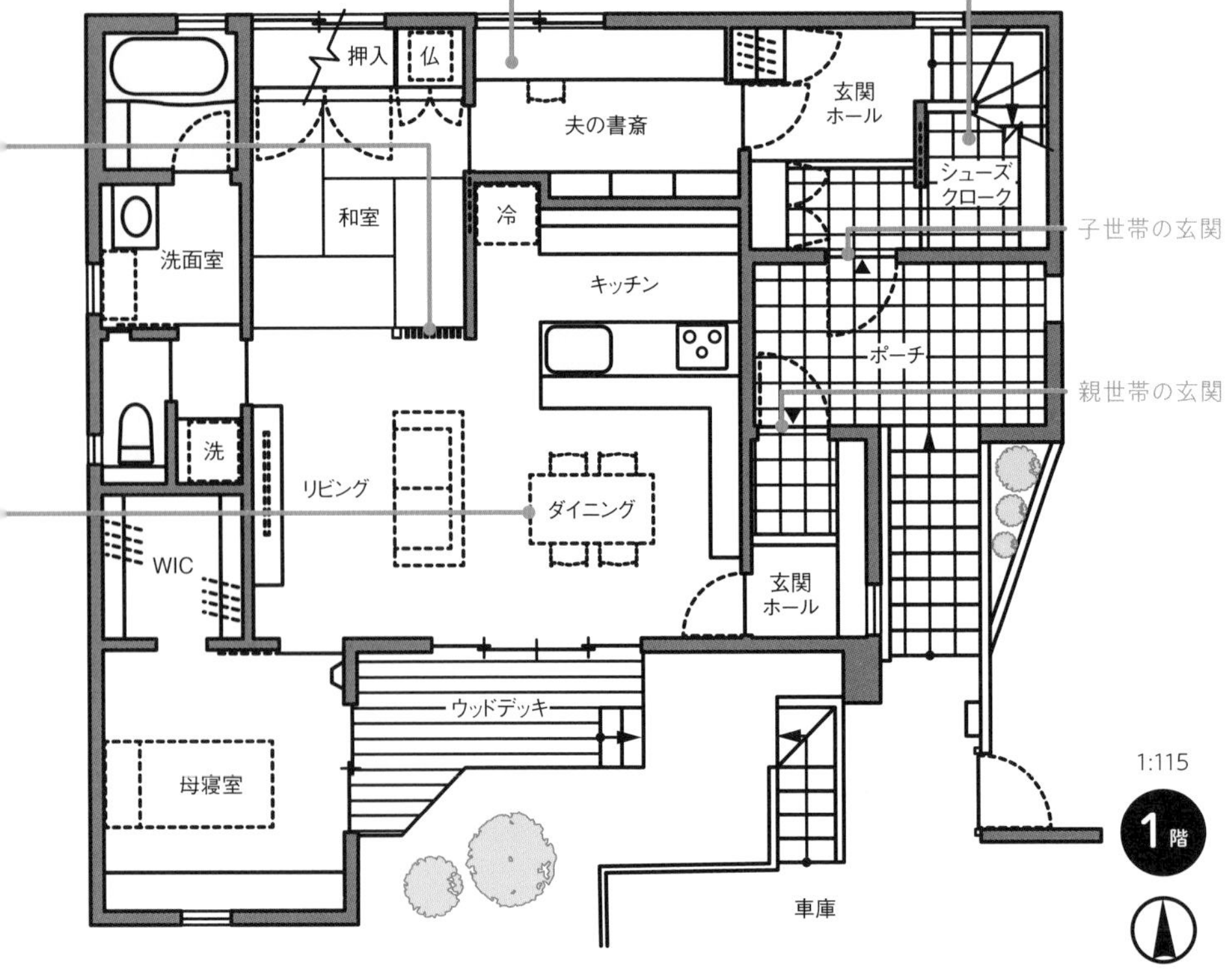

家族構成
母+夫婦+子ども1人
敷地面積
204.26㎡
延床面積
1階 81.09㎡
2階 81.88㎡

玄関から分かれている完全二世帯の住宅です。つながりを持ちながらもお互いの生活を独立させた、適度な距離感で暮らせる間取りにしたいという要望がありました。

お母様が暮らす1階は、ひとりで使いやすいよう、キッチンとダイニングをコンパクトに。リビングの横には客室としても使える和室を設けました。

3人家族の子世帯の玄関には、外で使うものをたっぷり収納しておけるシューズクロークを設置。主寝室から、ウォークイン・クロゼットを通って水回りに行けるホテルプランです。子ども室の下や、お母様の寝室の上には居室がないので、お互いに音を気にせずに暮らせます。

二世帯をつなぐのは、1階にある大きな本棚のある書斎。和室と、子世帯の玄関ホールの両方につながり、ここで二世帯が行き来できます。

寝室→WIC→水回りにつながるホテルプラン

夫婦の寝室から、ウォークイン・クロゼットを通って水回りにつながる間取り。身支度がここだけで完結するので、忙しい朝も時短になる。就寝準備もスムーズ

取れない柱をルーバーと連続させ目隠しに

客室にもなる和室。取れない柱を利用して、ルーバーを設置。リビングにいる人からは、大きなタンスや仏壇が目に入りづらい

音のストレスを減らすため、子ども室の下には寝室をつくらない

寝室にカウンターがあると、ちょっとした物を置けるので便利

冷蔵庫は横に壁を建て、隠している

LDに入る前に使える「ただいま手洗い」

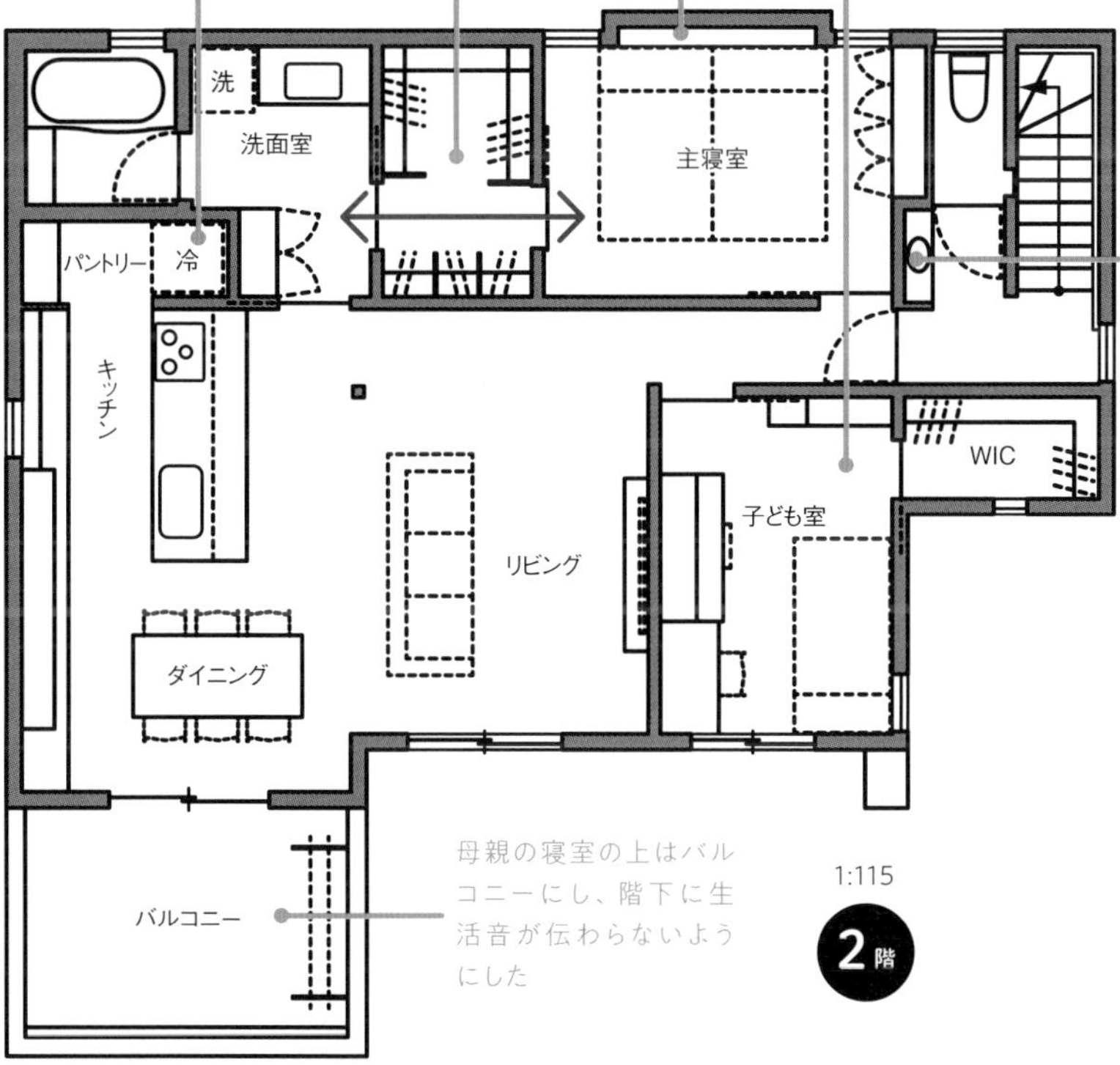

母親の寝室の上はバルコニーにし、階下に生活音が伝わらないようにした

1:115

2階

母のDKはコンパクトに

母親がひとりで使うキッチンとダイニングは、コンパクトな大きさに。あまり歩き回らずに必要なものに手が届く

新築

コンパクト

角地でもプライバシーを守った明るい住まい

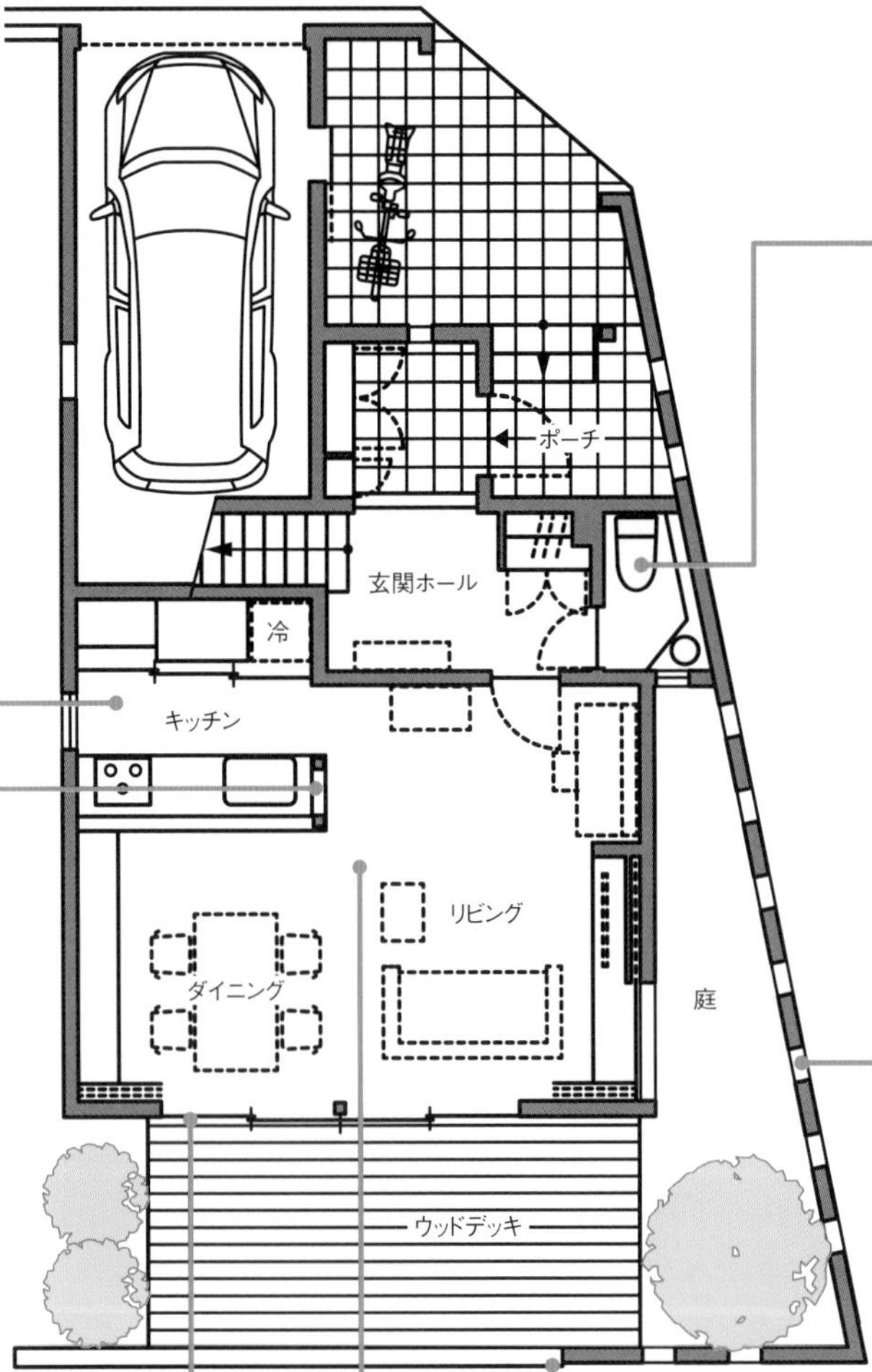

パウダールームも敷地なりに変形している

POINT

道路側は敷地に沿って高い壁を設けた

角地にあるので、高い壁で囲うことでプライバシーを守っている。閉鎖的になりすぎないよう、外壁にスリットをつくり、植栽をのぞかせている

居室を広く見せるために、カーテンはつけず、内雨戸をつけている

外の緑を楽しめるリビング・ダイニング

ウッドデッキを木塀で囲むことで、リビングと一体化した空間に感じさせている

家族構成
夫婦+子ども1人
敷地面積
113.03㎡
延床面積
1階 53.81㎡
2階 47.21㎡

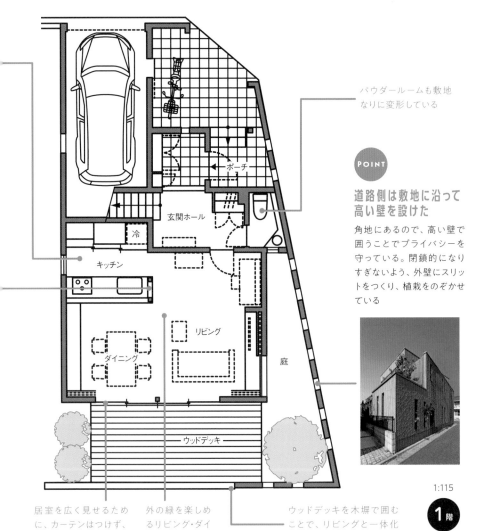

自宅の立ち退きで新しい住まいを建てることになった、3人家族の家です。30坪程度の床面積で、「プライバシーを守りつつ、最大限に敷地を活用すること」が課題でした。解決のために、道路側には敷地に沿わせて建物と一体になった壁を設けました。

隣地側は、リビングから同じ高さで続くウッドデッキを、高い板塀で囲い込むことによって内部空間に取り込んでいます。プライバシーを気にせず光や風を感じられる住まいになりました。

18・3畳のLDKの開口部は垂れ壁を設けず、天井に合わせた窓を使用し、開放感のある空間に。駐車場の上の中二階には和室をつくり、スキップフロアとしました。

コンパクトな家ほど、動線と収納が住みやすさのカギになります。適所に奥行きの浅い高密度の収納を設置し、動線を整理して効率のいいプランにしました。

押入れが床から浮かしてあるので広く感じられる

駐車場の上にある中二階の和室

トップライトで中廊下を明るく

中廊下は暗くなりがちだが、階段の上にトップライトを設け、一日じゅう光が降り注ぐ空間に

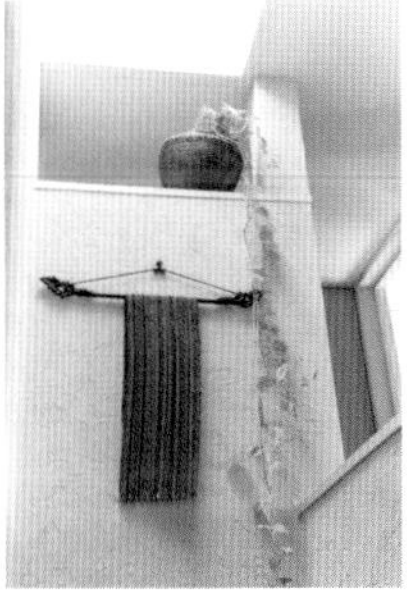

キッチンに立っているときも庭が目に入る

プランターを並べているので、入浴時に緑を楽しむことができる

取れない柱を利用した飾り棚

柱は、構造を工夫して取ることも考えるが、ここではもう一本柱を建て、ガラスの板を入れて飾り棚にした

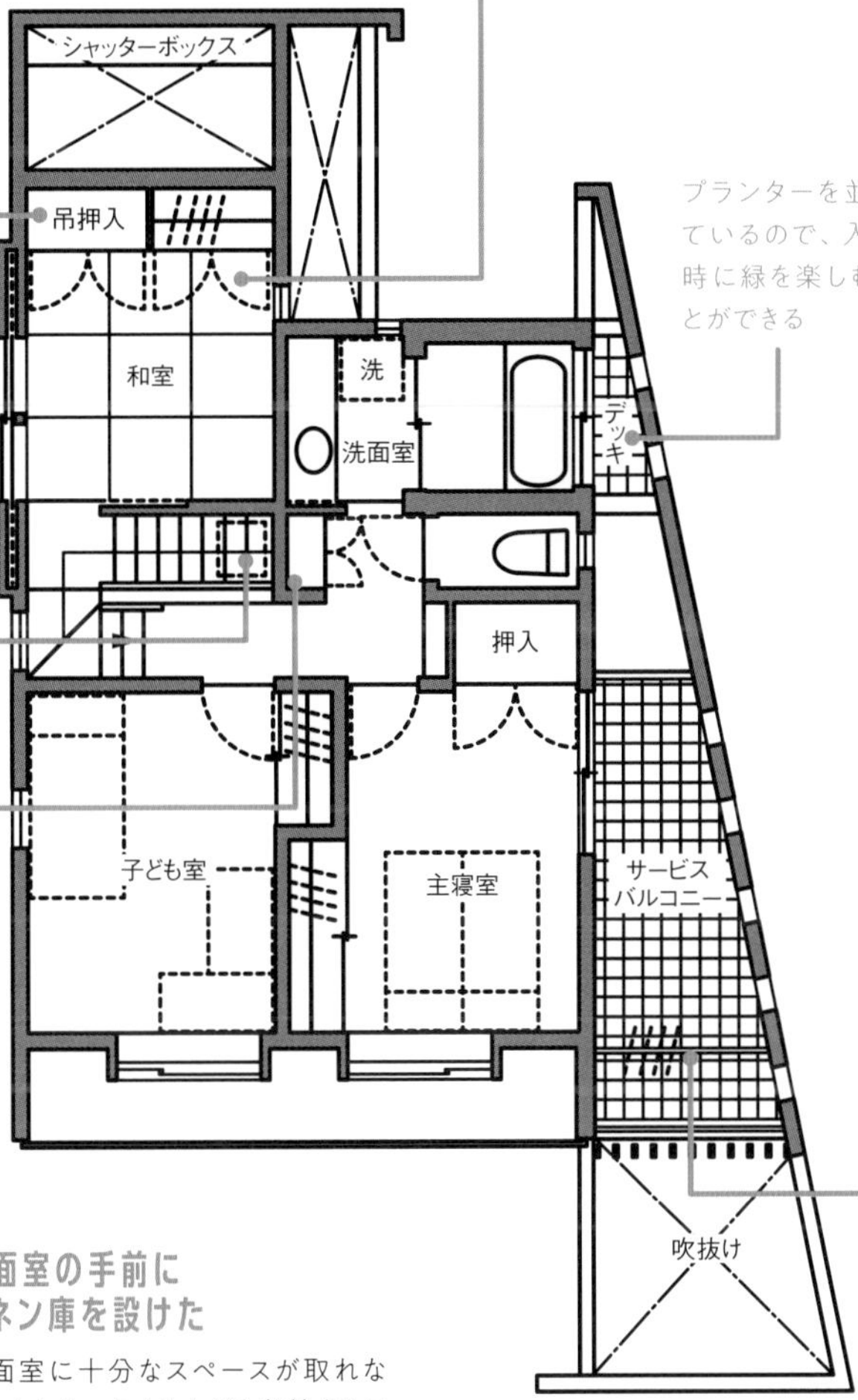

1:115

2階

バルコニーの床には通気性のいいグレーチング（格子状の構造材）を採用しているので、洗濯物が乾きやすい

洗面室の手前にリネン庫を設けた

洗面室に十分なスペースが取れなかったため、タオルなどを収納するリネン庫を、手前の廊下に設置。洗濯機の上には縦長の窓を設けて、光と風を採り込んでいる

新築

子育て

キッチンにいながら家族の気配を感じる吹き抜けの家

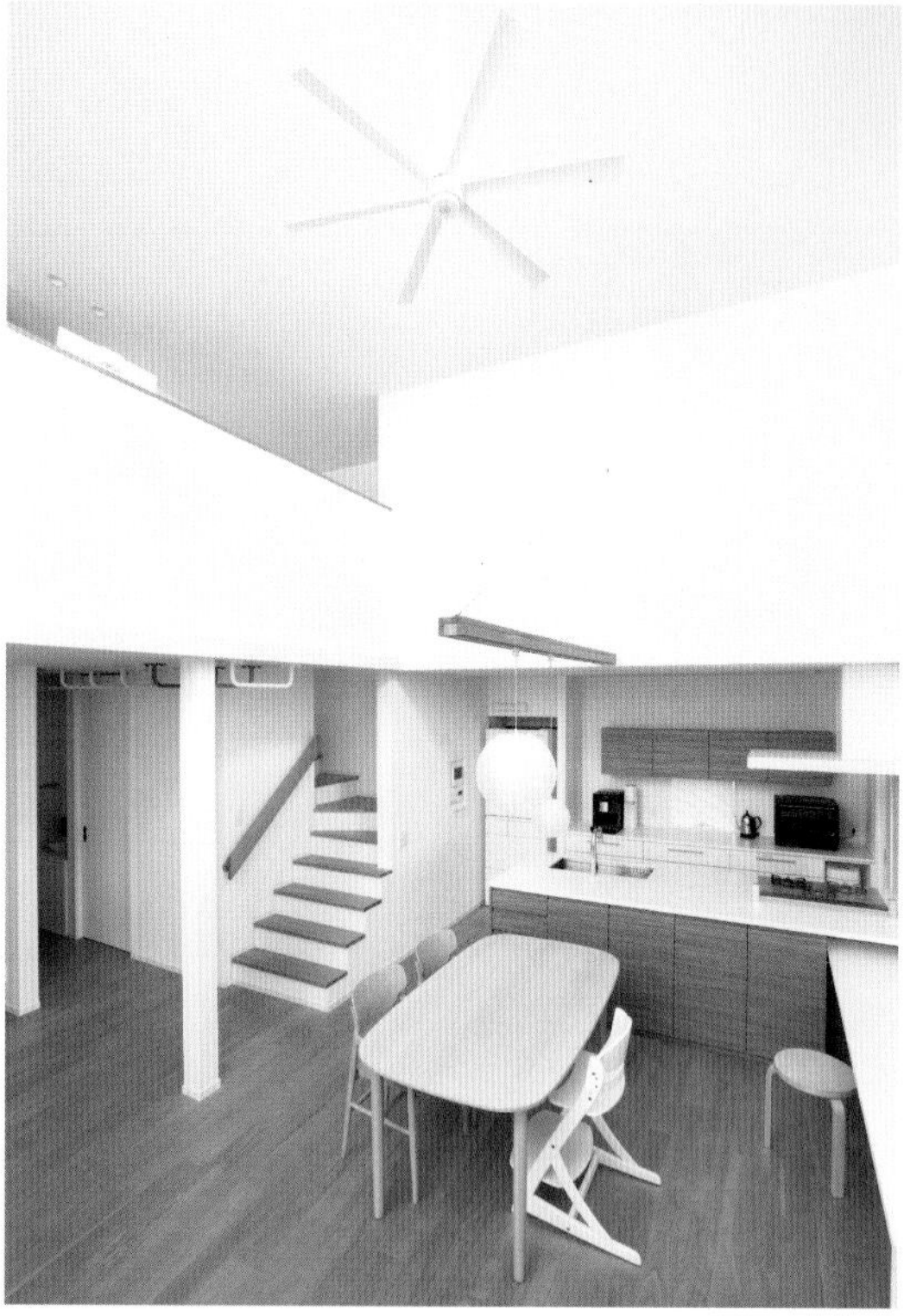

POINT キッチンにいるときも上階の様子がわかる

LD上が吹き抜けになっているので、キッチンにいるときも上階にいる子どもたちの様子がわかり、声がけをすることもできる

リビング・ダイニングの空間に手洗いスペースがある

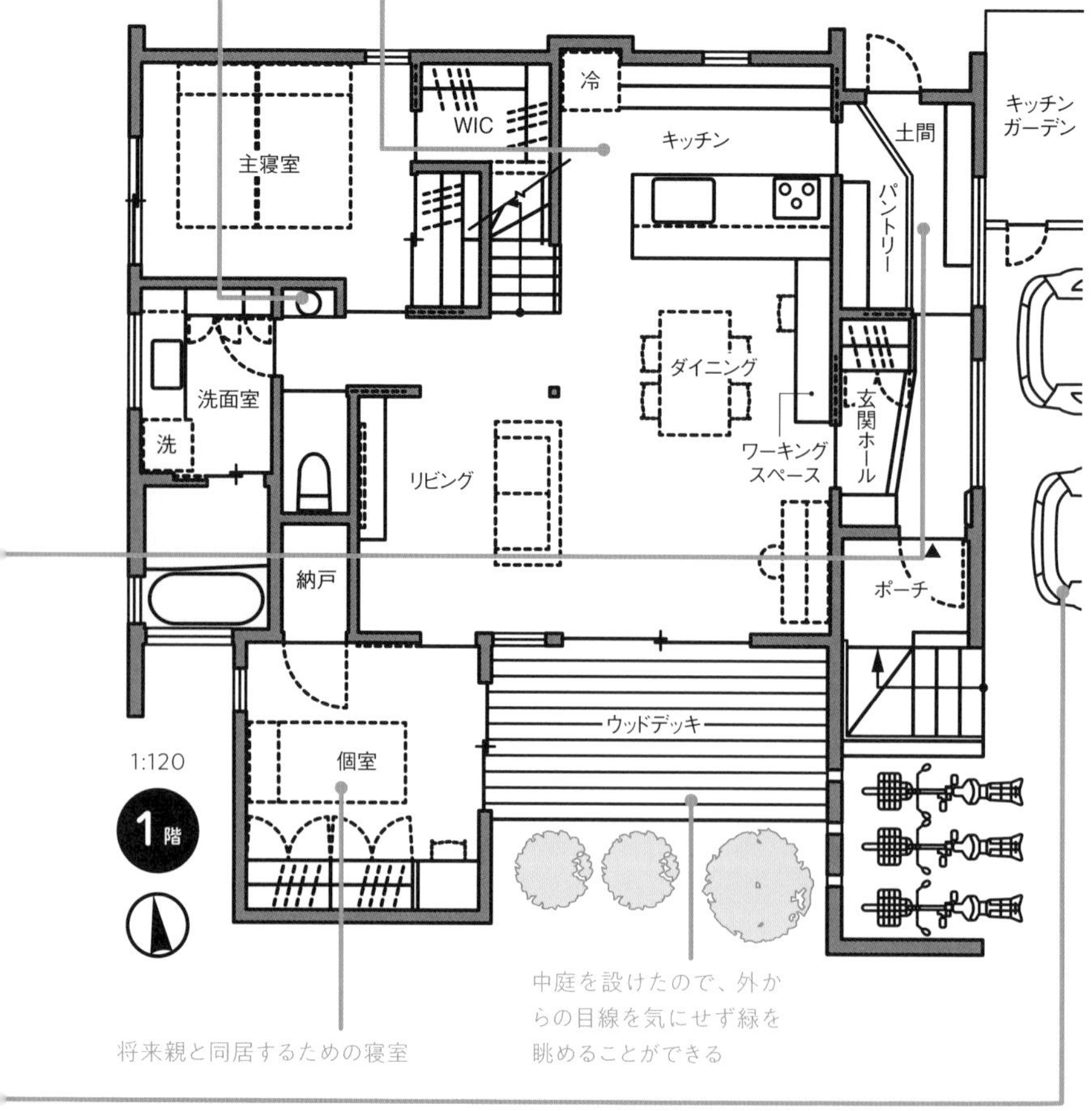

1:120

1階

中庭を設けたので、外からの目線を気にせず緑を眺めることができる

将来親と同居するための寝室

家族構成
夫婦+子ども2人
敷地面積
216.65㎡
延床面積
1階 89.95㎡
2階 34.15㎡

家に吹き抜けをつくることの効果は、明るく、開放的な空間がつくれるというだけではありません。家族の気配を感じながら暮らせるというのも大きなメリットです。

2人の子育て中の40代ご夫婦の要望は、子どもの様子がわかるような見通しのいい家にしたいというものでした。そこで、1階のLDKの上を吹き抜けにするプランを提案しました。吹き抜けに面した2階のホールに、親子で使えるスタディコーナーを設け、1階のキッチンにいる人と会話できるようにしました。

家庭菜園をしたいというご要望もあり、家の前には板塀で囲んだキッチンガーデンを設けました。ガーデンからは土間を通って直接キッチンや玄関に行けるつくりです。土間には大きなパントリーを設けているので、庭で使う道具を収納しておけます。

ホールに設けた夫と子どもたちのスタディコーナー

階段上のホールに、家族で使えるスタディカウンターを設けた。夫が仕事をしたり、子どもたちが勉強したりできるスペース。吹き抜けから階下の様子もわかる

玄関から土間を通りキッチンに行ける

庭仕事のあとは、勝手口から土間を通ってキッチンに入ることができる。土間には、収穫した野菜や畑仕事の道具などを収納できるスペースもたっぷり

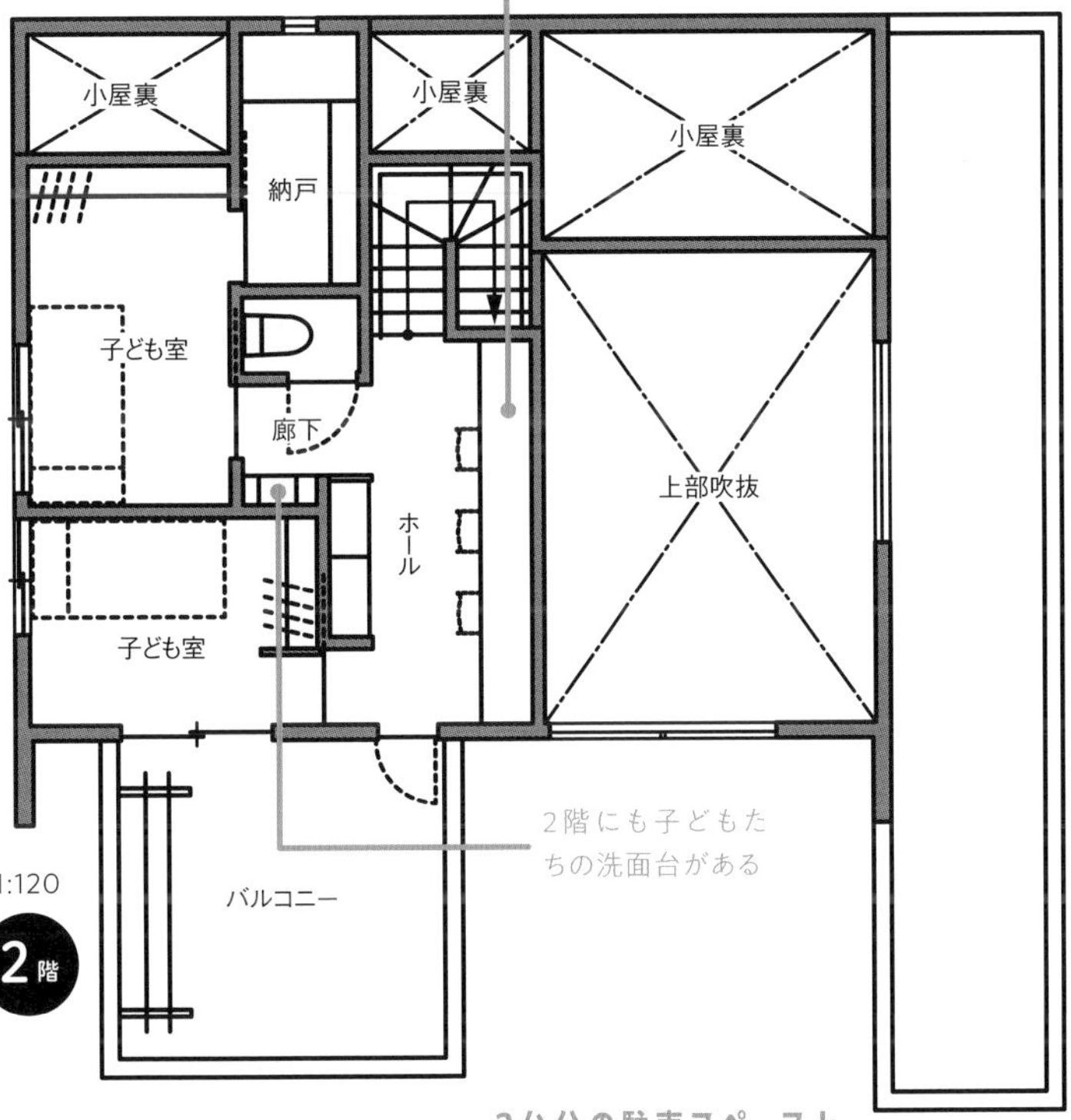

1:120

2階

3台分の駐車スペースとキッチンガーデンがある

家の前には3台駐車できるスペースと、塀に囲まれたキッチンガーデンがある。通りに面した壁には高窓だけを設けているので、光は入るが外からの視線は気にならない

新築

家事ラク

家事動線の短いプランで子育ても快適に

生活するうえで、家事動線は短ければ短いほどいいものです。そのためのポイントのひとつが、洗濯機と干し場を近くにして、洗濯動線を短くすることです。このプランでは、パブリックスペースを広くとるために、ＬＤＫを2階に配置しています。洗濯機はキッチンの中に設置し、勝手口の外に干し場を設けることで、家事動線をぐっと短くできました。朝夕の忙しい時間に、家事をほぼ一カ所ですませられます。

キッチンにはスライド扉を設けているので、閉めれば洗濯機を隠すことができます。キッチンの横には小さなワーキングスペースを設置。料理をしながらレシピを見たり、書きものをしたりできる便利な場所です。

外壁を高く立ち上げているので、外からの視線が遮られ、ＬＤＫで過ごすときも安心です。

2階のリビングも外壁に守られて快適に

パブリックスペースは、日当たりのいい2階にまとめた。高い外壁が隣家からの目線を遮ってくれるので、伸び伸びと子育てができる

車庫から直接玄関ホールに入れる

玄関には収納を設け、家の中にできるだけ物を入れない

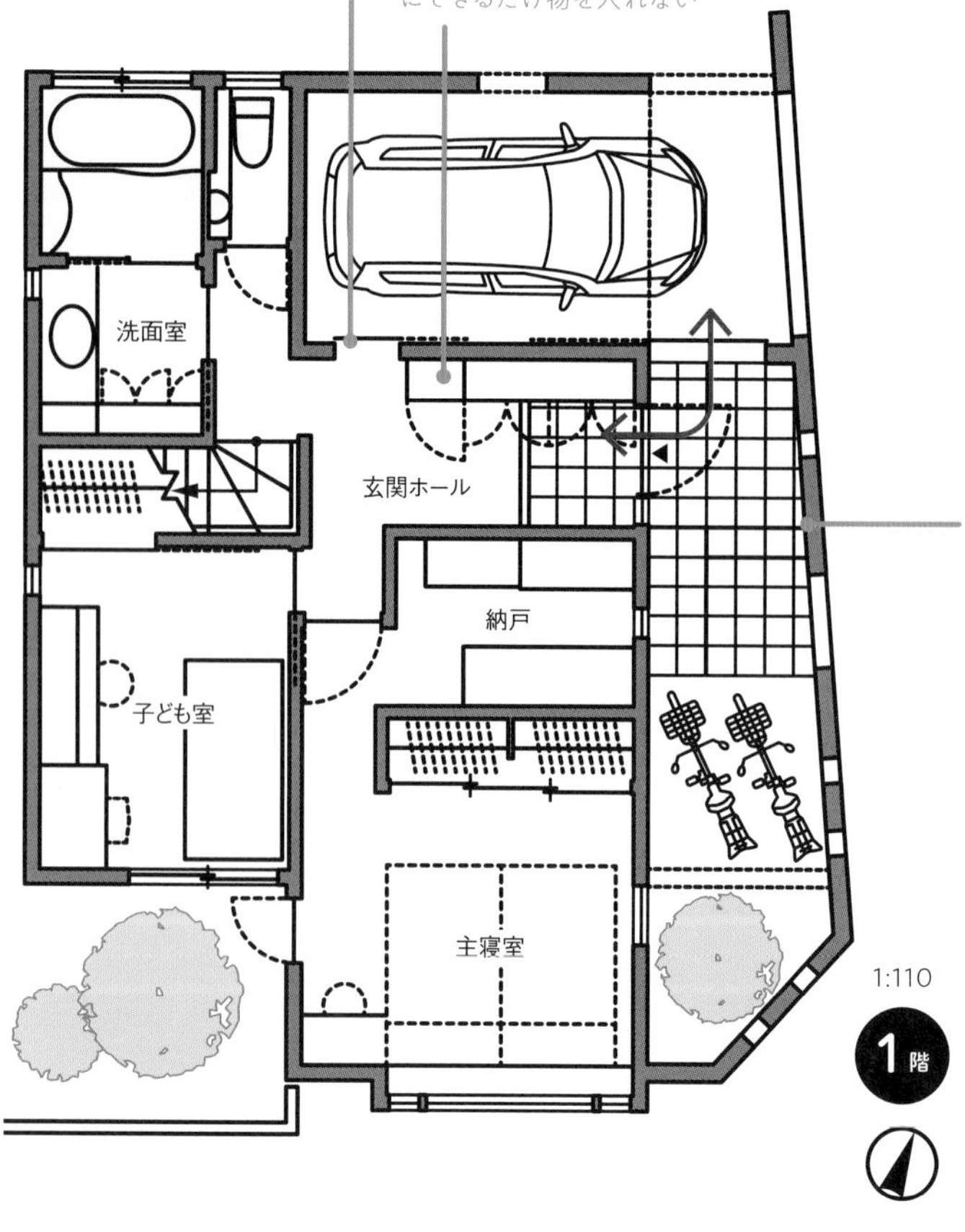

高い外壁がプライバシーを守る

敷地を2階までの高さの外壁で囲んでいるので、外からの目線を気にすることなく生活できる

家族構成
夫婦＋子ども2人
敷地面積
101.09㎡
延床面積
1階 49.27㎡
2階 51.20㎡

キッチン横に妻のスペース

キッチンの脇には、妻のためのワーキングスペースがある。家計簿をつけたり書き物をしたり、家事の合間にちょっと座りたいときも便利

LDの手前にトイレと兼用の手洗いコーナーを設けた

2階から階段でロフトに続いている

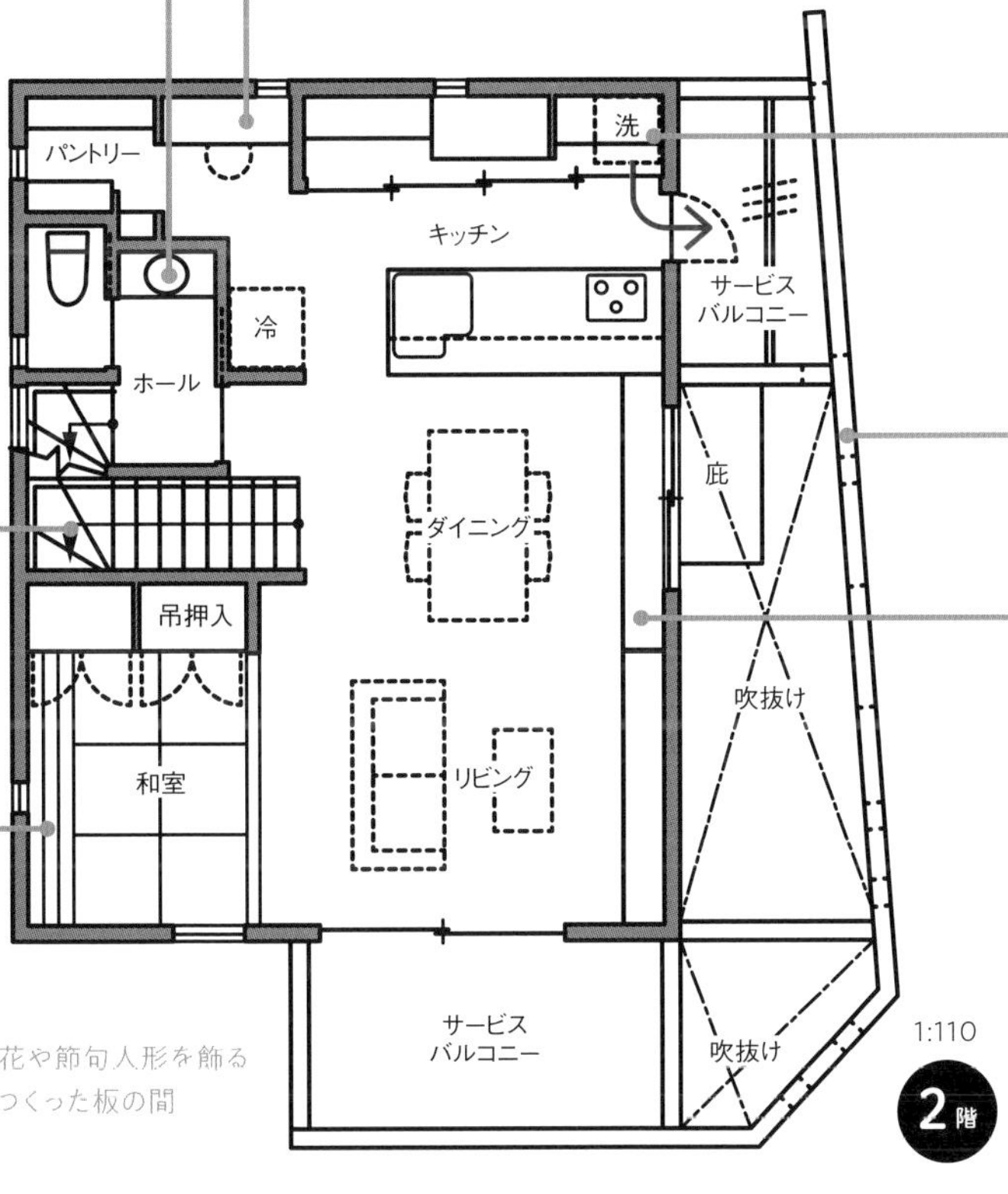

季節の花や節句人形を飾るためにつくった板の間

POINT バルコニー近くに洗濯機を設置

キッチンの外のサービスバルコニーが、洗濯物の干し場。洗濯動線を短くするため、洗濯機をキッチンの一角に設置した。ハンガー類の収納スペースもある

ダイニングに収納式アイロン台を設置

ダイニングの収納カウンターの中に、使いたいときだけ引き出せる折りたたみ式のアイロン台を設置。子どもたちの様子をみながらアイロンがけができる

家事ラク

洗面・洗濯・衣類管理の動線がゼロの家

ご夫婦二人暮らしの住まいです。三方向が道路に面しているので、外壁で敷地を囲い、中庭を設けました。それぞれ趣味をもつ夫と妻の書斎を、この中庭に面して配置しました。

寝室を2階にしたので、水回りも2階にまとめています。広い洗面室の中にクロゼットと洗濯物の干し場を設けました。中央にリネン収納庫を置き、そのまわりをぐるりと回れるレイアウトなので、身支度動線がスムーズ。洗面室前のバルコニーでも、洗濯物を干すことができます。広い洗面台では、洗濯物をたたんだり、アイロンがけをしたり、ペットのシャンプーをします。

洗面室とクロゼットが一体になっていると、身支度や着替え、洗濯、片づけが1カ所でできるので大変効率的です。衣類がこの場所だけにとどまるので、ほかの部屋が散らかりにくくなるという利点もあります。

妻の書斎から庭が眺められる

リビングと和室をつなぐスペースに、妻の書斎を設けた。庭に面したカウンターで、緑を眺めながら趣味の書道を楽しむことができる

塀に囲まれた中庭がリビングと一体に

南西、北を道路に囲まれている敷地だが、高い壁で囲まれているので、ゆったりと庭の景色を楽しめる。囲うことでリビングから続きの空間のようになり、広く感じられる効果も

エントランス前のデッドスペースに、掃除道具などを収納できるスペースを設けた

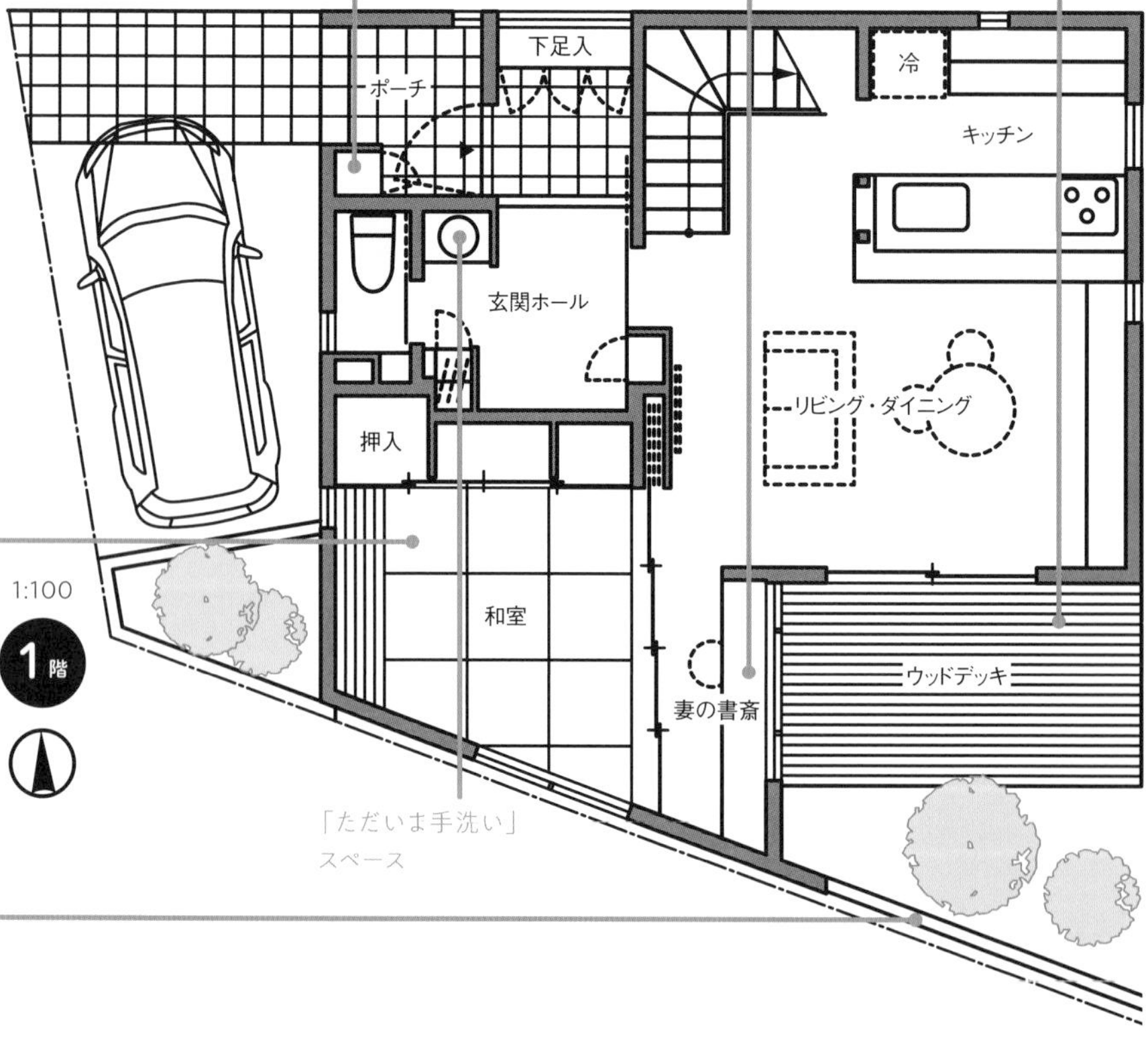

「ただいま手洗い」スペース

1:100

1階

家族構成
夫婦
敷地面積
121.19㎡
延床面積
1階 51.23㎡
2階 43.06㎡

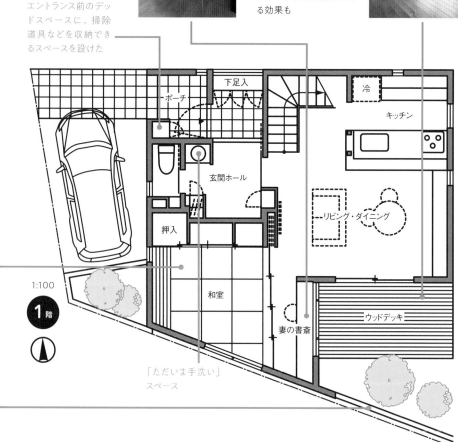

夫が趣味の世界に浸れるスペース

模型飛行機づくりが趣味の夫が、ひとりで籠れる書斎を2階に設けた。ドアがないので、孤立しない空間になっている

敷地に沿って設けた変形の和室

和室はあえて敷地の形に添って変形にすることで、広い面積がとれた。エアコンは目立たないようにルーバーで覆い、窓を小さくすることで落ち着いた空間に

階段には天窓から光が入るので一日中明るい

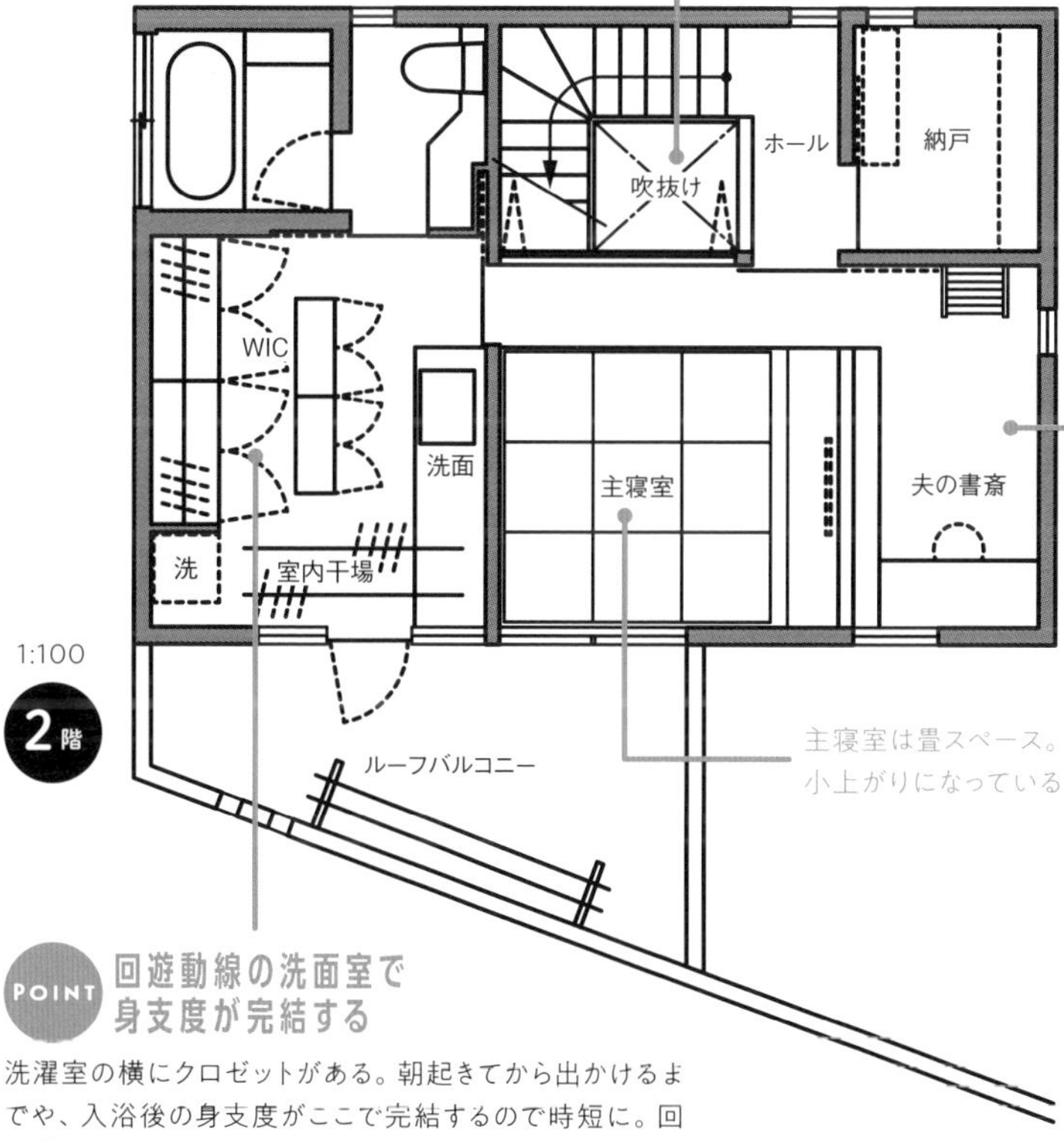

主寝室は畳スペース。小上がりになっている

壁を斜めにしてウッドデッキに光を入れる

敷地を囲んでいる外壁を、東に向かって低くなるよう斜めにすることで、ウッドデッキに光が入りやすくなり、家じゅうが明るい

POINT

回遊動線の洗面室で身支度が完結する

洗濯室の横にクロゼットがある。朝起きてから出かけるまでや、入浴後の身支度がここで完結するので時短に。回遊動線になっているので、二人で使うときもスムーズ

新築

コンパクト

コストを抑えて実現した 効率のいい22坪の住まい

高気密・高断熱だから リビング階段もOK

LDKの中に階段をつくれるのは、高気密・高断熱住宅だからこそ。暖気が2階に逃げていく心配をしなくてよく、廊下がない分、居室を広くとれる

POINT

総2階のシンプルな 箱型にして コストを抑える

1階と2階が同じ広さの、総2階の「箱型」にすることで、コストを抑えた。屋根は片流れにして、高い方の小屋裏をロフトに利用している

コート掛けはリビングの玄関に近い場所に

節句人形なども飾れる多目的な畳コーナー

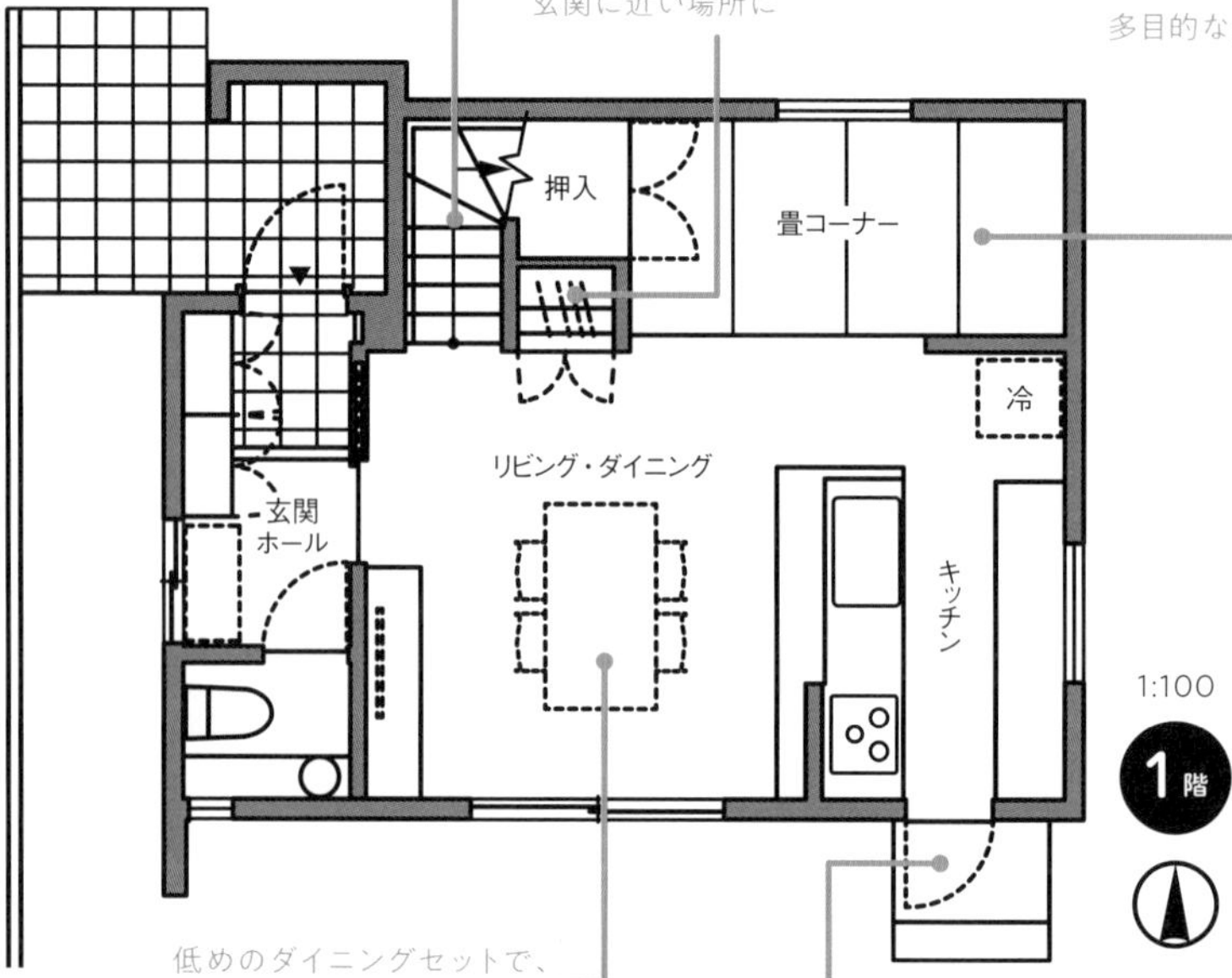

低めのダイニングセットで、ソファがなくてもくつろげる

キッチンガーデンに行ける勝手口

家族構成
夫婦
敷地面積
122.2㎡
延床面積
1階 36.98㎡
2階 37.28㎡

子育てを終えて二人暮らしになった60代のご夫婦は、30代で建てた40坪の2階建てを、暖かい住まいになるようにリフォームしたいというご要望でした。しかし家が広い分、リフォームでは高断熱化にコストがかかります。そのため高気密・高断熱のコンパクトな家への建て替えを提案しました。

　リビングとダイニングを一体化して、ソファを置かないのも、コンパクトに住むための選択です。ダイニングセットを低めにし、椅子の座面を広くすることで、ソファがなくても充分くつろぐことができます。

　LDの横には、畳コーナーを設けました。ちょっと横になったり、客室にするなど多目的に使えます。コンパクトで断熱性が高い家への住み替えや建て替えは、今後の家づくりの主流になると感じています。

屋根裏をつくって帰省する子どもたちの寝室に

屋根に勾配をつけ、6畳の屋根裏を設置。離れて暮らす子どもたちが宿泊するときに、寝室としても使う。将来太陽光パネルを設置できるように屋根を南勾配にした

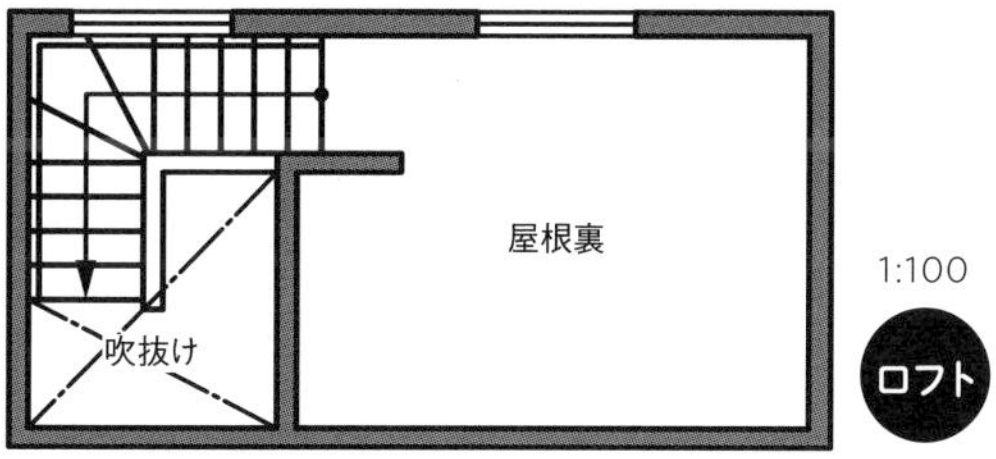

南西から光が入る明るい洗面室

洗面室には高窓をつくり、光を採りこんでいる。洗濯物の干し場であるバルコニーにつながっているので洗濯動線が短い。サービスバルコニーには屋根があるので、雨の日も安心

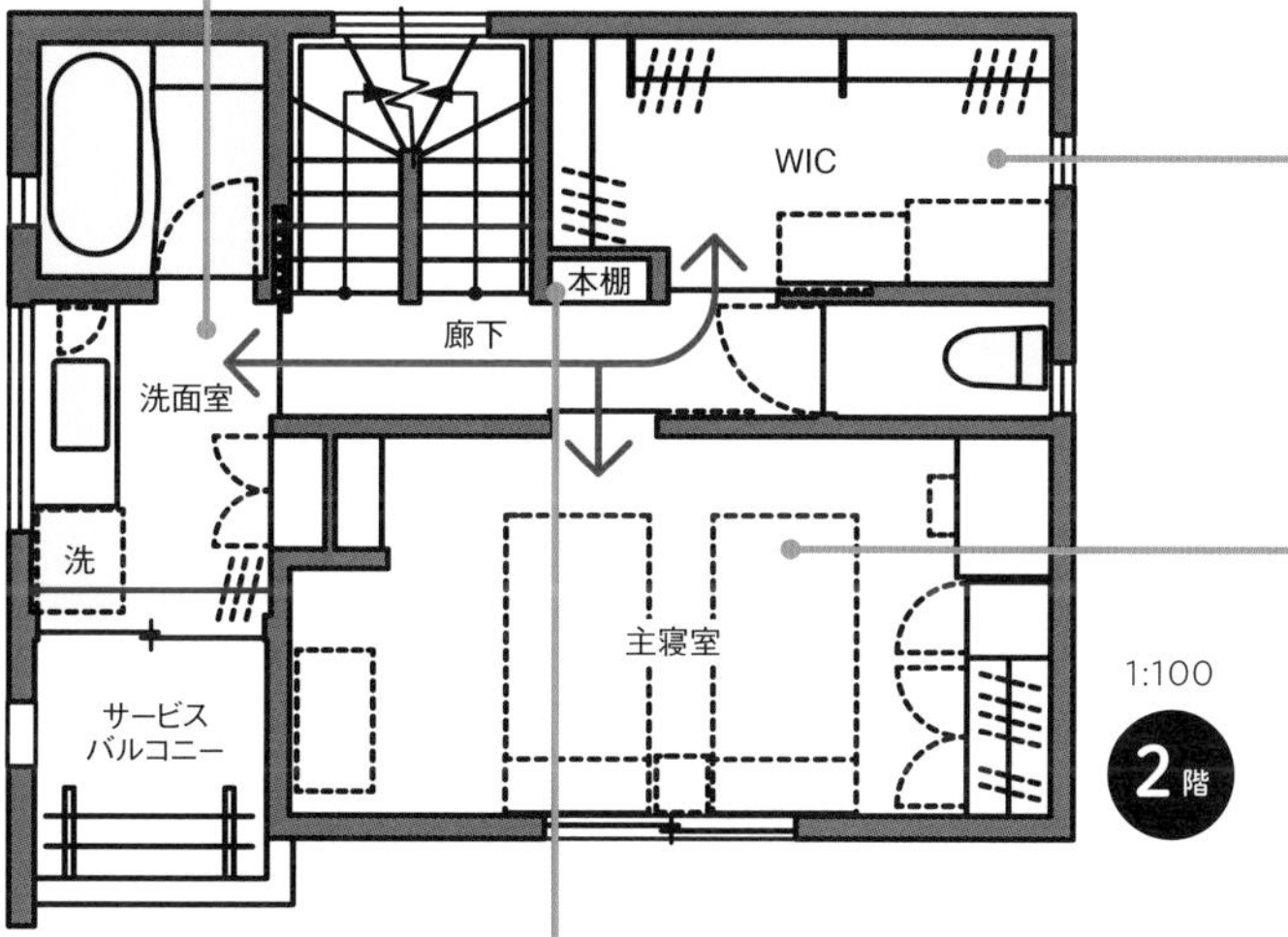

ウォークイン・クロゼット兼着替え室。和服はこの部屋で着替えたり干したりできる。

部屋を小さく区切らずコストを抑える

コストダウンのため、2階にはいくつも居室をつくらず、大きな主寝室をひとつ設けた。小さな書斎を寝室の中につくっている

スペースを有効活用した廊下の本棚

新築 庭

前庭の眺めを楽しむ英国スタイルの家

梁を現しにし英国の雰囲気に

ダイニングの天井は、梁を現しにしてクラシックな雰囲気に。テーブルやカウンターの色も合わせ、英国風の空間にしている

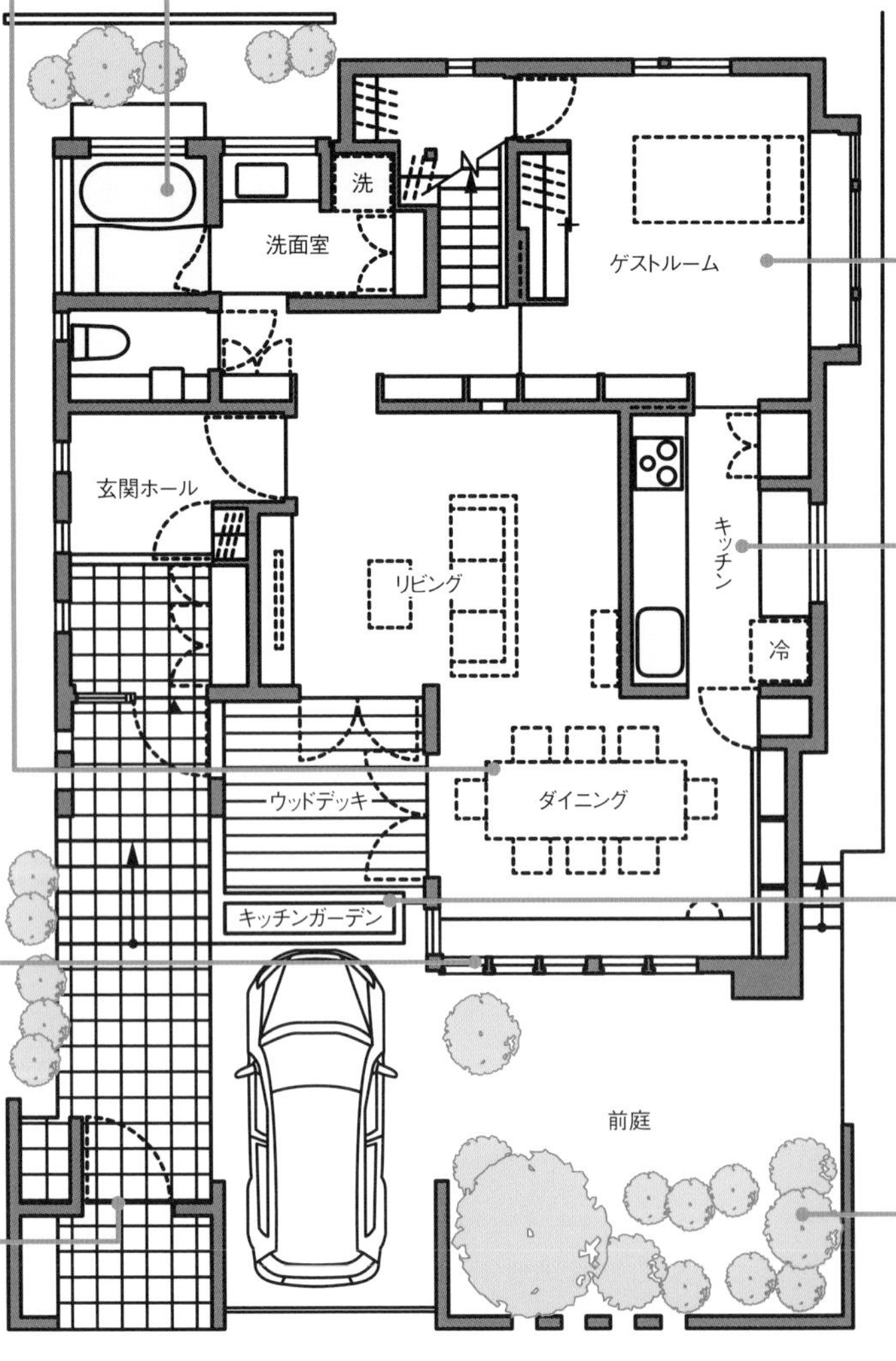
浴室からも坪庭が見える
1:120
1階

ゲストルームは将来、主寝室にする予定

リビング・ダイニングに生活感を出さないため、キッチンはクローズドに

ウッドデッキ横はキッチンガーデンになっている

ダイニングの窓から見える前庭

家族構成
夫婦+子ども2人
敷地面積
162.78㎡
延床面積
1階 77.28㎡
2階 60.15㎡

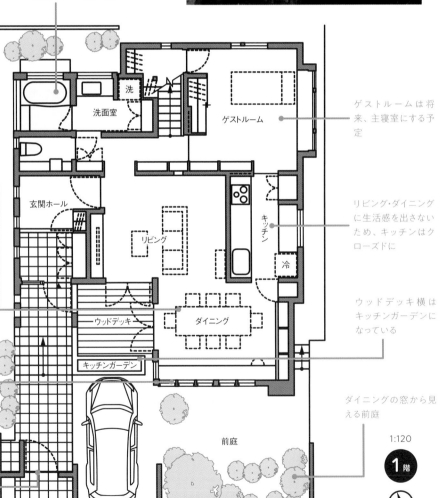

イギリスに暮らした経験がある家族のための住まいです。思い出のアルバムなどを見せていただき、イメージを膨らませました。デザインの基調になる木の色は濃いブラウンに統一し、天井の梁を現しにしています。

キッチンはクローズドにし、ダイニングとリビングからはっきり分けました。食事をする場所とくつろぐ場所は別、というイギリスの考え方に寄せています。生活感のあるキッチンの様子を来客に見せずにもてなしができ、LDK一体の間取りよりフォーマルです。ダイニングには大きなテーブルがあり、木製の窓からは前庭の景色が見えます。食後はリビングに移り、ティータイムを楽しめます。

リビングとダイニングの両方から出られるウッドデッキには、キッチンガーデンもあり、ここで育てた野菜やハーブがいつも食卓を賑わせているそうです。

本への親しみが生まれる階段

階段と廊下の壁の中に、本棚をつくった。歩くときに本が目に入るので、子どもたちも自然に本に親しむことができる

POINT 前庭の景色を楽しみながら食事を

リビングとダイニングの窓は木製サッシで断熱性とインテリア性を高めた。窓の外に見えるのは、美しい前庭の緑

トップライトのある明るい洗面室

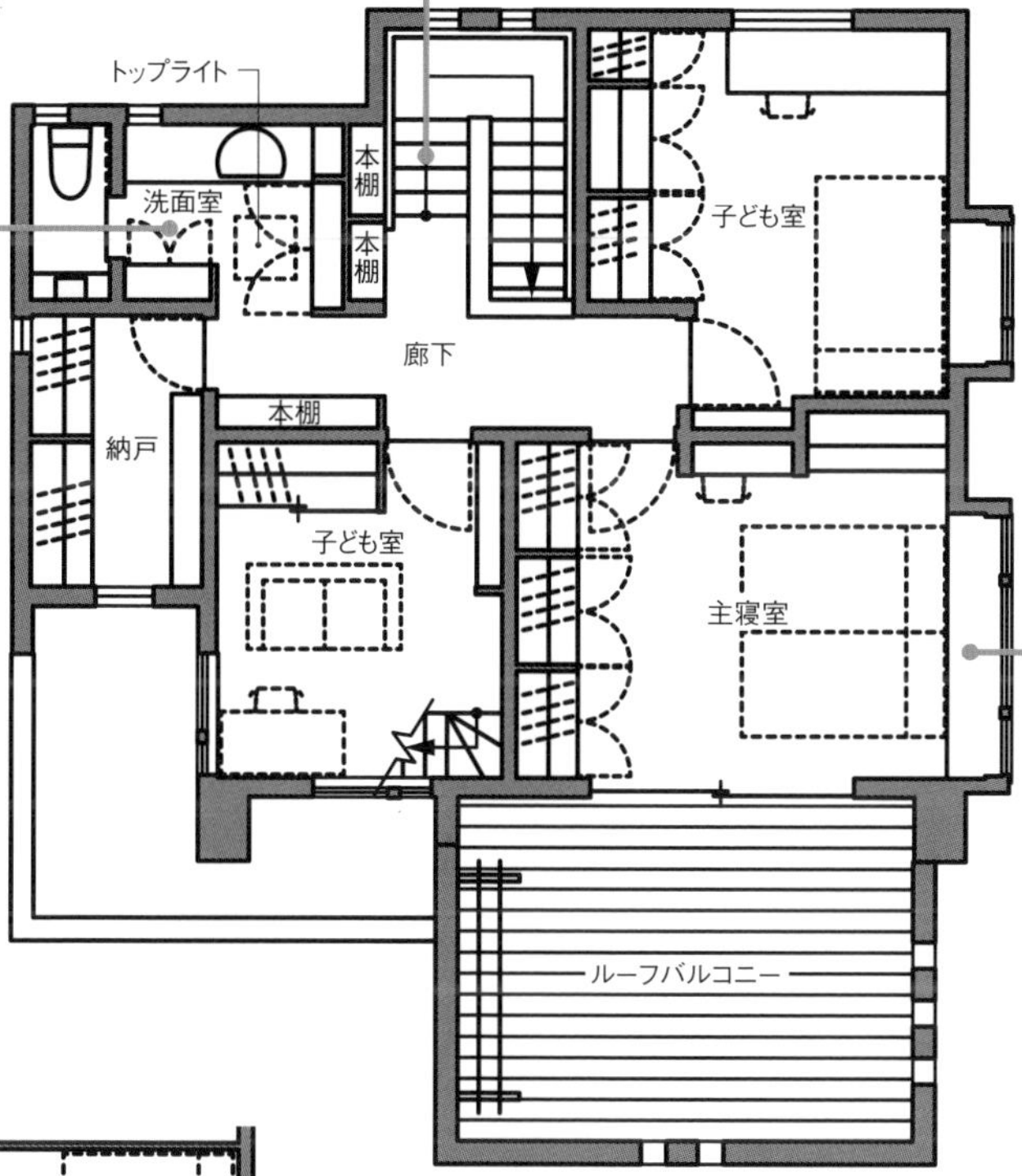

主寝室のベッドの頭側にある出窓は、ナイトテーブル代わりになる

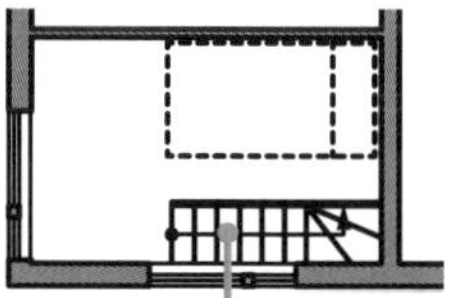

南側の子ども室のベッドはロフトにある

門扉からアプローチ越しに玄関ドアが見える

アイアン製の門扉から玄関扉が見え、閉じすぎない外観になっている。アプローチを歩く間は、庭の緑が目を楽しませてくれる

新築

家事ラク

訪ねてくる家族を気持ちよく迎えられる家

来客用の布団を入れる押入れ。部屋を狭く感じさせないため、浮かせている

勝手口に庭仕事用の収納スペース

キッチンの隣に勝手口に続く土間スペースがあり、ここから庭に出ることができる。土間の収納スペースには、庭仕事の道具や上着、長靴、収穫した野菜などを置いておける

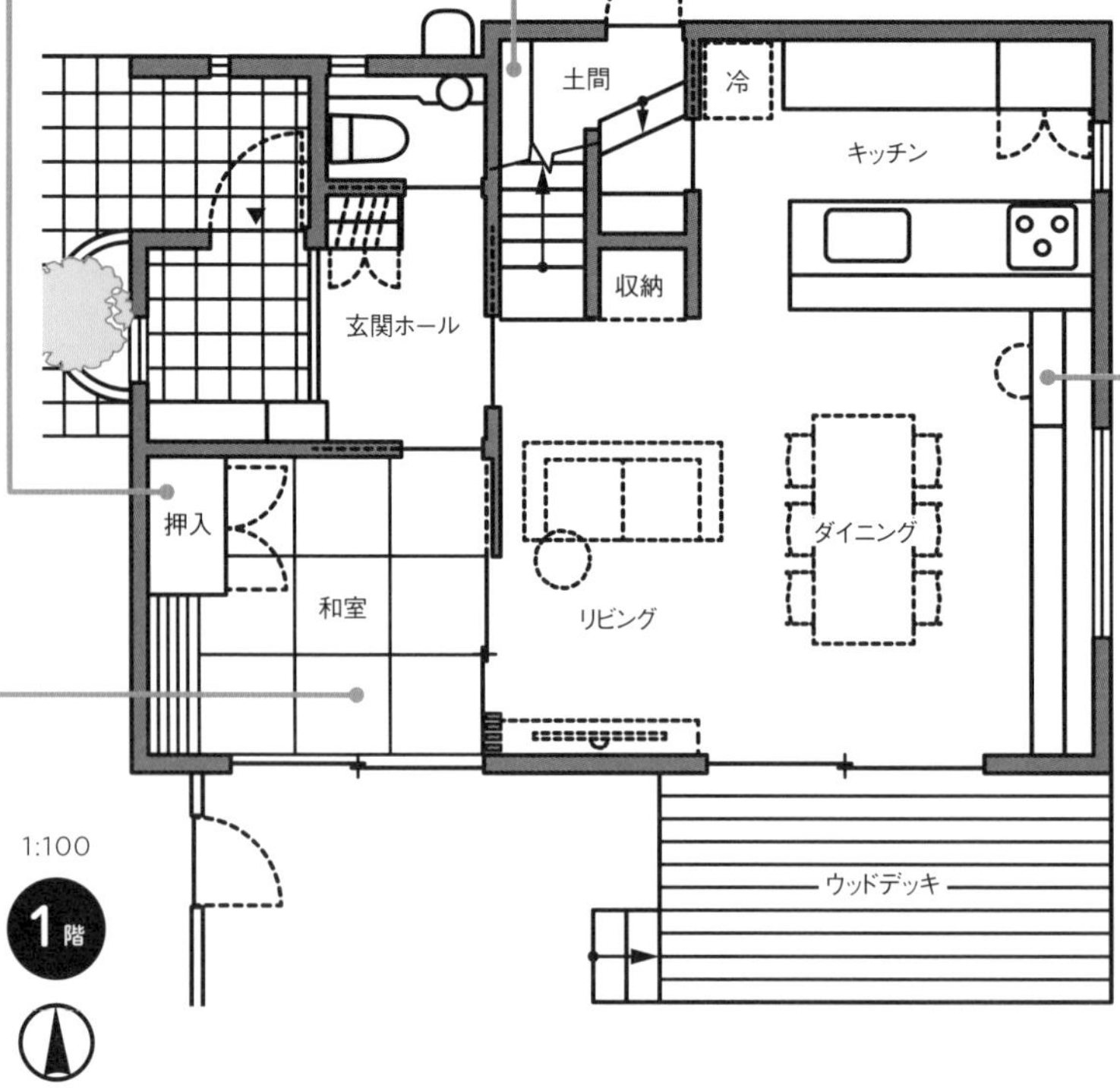

妻のワーキングスペース

家族構成
夫婦
敷地面積
137.18㎡
延床面積
1階 51.65㎡
2階 54.11㎡

子育てを終えた60代のご夫婦の家です。仕事をリタイアしたお二人が充実した日々を送れるよう、また離れて住む家族が滞在するときも快適に過ごせるような間取りを考えました。

家庭菜園が趣味という夫のために、キッチンから続く勝手口の土間には、庭仕事用の上着や道具、収穫した野菜などを収納できるスペースを設置。勝手口の外のシンクで野菜の泥を落としてから家に入ることができます。

2階には夫のための広い書斎スペースを、1階のダイニングには、妻のためのコンパクトなワーキングスペースを設けました。

主寝室から直接水回りにつながるホテルプランなので、朝・夜の身支度が短時間ですませられます。

子どもや孫たちが滞在するときのために、2階にゲストルームを設け、1階の和室も客室として使えるようにしました。

寝室が直接洗面室につながるホテルプラン

夫婦の寝室には、壁面収納とウォークイン・クロゼットがある。寝室から洗面室に直接つながっていて、その奥には浴室があるので、身支度動線が短い

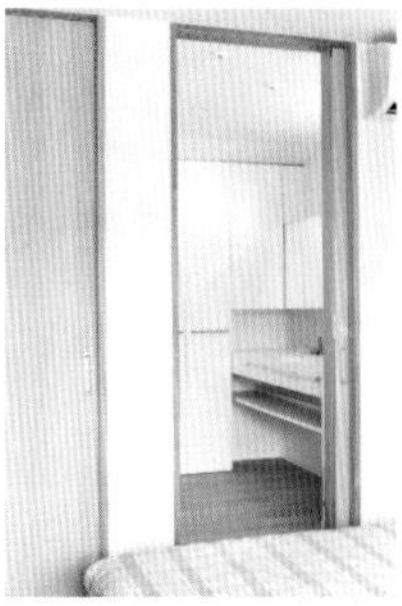

孫が長期滞在するためのゲストルーム

洗面室には大容量のタワー収納

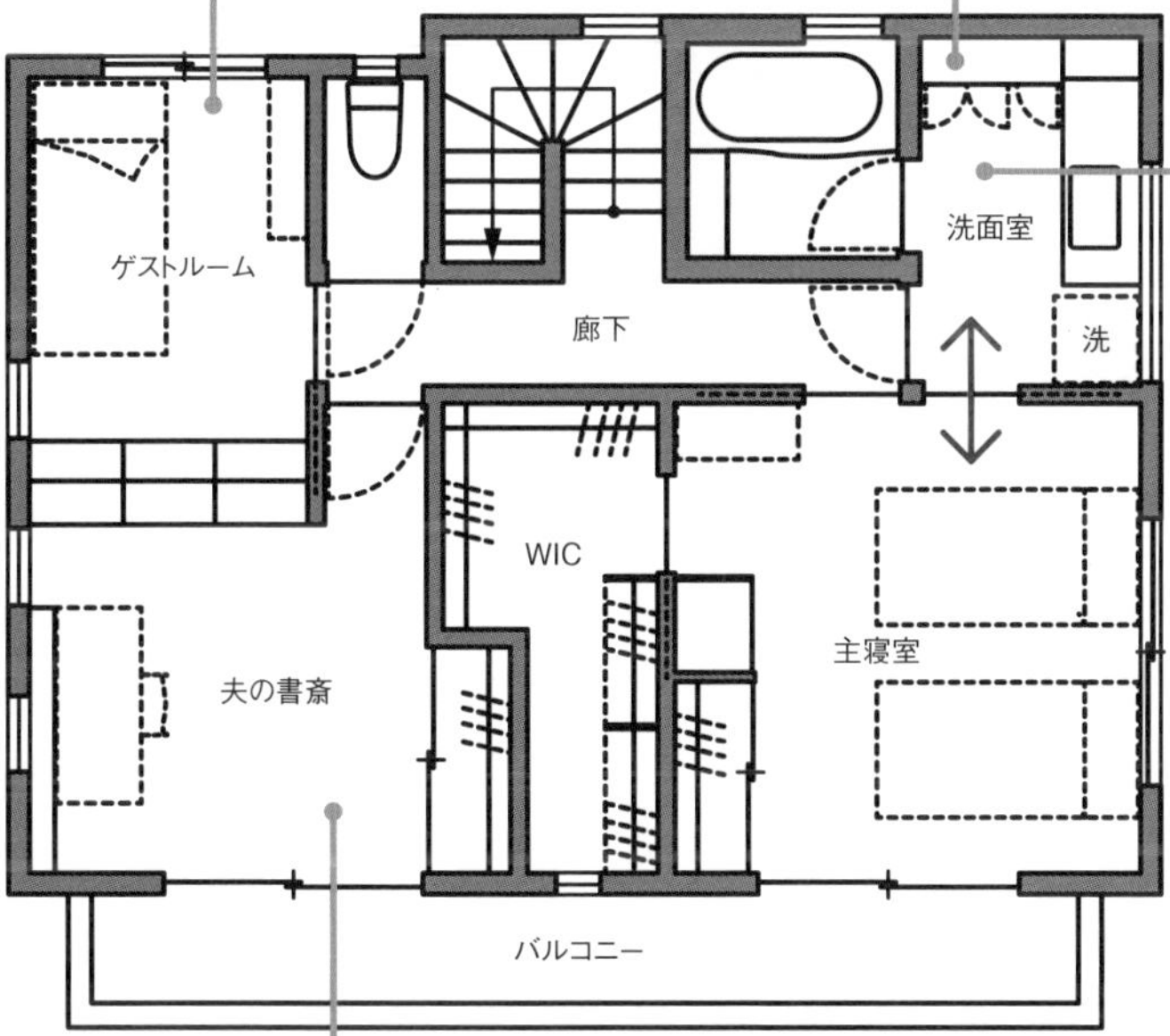

1:100

2階

リタイアした夫が日中を過ごす部屋

夫が読書をしたりパソコンを使ったりするための書斎は、日当たりのいい2階に。壁一面に本棚を設置した。ひとりで自由な時間を過ごすことができる

POINT 子や孫たちが泊まるときの和室

LDKの隣には和室があり、子や孫たちが滞在するときは寝室として使える。ふだんは引き戸を開け放し、LDとひと続きの空間として使っている

新築

子育て

キッチンを中心に家族がつながる家

ダイニングから広いバルコニーにつながる

ダイニングの床と同じレベルに合わせたバルコニー。視線が先まで広がり、開放的な空間に。子どもをプールで遊ばせたり、天気のいい日はここで食事をすることも

明るい場所に設けた子どものスタディコーナー。母親がキッチンにいながら見守ることができる

ダイニングの一角に妻のワーキングスペースがある

リビングに入る前に使える「ただいま手洗い」

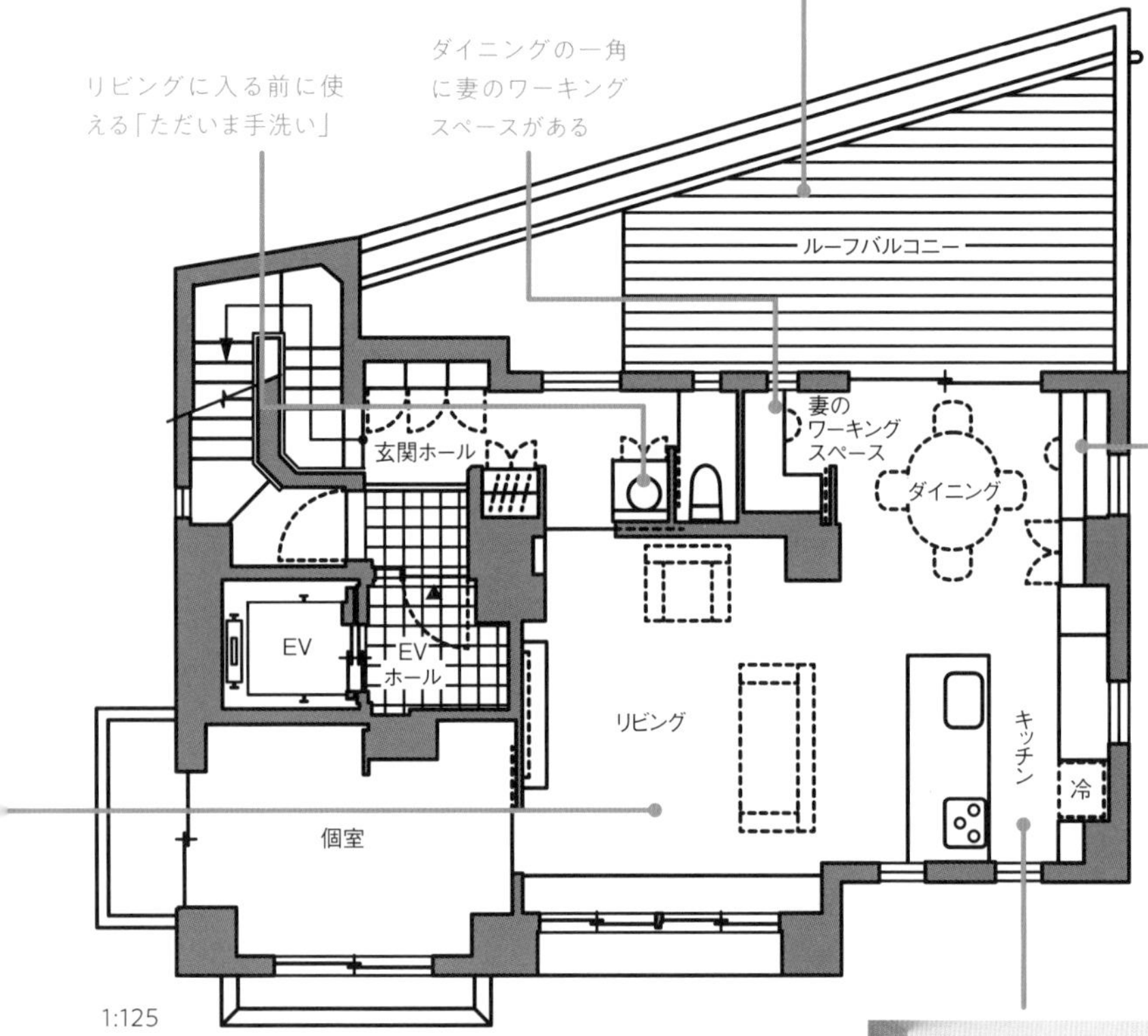

1:125

下階

POINT 料理好きの妻のための本格キッチン

料理好きな妻のリクエストでつくった、オーブンを2台組み込んだ本格的なキッチン。夫や娘と一緒にキッチンに立つことも多いので、通路も広めにした

家族構成
夫婦+子ども1人
敷地面積
163.76㎡
延床面積
下階 79.41㎡
上階 68.66㎡

ご夫婦と幼稚園の子どもの3人の住まいです。相続した土地にビルを建て、5階、6階部分に自宅をつくりました。家事や子育てがしやすく、家族がコミュニケーションを取りやすい間取りであること、夫が気持ちよく仕事に集中できるスペースを確保したいという要望でした。

下階は、リビング・ダイニングの間に大きなキッチンを配置したL字型の間取り。リビングの上は吹き抜けで明るい空間です。ダイニングにはスタディカウンターと妻のワーキングスペース、2階吹き抜けには夫の書斎と、家族の様子がいつでもわかる間取りになっています。

上階は、寝室からクロゼット、洗濯室、洗面室へと動線がつながっているので、洗濯や衣類の管理がスムーズ。庭がない分、バルコニーを広めにとり、休日はバーベキューを楽しむこともあるそうです。

吹き抜けの上にある眺めのよい夫のワーキングスペース

吹き抜けの上には、夫が自宅で仕事をするときのためのワーキングスペースがある。目の前の大きな窓に広がる景色を眺めながら、作業ができる

洗濯室からウォークイン・クロゼットにつながる動線

夫婦の寝室からウォークイン・クロゼット、洗濯室、洗面室へとつながる間取り。身支度動線も洗濯動線も短いので便利

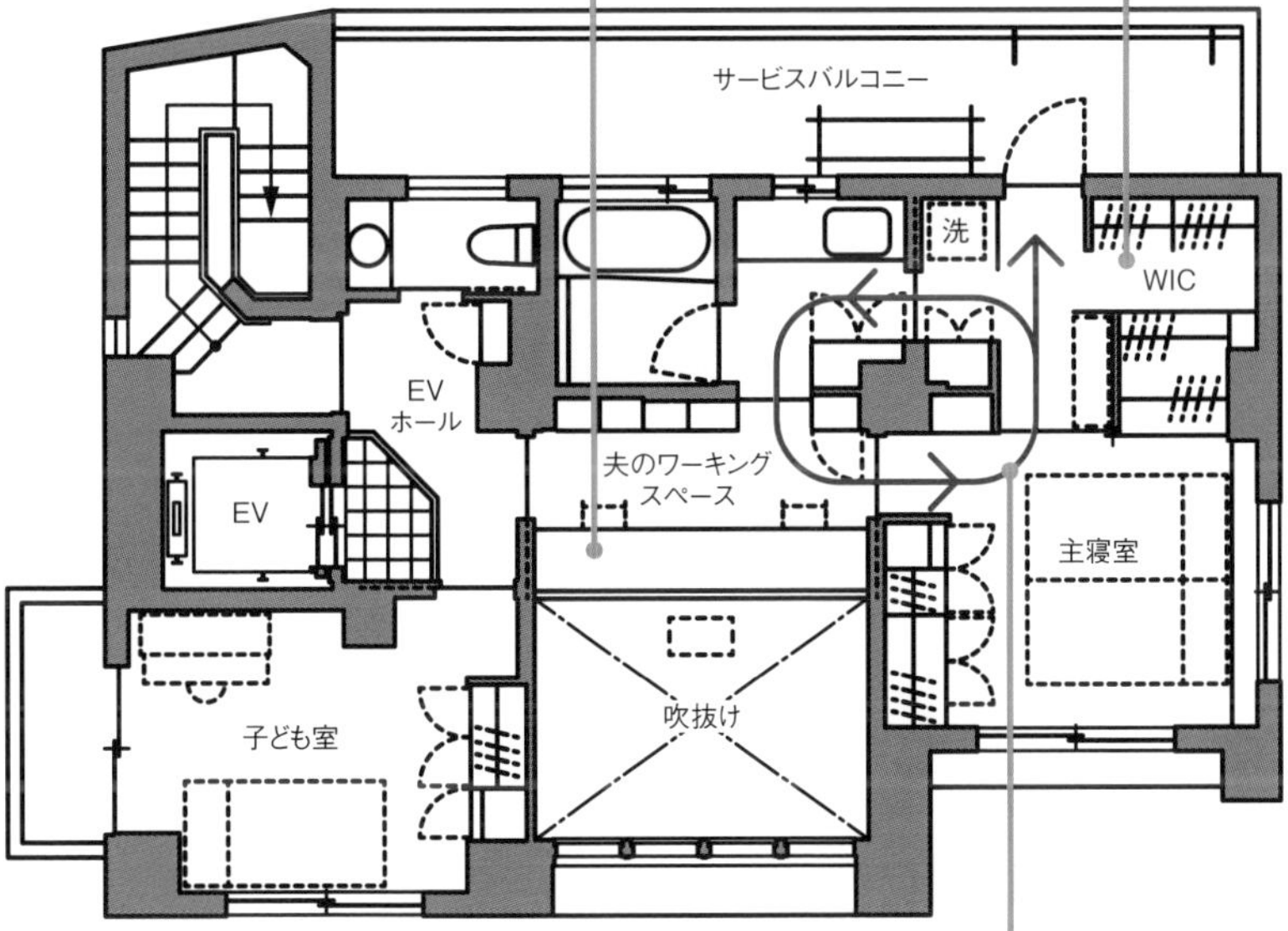

1:125

上階

寝室→クロゼット→洗濯室→洗面室→ワーキングスペースが回遊動線になっている

吹き抜けで上階にいる家族の様子がわかる

吹き抜けが上階と下階の空間をつないでいて、どこにいても家族の様子がわかる。キッチンにいる妻が、上階の書斎にいる夫と会話をすることも可能

新築
二世帯

プライベート動線の確保で三世代同居を快適に

母親の寝室の上はバルコニーなので、音の心配がない

アイロンがけもできるユーティリティースペース

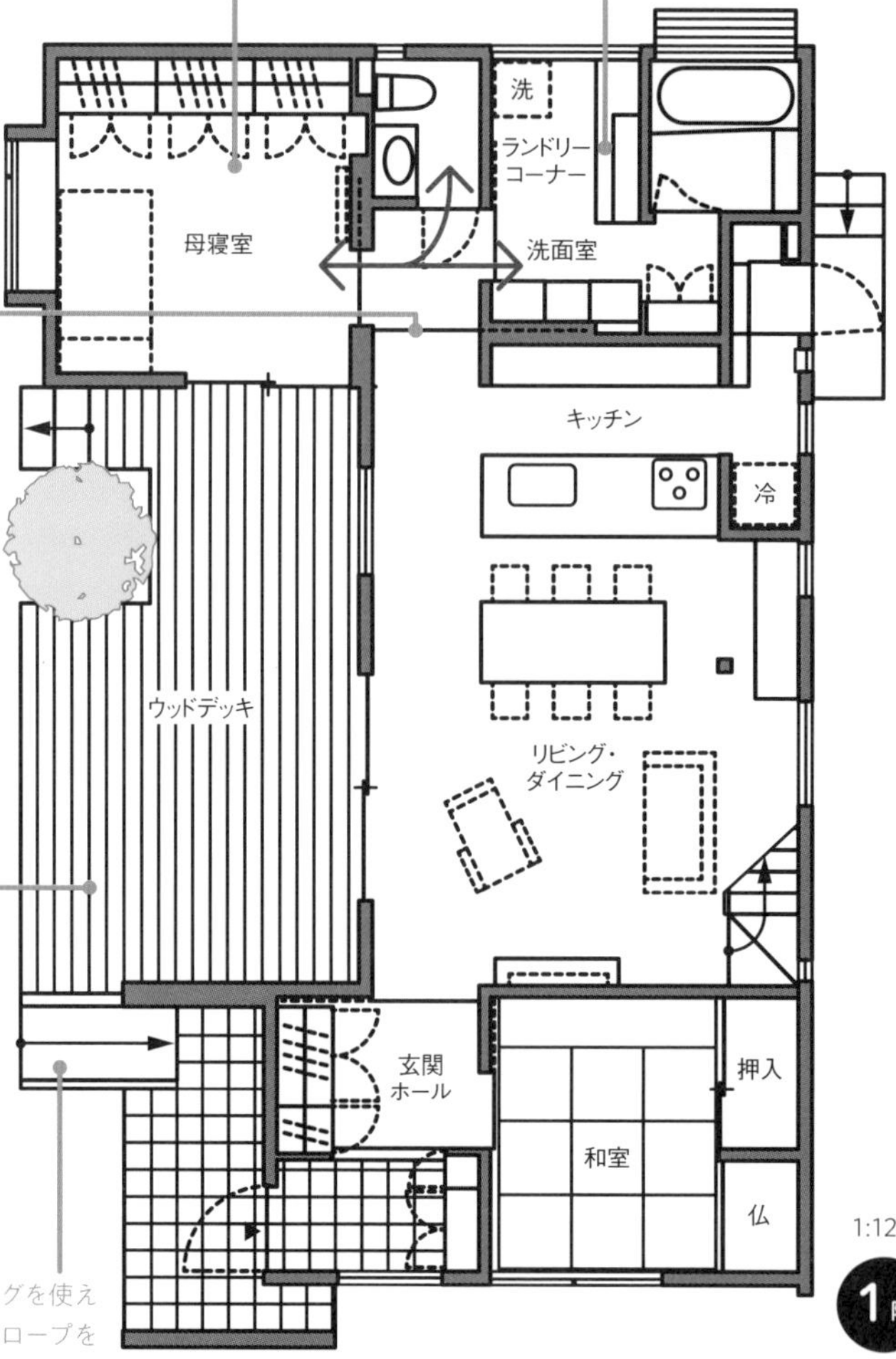

ウッドデッキで各部屋をつなぐ

広いウッドデッキは、LDKにも母親の部屋にもつながっている。デッキの高さが室内と同じなので、空間の広がりを感じられる。ここを通って隣の妹宅と行き来することも可能

キャリーバッグを使えるように、スロープを設置

家族構成
母＋夫婦＋子ども1人
敷地面積
262.11㎡
延床面積
1階 85.07㎡
2階 37.47㎡

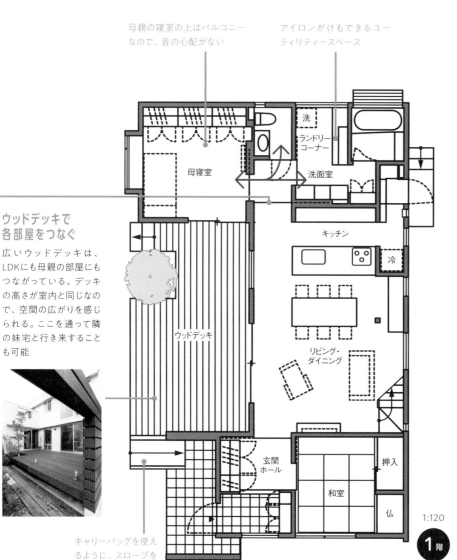

共働きのご夫婦と、小学生の長女、そしてお母様の三世代が暮らす家です。実家の建て替えを機に、二世帯で住む家をつくることになりました。「それぞれが快適に暮らせるプライベート空間を確保しつつ、皆が集まるリビングを、明るく気持ちのいい場所にしたい」という希望に沿って、間取りを考えました。

家族が集まる広いＬＤＫは吹き抜けにして、開放感のある一日中光あふれる空間に。お母様の個室はキッチンの奥にありますが、水回りにつながっているので、キッチン脇の扉を閉めるとホテルのシングルルームのように過ごすこともできます。

同じ敷地内には妹家族の住まいがあり、広いウッドデッキを通って行き来することも可能。家族とつながる時間も、ひとりになりたい時間も快適に過ごすことができる間取りです。

POINT **扉を閉めると母専用の空間に**

キッチン奥の扉の先は、左側が母の寝室へ、右側がトイレ、洗面室、浴室へとつながっている。この扉を閉めると、母のプライベート空間になる

2階にも洗面室を設けてホテルプランに近づけている

2階は子世帯のプライベートエリア

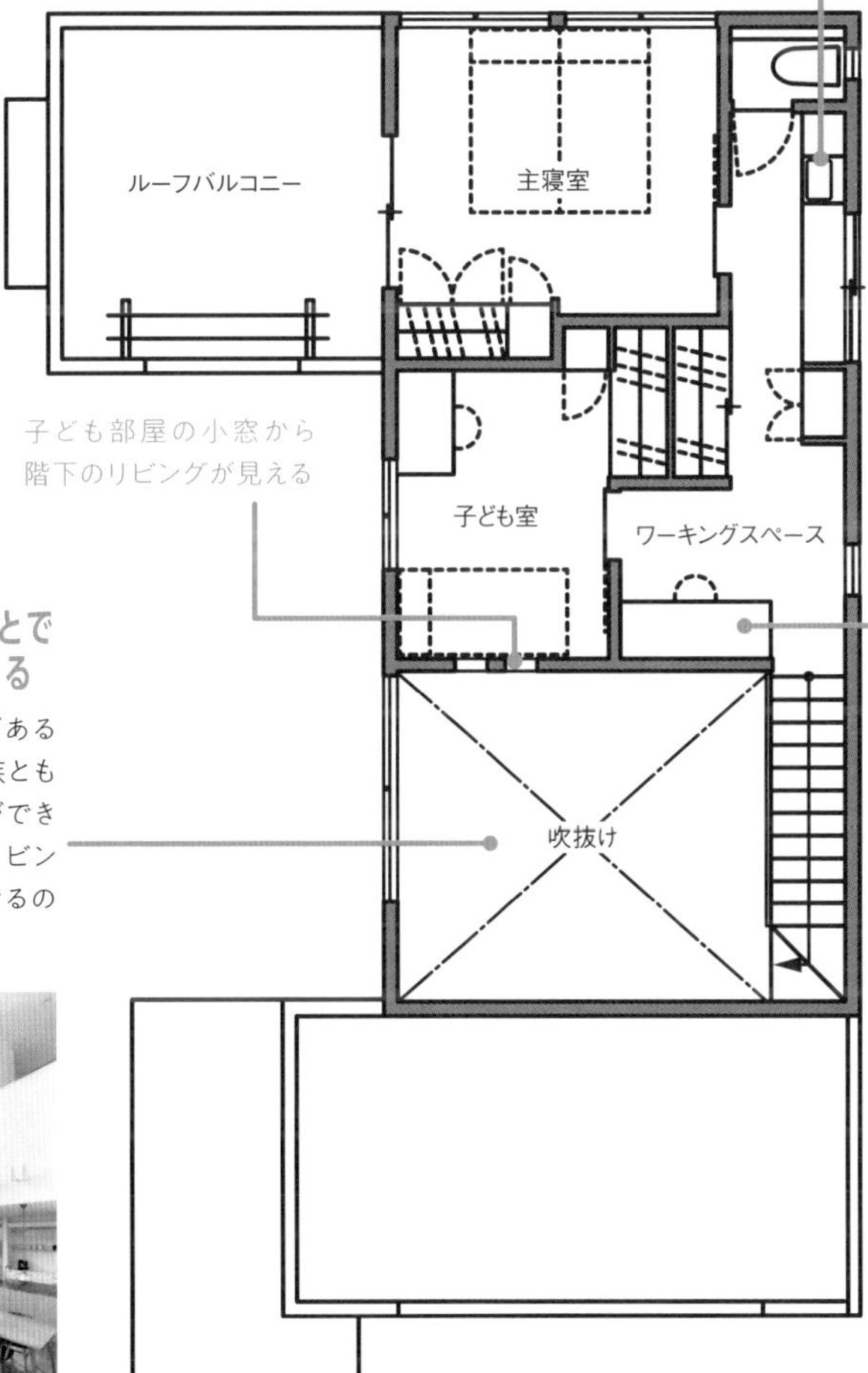

子ども部屋の小窓から階下のリビングが見える

2階ホールに設けた親子のワーキングスペース

階段を上がりきったホールには、親子で使えるワーキングスペースを設けた。完全に孤立することなく、家族の気配を感じながら作業することができる

吹き抜けがあることで家族の気配がわかる

吹き抜けで開放感があるLDK。2階にいる家族ともゆるくつながることができる。廊下を介さず、リビングからすぐ2階へ行けるので生活動線が短い

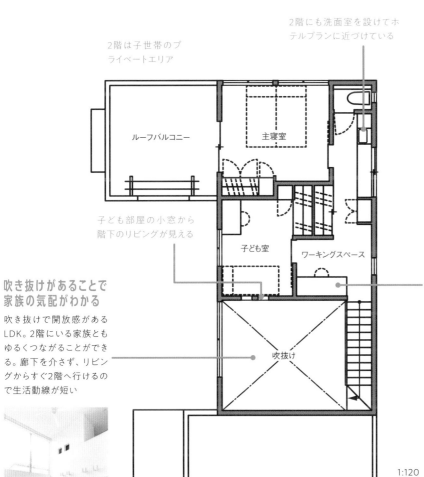

新築

二世帯

音に配慮した快適な「個室型二世帯」

ここに暮らすのは、共働きのご夫婦、自立が近い年齢の子どもたち、そして趣味や友人とのおつき合いを大切に暮らすお母様。「お互いを尊重しながら、助けあって暮らせるバリアのない住まいにしたい」という依頼で、玄関、キッチン、浴室が共有の、同居型2世帯住宅をつくりました。

1階はパブリックスペースと、お母様の個室。2階が子世帯のプライベートスペース。スタディコーナーをつくることで、妻や夫の居場所を確保しました。

2世帯住宅で気をつけたいのが、上下間の音の問題。それを防ぐために、お母様の個室を南側に張り出させたL型プランにし、真上には居室を設けないことにしました。

お母様の個室には、専用の洗面台を設置。リビングと玄関ホールをつなぐ扉を閉めれば、トイレや浴室まで続くスペースを、独立した住まいとして使えます。

上下の窓で光と風を入れつつプライバシーを守る

隣家に面した壁には大きな開口部を設けず、上の窓から光を、下の窓からは風を採り込んでいる。外からの目を気にせず生活ができる

洗濯機は、両世帯からアクセスしやすい階段下の扉の中に設置

背面収納部は引き戸で隠すことができる

2人で立つキッチンの通路幅は、85~90センチに

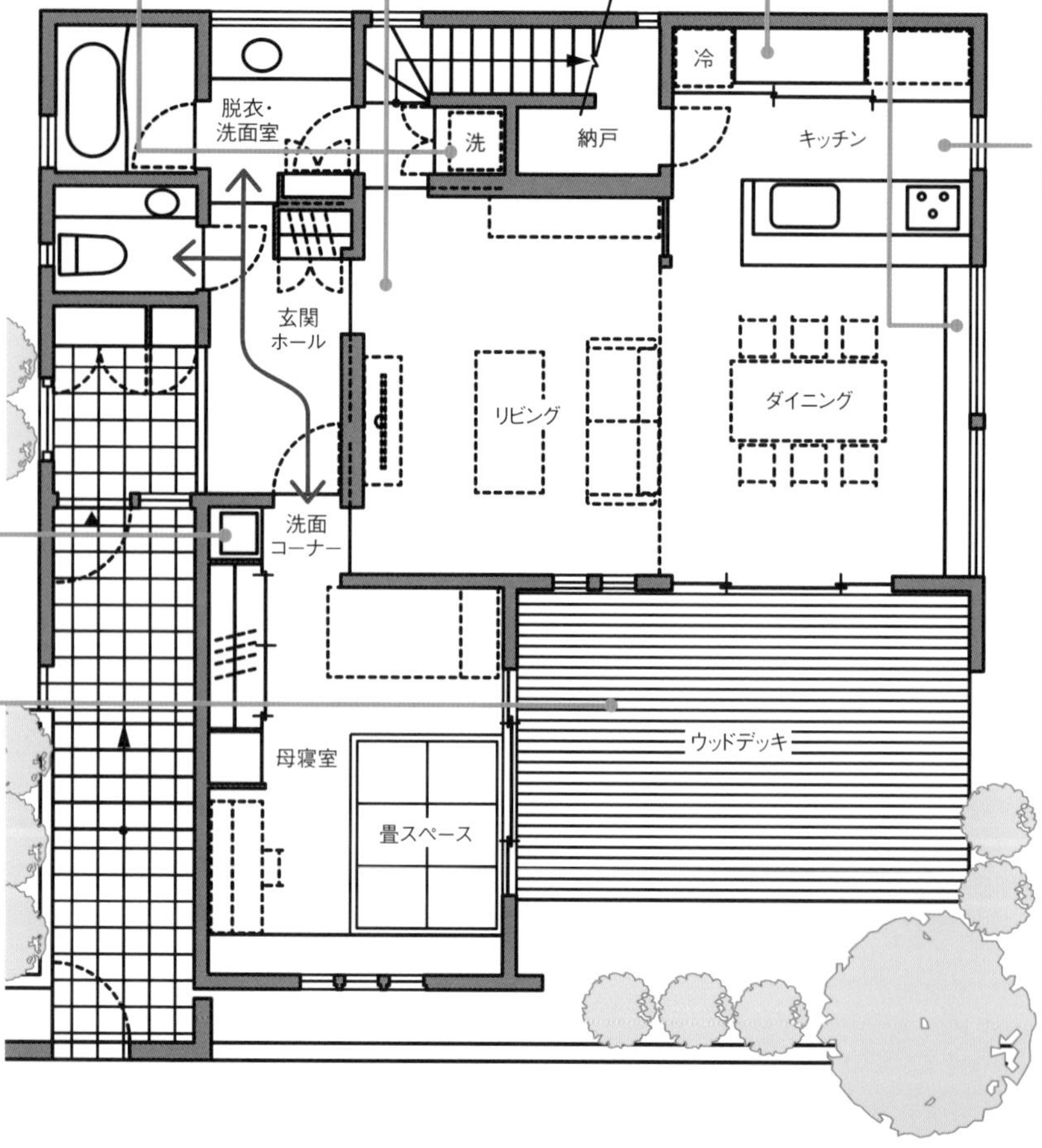

1:110

1階

家族構成
母+夫婦+子ども2人
敷地面積
199.79㎡
延床面積
1階 84.47㎡
2階 54.65㎡

POINT

吹き抜けから入る光で1階も2階も明るい

リビングは2階の廊下やスタディコーナーとつながる吹き抜け。開放的な空間で家中に光が届く

母の寝室に専用の洗面台を設置

母の寝室のクロゼットの中に、専用の洗面台を設置。夜や早朝でも家族に気兼ねなくいつでも使うことができる

2階にも洗面コーナーがあると、子世帯の身支度がスムーズ

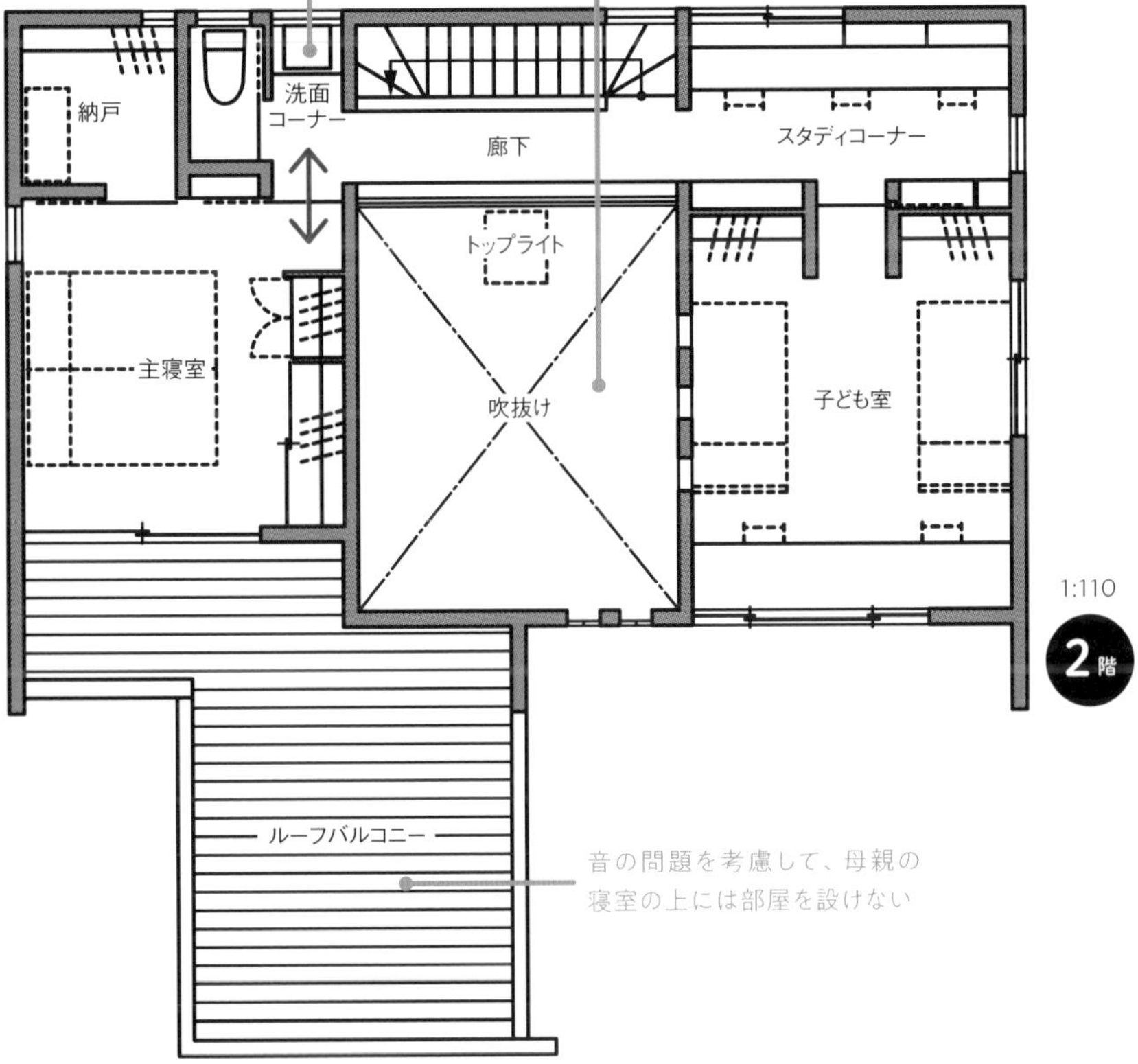

母の寝室からもウッドデッキに出られる

音の問題を考慮して、母親の寝室の上には部屋を設けない

新築

平屋

車椅子でも安心して暮らせる回遊動線の間取り

平屋に住みたいという方が増えています。生活動線が短くなる、震災にも強いなどさまざまな利点がありますが、高齢の方や車椅子の方にはとくに、平屋にすることで、安心して暮らせる間取りにしやすくなります。

この80代のご夫婦は、今まで住んでいた2階建ての家を孫たちに譲り、同じ敷地内に平屋の家を建てることにしました。療養中の夫を介護しやすい住まいにしたいというご希望でした。

各居室から庭を眺めながら過ごせるL字型の間取りです。屋根勾配に沿って天井を高くし、高窓を設けるなどの工夫で光をたくさん採り入れています。玄関からクロゼット（着替え室）→水回り→LDKが回遊動線になっており、車椅子でも移動がスムーズ。寝室で過ごす時間が長い夫のために、寝室には専用の洗面台兼着替え室を設けました。

カーテンを開けて庭を楽しめるL字型のプラン

家にいる時間が長い二人なので、どこからでも庭を眺められるようなL字型プランに。LDK、寝室からテラスに出ることができる

寝室からつながるトイレと夫専用の洗面室

トイレは、玄関ホールと寝室の2方向から入ることができる。夫のベッドのそばに、専用の洗面室兼着替え室を設けているので、移動せずに身支度がすませられる

家族構成
夫婦
敷地面積
268.5㎡
延床面積
1階 123.18㎡

POINT 玄関→リビングまで回遊動線で衛生的に

シューズクローク→クロゼット→洗面室→浴室→キッチン・リビング→主寝室→トイレへと回遊できる間取り。帰宅後、手洗いや着替えを終えてLDKや寝室に入れる

お風呂が好きな夫のために、入浴時も庭が眺められるように植栽を計画した

玄関ホールからダイニングへとつながる動線とは別に、シューズクロークを通っていく裏動線をつくった

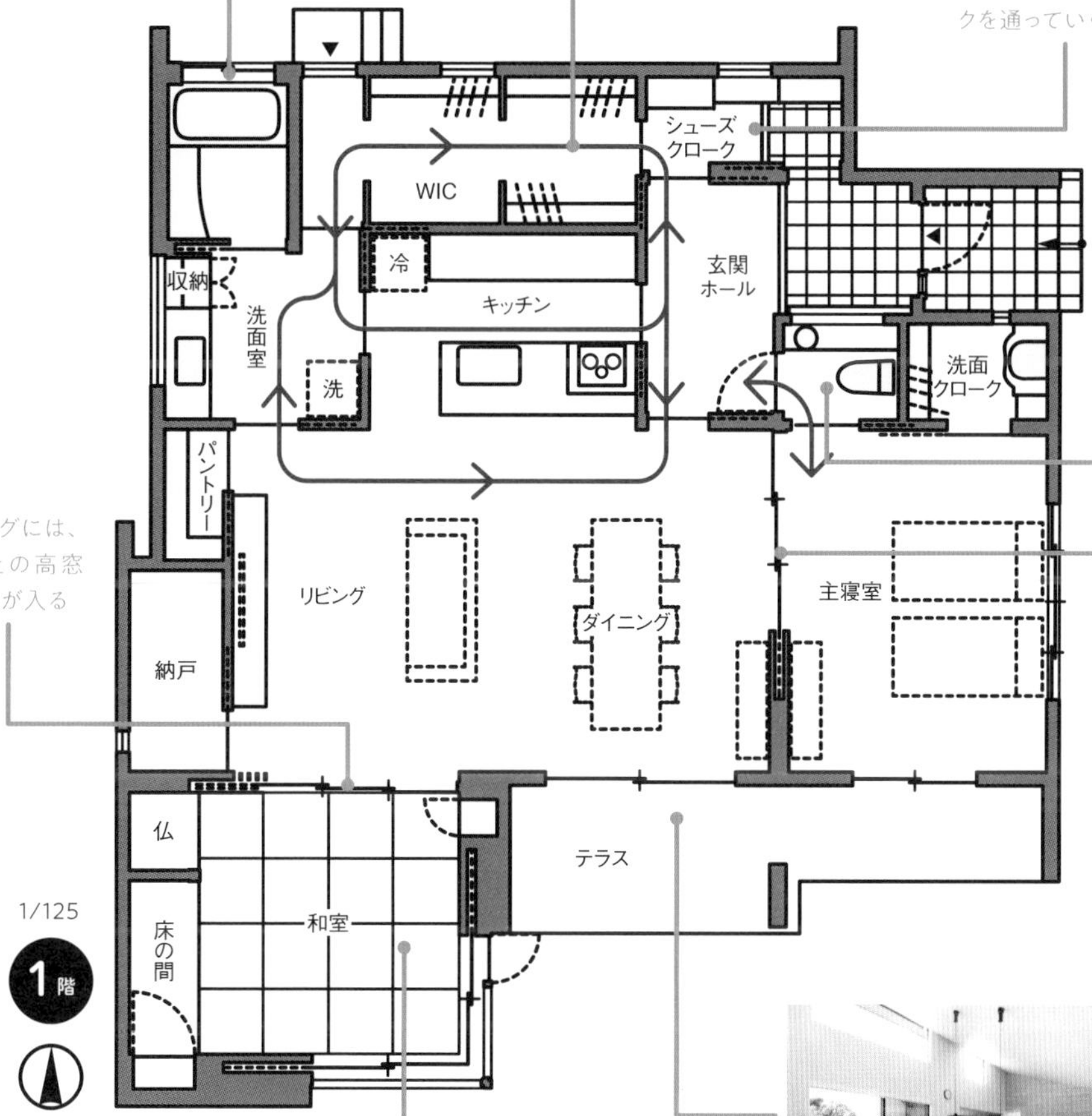

リビングには、この上の高窓から光が入る

リビングと寝室との間の戸はガラスを使用しているので、夫が寝室にいるときも様子がわかる。来客時などは、ロールスクリーンで閉じることも可能

ハイサイドライトで家中が明るく

リビングにもダイニングにも高窓を設けて光を採り入れているので、家の隅々まで明るい。キッチンも日中は照明が不要

法事などの多い家なので和室が必要

本家なので正月やお彼岸、お盆など来客の機会が多い家。リビングの隣に和室を設けて、仏壇を置いている

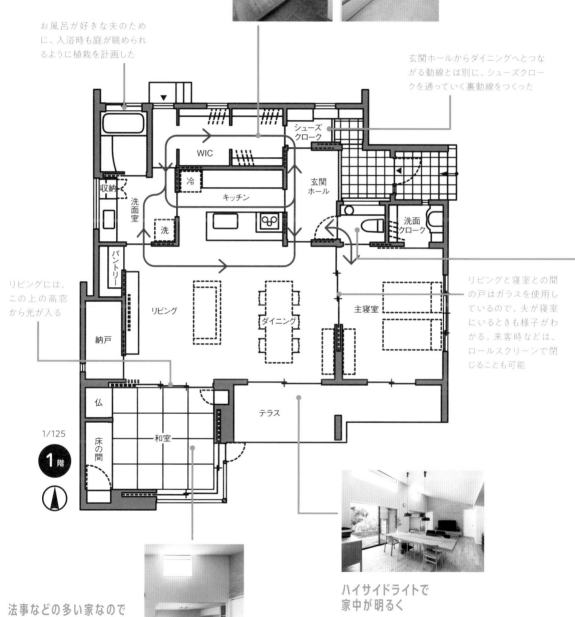

新築

コンパクト

明るく介護しやすいコンパクトな家

通り抜けられるトイレは介助もしやすい

1階のトイレは、入り口を2つ設けている。開け放せば和室から洗面室へすぐ行けるし、介添えもしやすい

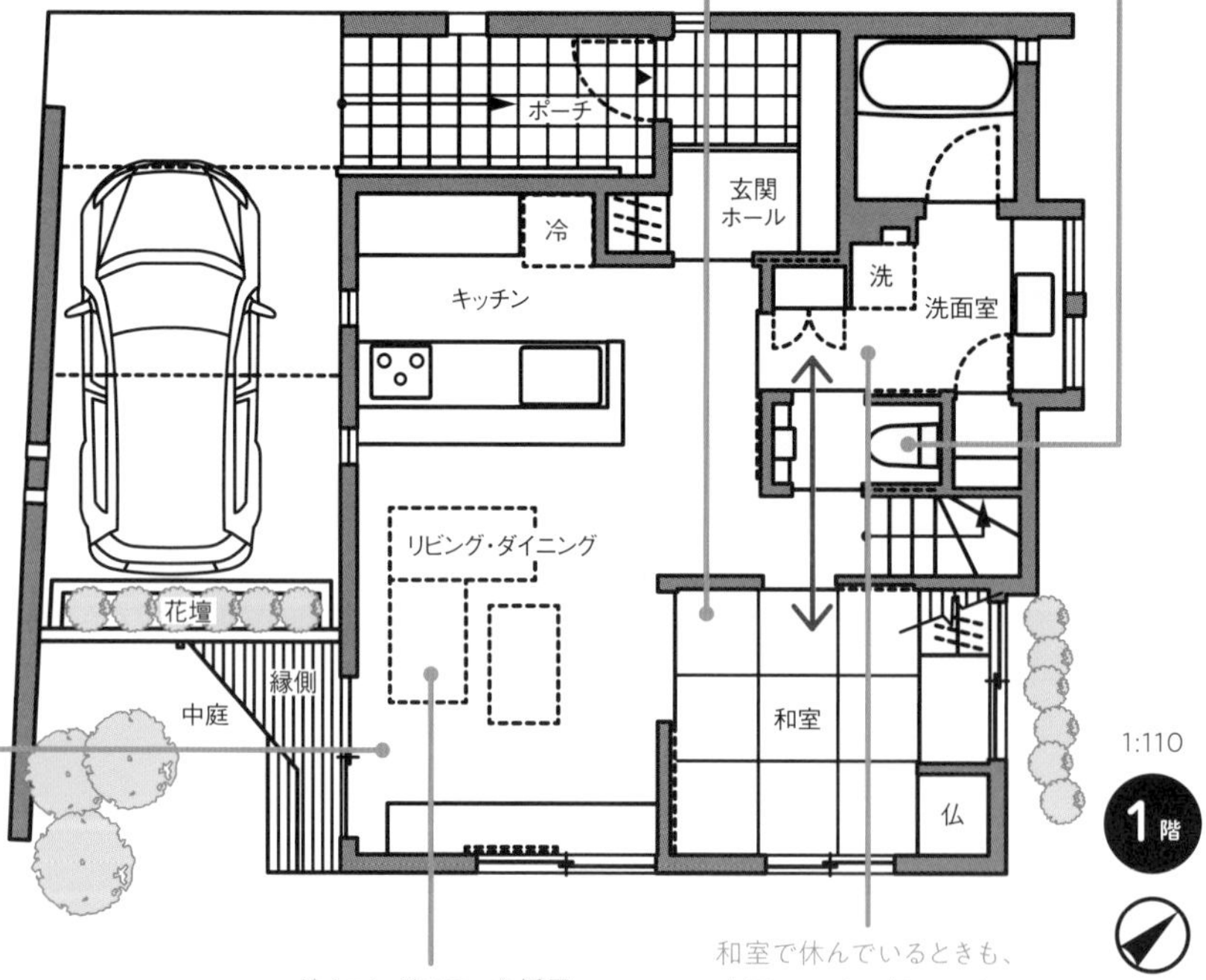

ダイニングソファを採用してリビングと兼用に

和室で休んでいるときも、水回りにすぐ行けるような動線にしている

家族構成
母親+本人
敷地面積
102.93㎡
延床面積
1階 50.80㎡
2階 40.55㎡

母娘二人が暮らす、29坪の家です。「療養中の母親の介護をしやすい間取りにしたい」というのが娘さんの希望でした。

1階にパブリックスペース、2階にプライベートスペースをまとめています。お母様が夜休む場所は娘さんと同じ2階ですが、日中はおもにリビング・ダイニングで過ごしたいとのことなので、リビングの隣に和室を設けました。お母様の体調が悪いときは、そこで横になることもできます。

LDKの上を吹き抜けにしているので、どこにいてもお互いの気配がわかり、1階と2階で会話することも可能。一日中光が差し込む明るい空間になっています。

リビングとダイニングは空間を分けず、ダイニングの椅子を高めのソファにしているので、食事をしたあとも移動せずに、同じ場所でくつろぐことができます。

リビングの隣の和室は寝室にもなる

リビングの隣には和室を設けていて、母親の体調が悪いときはここで休んでもらうことができる。娘が家事をしている間も近くにいられるので安心

POINT 吹き抜けで上階と下階でコミニュケーションできる

LDKの上に吹き抜けをつくり、1階と2階をつないでいる。どこにいてもお互いの気配が感じられ、2階からキッチンにいる人の顔も見える

1.6mの高い壁で、バルコニーに干した洗濯物も隠れる

娘の個室の窓から下の様子も見える

寝室には大きめのWICを設置

掃除道具を充電しながら収納できる納戸

2階にも洗面コーナーは必要

廊下や母の寝室からも1階が見下ろせる

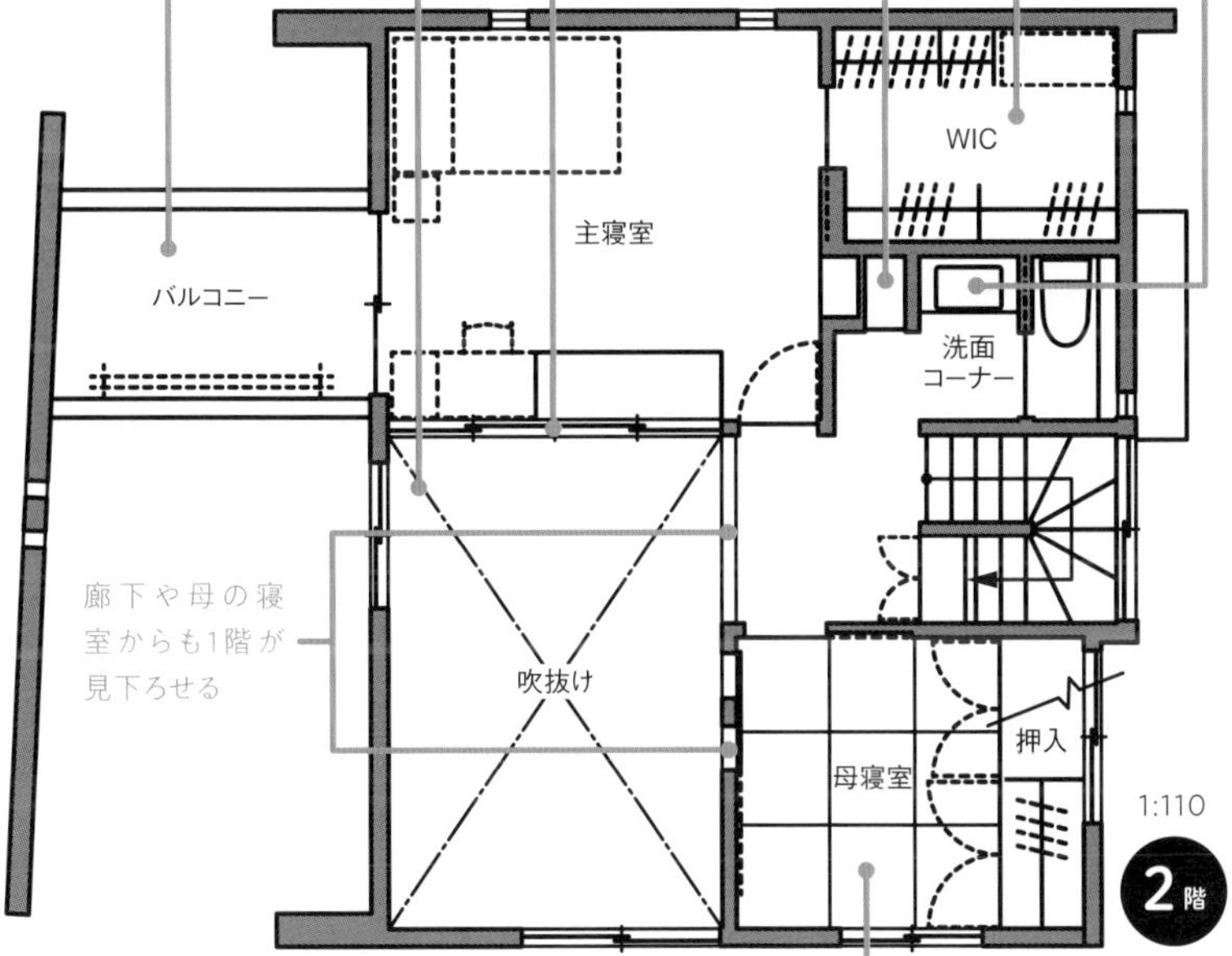

母の寝室は娘と同じ2階に

リビングから中庭に出て緑を楽しめる

外出ができない母のために、四季を感じられる小さな庭をつくった。リビングに続く縁側で、庭を眺めて過ごすこともできる

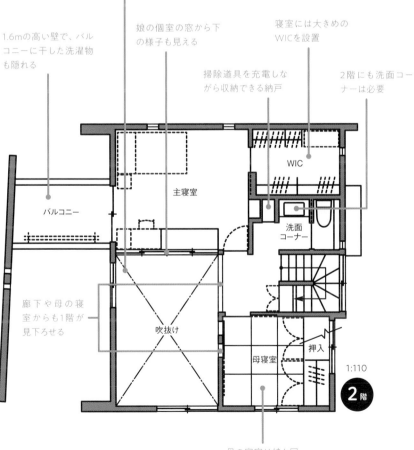

新築

庭

来客と家族の動線を分けた「離れ」のある家

法事など来客の機会が多いので和室が必要

親戚が集まる法事などが多い場合は、和室は欠かせない。大きな床の間と仏壇、神棚を設けた。ウッドデッキを挟んでLDKとゆるくつながっている

庭の畑で採った野菜を洗ったり、漬物づくりをするスペース

日当たりのいい洗濯室があれば雨の日も安心

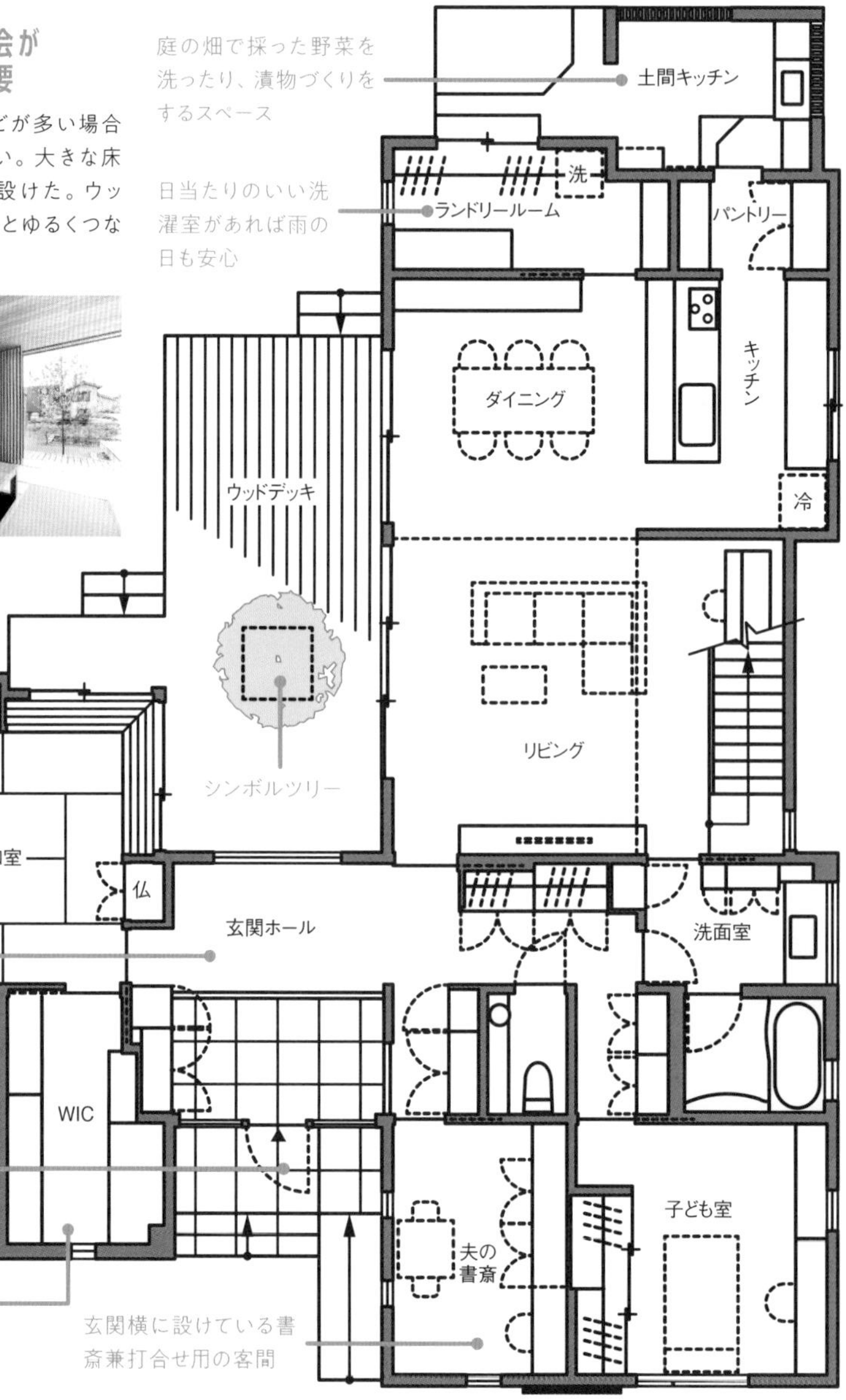

和服用のウォークイン・クロゼット。和装の機会が多いので、家族全員の着物がここに収められている

玄関横に設けている書斎兼打合せ用の客間

家族構成
夫婦＋子ども3人
敷地面積
526.46㎡
延床面積
1階 150.54㎡
2階 82.20㎡

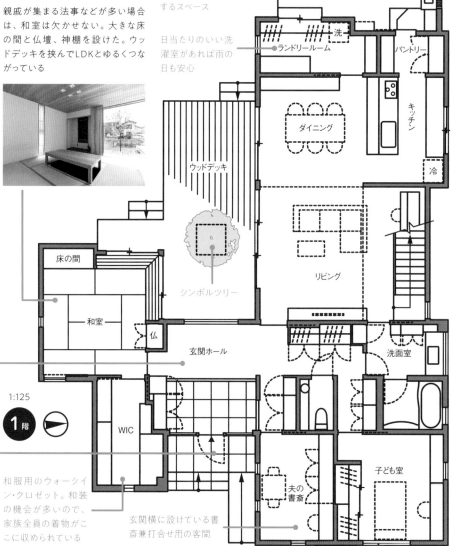

家族5人が暮らす、広い敷地に建つ家です。本家なので、法事などで親戚が集まる機会が多い家庭です。来客と家族との動線を分けることが、住みやすさのポイントだと考えました。

玄関は間口を広くとり、玄関ホールも余裕のある空間にしたので、来客が集中した際にもスムーズです。玄関の正面には大きなピクチャーウインドゥを設け、まず庭とシンボルツリーが目に入るようにしました。

来客を迎える和室は、玄関を入って左手に、離れのように設けています。右手が家族の生活ゾーンです。ウッドデッキを挟んで、和室からもＬＤＫからも庭の緑を楽しめます。

ＬＤは吹き抜けで、明るく開放的な空間。2階の夫婦の寝室と子どもたちの部屋は、渡り廊下でつながっています。

吹き抜けが1階と2階をつないでいる

リビングは吹き抜けにして、光を採り入れると同時に、上階との一体感を出している。渡り廊下が居室をつないでいて、歩くときに1階が見渡せる

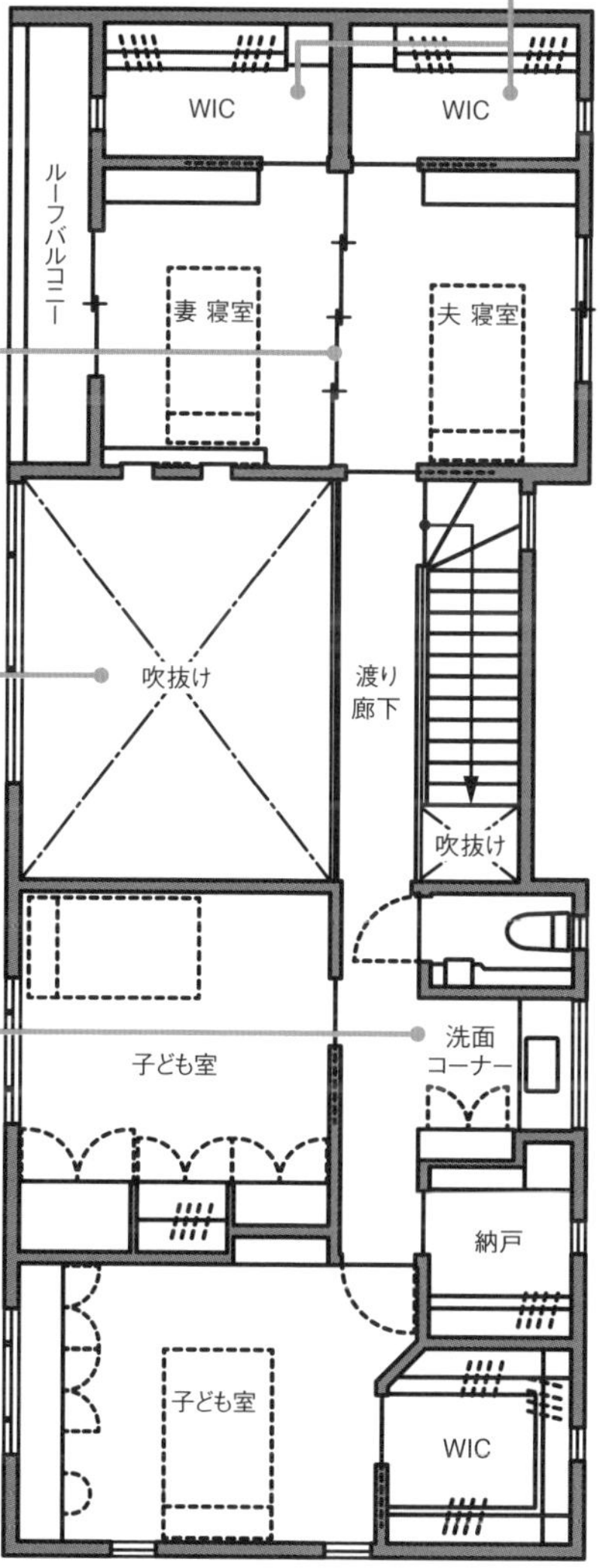
それぞれのベッドからアクセスしやすいWIC
夫婦の寝室は引き戸で仕切ることもできる
2階にも洗面コーナーを設置
1:125
2階

POINT **玄関から左右に来客と家族の動線が分かれる**

来客と家族の動線が交わらないように、玄関から左手は来客を通す和室、右手は生活スペースと分けている。玄関は広く、腰かけて靴を脱ぎ履きできるベンチも設置

来客が集中するので玄関は間口を広く

蛇行しながら、植栽で目を楽しませるアプローチ。来客が集中することが多いので、玄関の間口を広くとっている

リフォーム

子育て

回遊動線で、家事も身支度もすべて時短に

【BEFORE】

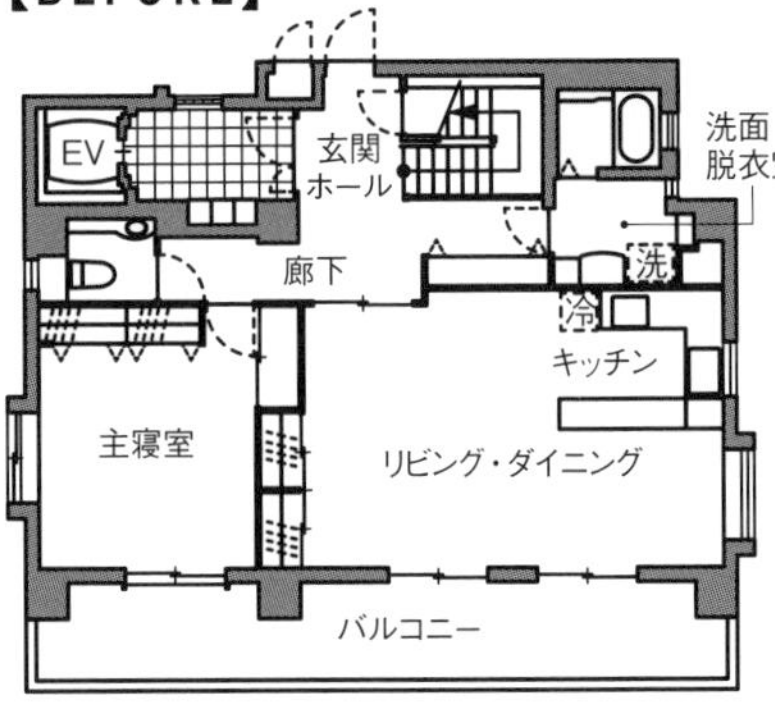

ダイニング内にあるスタディカウンター

キッチンにいるときも子どもたちの様子が見られるように、ダイニングの一角にスタディーカウンターを設置した

家族が多いので脱衣室を設けている

【AFTER】

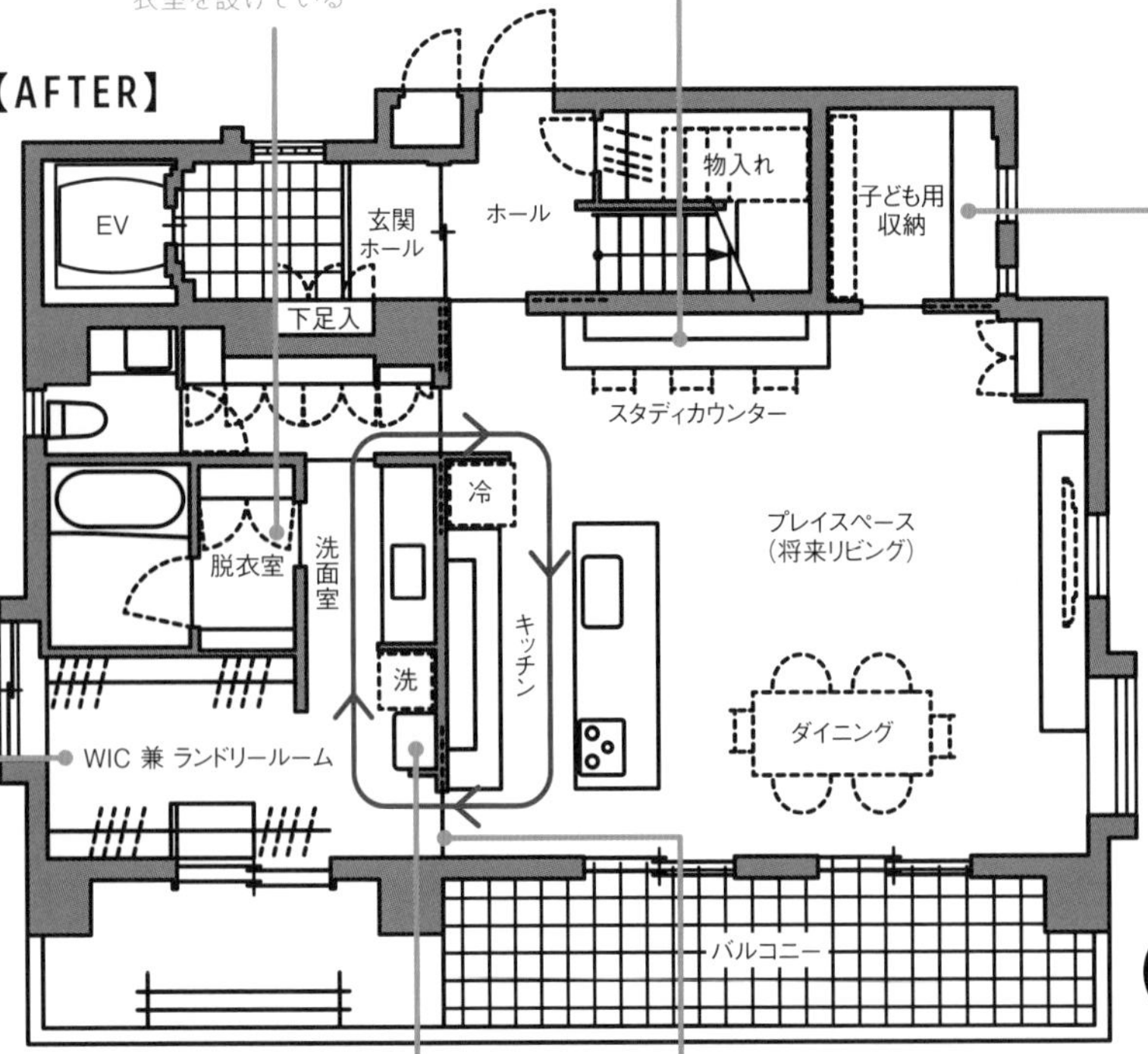

リビングやダイニングに散らかりがちな子どもの物を、すべて収納できるスペース

洗濯機の隣の小さいシンクでは、上履きなどを洗うことができる

キッチンの左右のドアから回遊動線になっている

家族構成
夫婦＋子ども3人
リフォーム面積
下階 96.3㎡
上階 68.0㎡

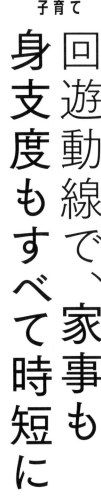

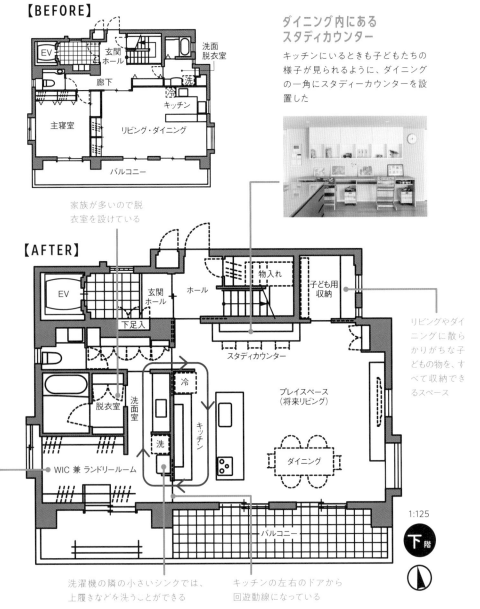

2人ともに忙しく仕事をしていて、3人の小さい子どもがいるご夫婦が、マンションの4、5階を自宅にするためのリフォームを計画しました。家事や子育ての負担が少しでも軽くなるように効率的な間取りを考えました。

通常、寝室と水回り、衣類収納は同じフロアにするのがセオリーですが、「できるだけ階段の上り下りを少なくしたい。日中はほとんどＬＤＫで過ごすので、水回りもＬＤＫと同じフロアに」という要望がありました。そこで、下階にＬＤＫと水回り、衣類収納を配置し、家事動線を集約。上階に主寝室と子ども室を配置しています。

キッチンから洗面室、洗濯室、ファミリー・クロゼットへとつながり、回遊動線になる間取りです。子ども室にもクロゼットを設け、子どもたちが成長して、生活スタイルが変わっても対応できるように計画しています。

【BEFORE】

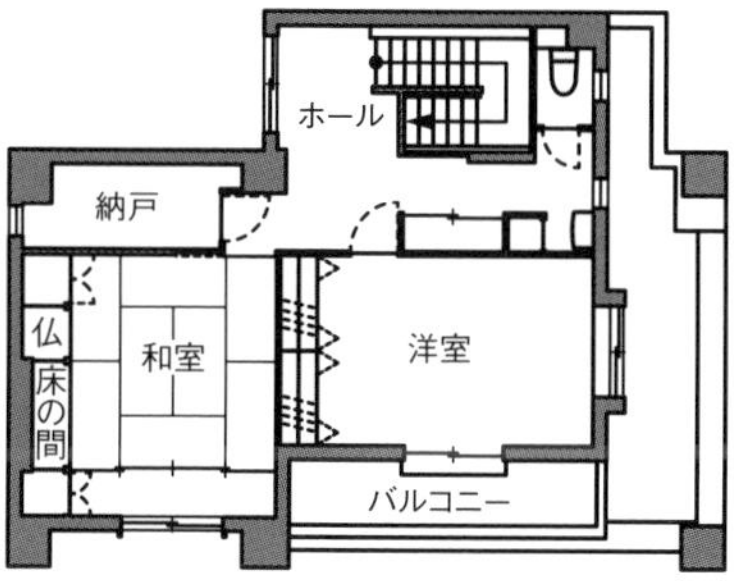

将来2つに分けられる子ども室

男の子2人の部屋は成長したら2つに分ける予定。女の子には最初から個室がある

【AFTER】

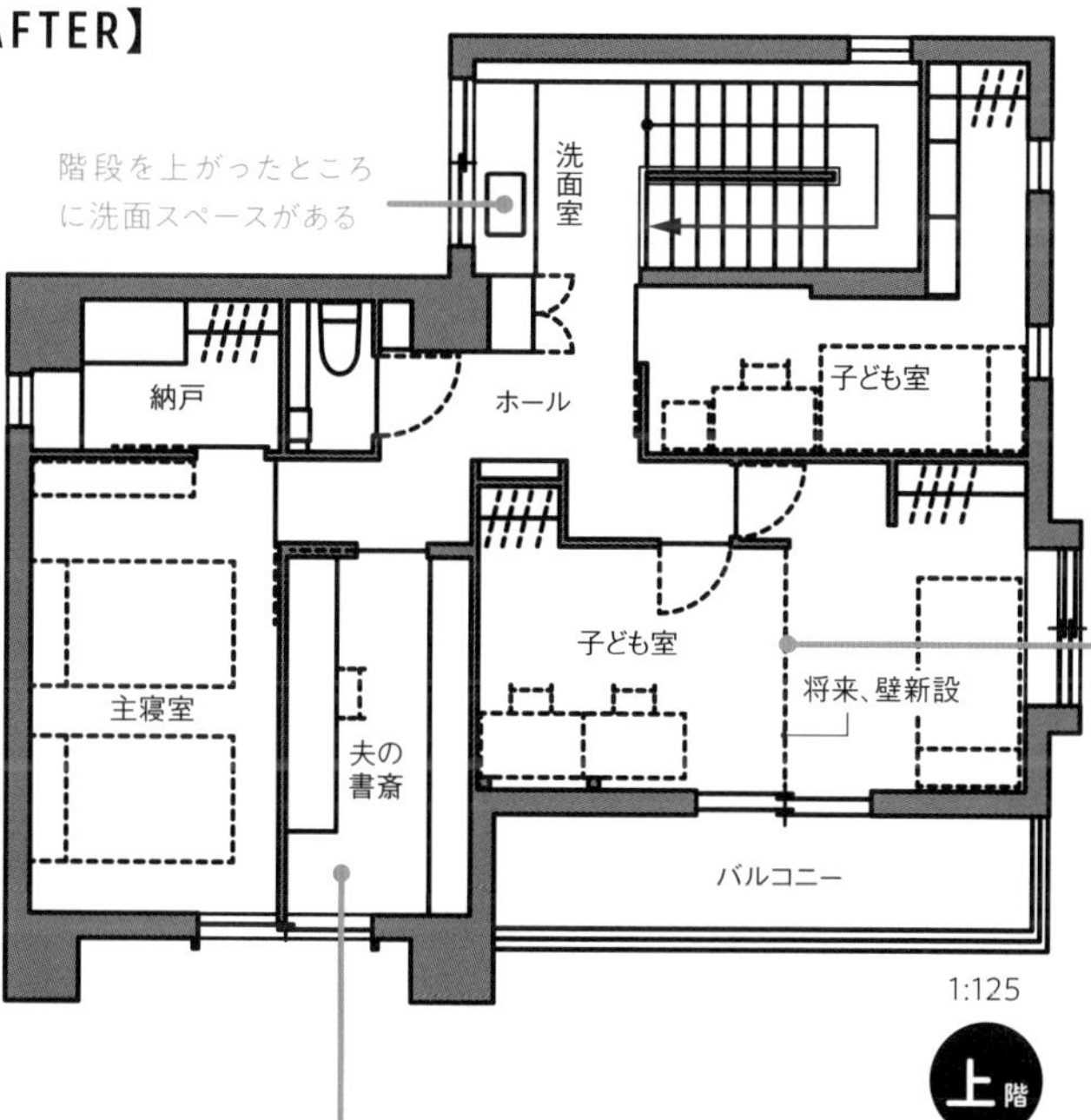
夫が家で仕事をすることが多いので、書斎は、日中静かな場所に

POINT

洗面→洗濯→クロゼットへとつながる動線

キッチンの両側から水回りにつながる回遊動線。洗濯室と衣類収納が同じ場所にあり、衣類の管理が一カ所でできる。洗面室と別に脱衣室があるので、子どもが成長してからも安心して使える

リフォーム

家事ラク

適所適量の収納で美しさが続く家

【BEFORE】

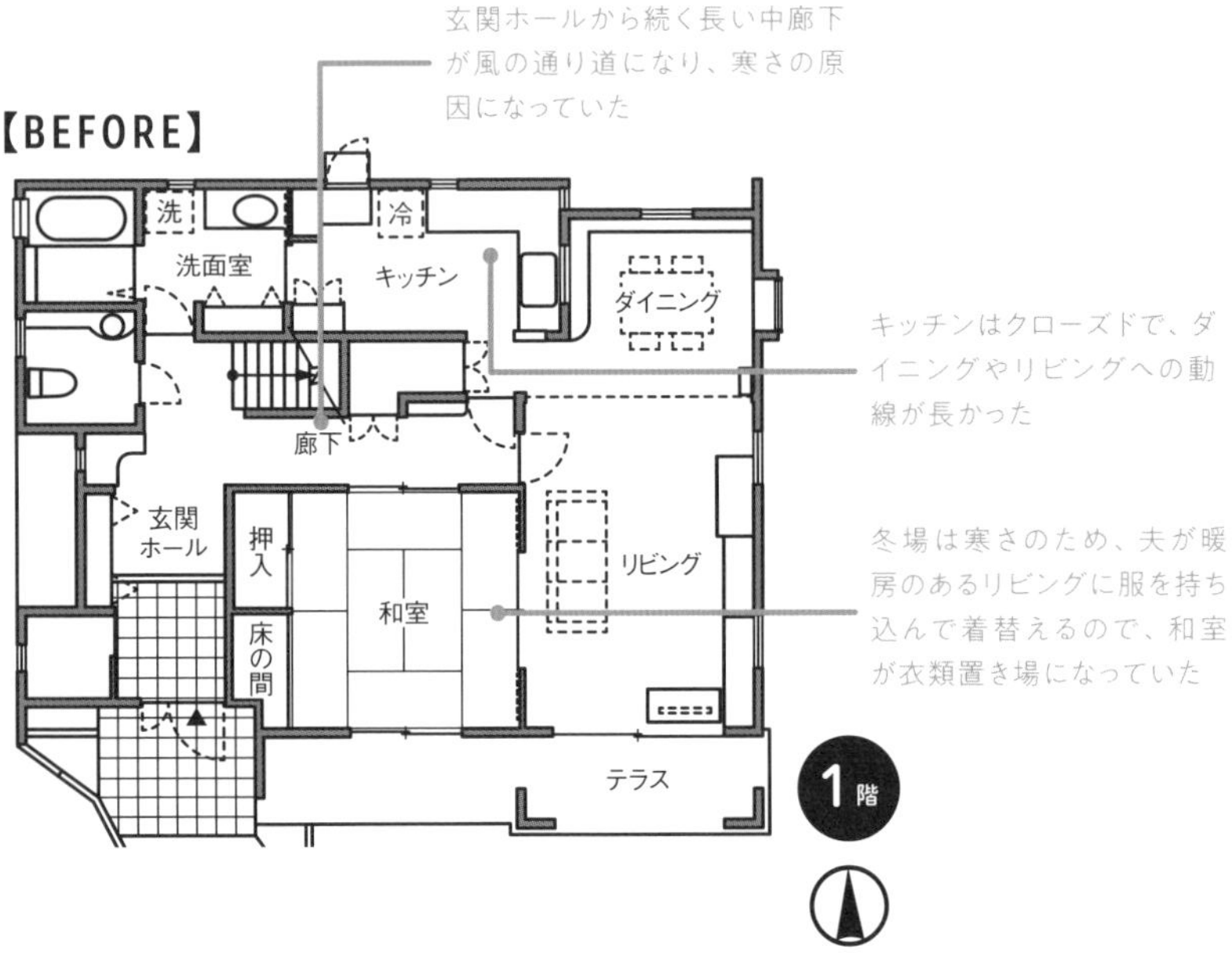
玄関ホールから続く長い中廊下が風の通り道になり、寒さの原因になっていた
キッチンはクローズドで、ダイニングやリビングへの動線が長かった
冬場は寒さのため、夫が暖房のあるリビングに服を持ち込んで着替えるので、和室が衣類置き場になっていた
洗
冷
洗面室
キッチン
ダイニング
廊下
玄関
ホール
押入
床の間
和室
リビング
テラス
1階

子どもが自立して二人暮らしになったご夫婦の住まいです。26年前に建てた一戸建ての家を、暮らしやすくリフォームしたいというご依頼でした。

最大の問題は寒さです。原因になっていたのは、断熱不足と長い廊下。玄関から入ってくる冷気を伝えやすく、風の通り道になっていました。この廊下をなくし、断熱材の増設や窓の見直し、床暖房の設置によって、家全体が温かくなりました。

もうひとつの問題は、和室が衣類置き場になってしまっていたことです。そこで洗面室の隣にウォークイン・クロゼット兼着替え室を設置しました。

そのほかキッチンにパントリーを、ダイニングにカウンター収納を、玄関にはコートを掛けられる収納を設置。「頑張って片づけをしなくても、自然に片づく」家になりました。

家族構成
夫婦
リフォーム面積
1階 87.48㎡

POINT

洗面室の隣にクロゼットを配置

ウォークイン・クロゼット兼着替え室を1階の洗面室横に設置。いちいち着替えのために2階の寝室に行く必要がなくなり、衣類の「脱ぎっぱなし」もなくなった。朝・夜の身支度動線も短く、スムーズに

洗面室を広くして、リネン庫の容量も大きくなった

キッチンをコンパクトにして明るい場所に

パントリーを設置

【AFTER】

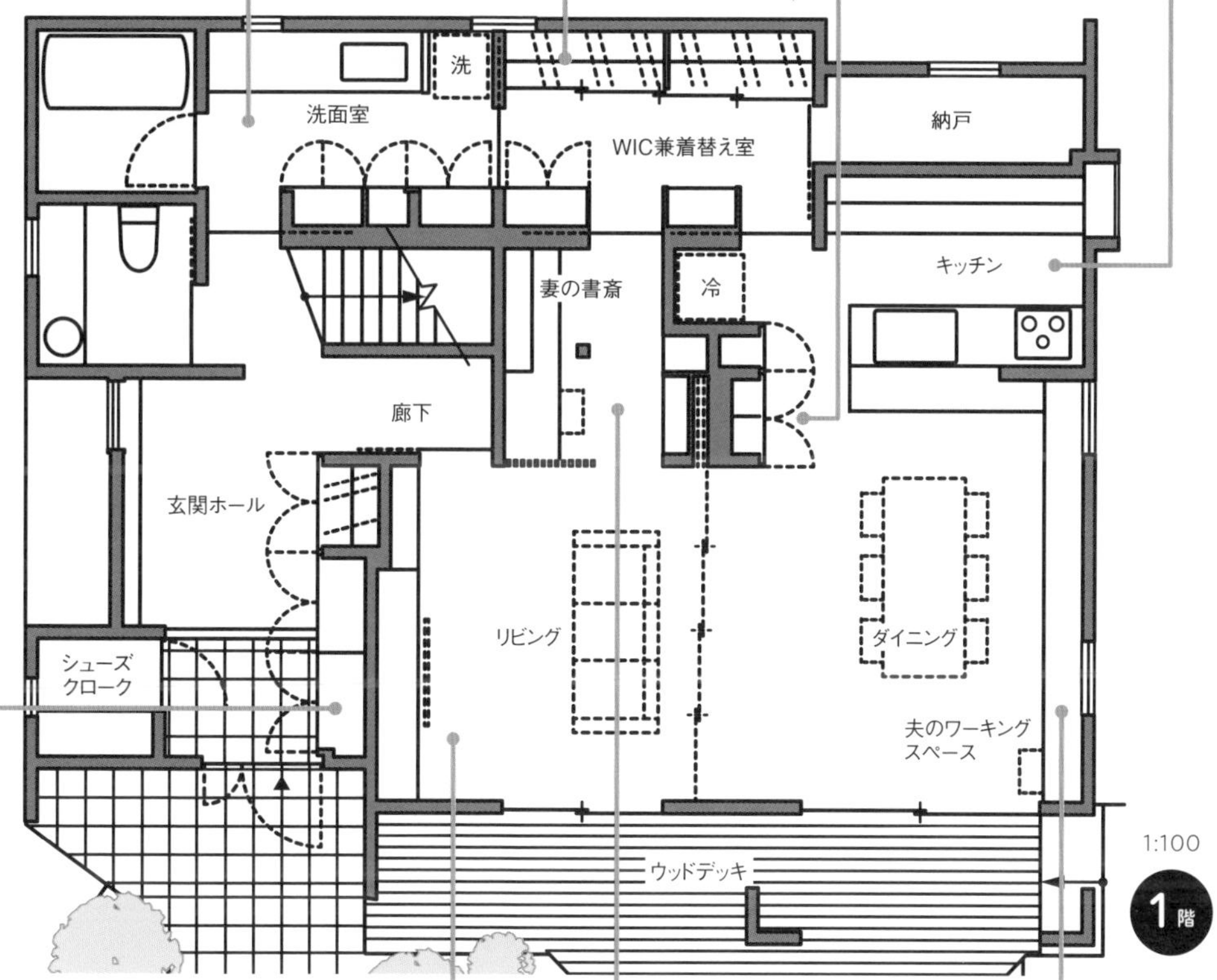

和室をなくして広いLDKに。壁がなくなったことで光も奥まで入るように

ダイニングに背の低いカウンター収納を設置。外に出ていたものがすべて収まった。夫のワーキングスペースも設置

玄関ホールに床から天井までの大容量収納を

家族全員の靴はもちろん、コート類や通勤バッグ、リサイクルゴミ、外出に必要な小物類などもすべてここに収納できるように。家の中に物を持ち込まないので散らからなくなった

廊下をなくして妻の書斎を設けた

寒さの原因になっていた中廊下をなくし、代わりに妻の書斎を設けた。リビングからこのスペースを通って、着替え室、キッチンへと回遊できる。アイロンがけもここで

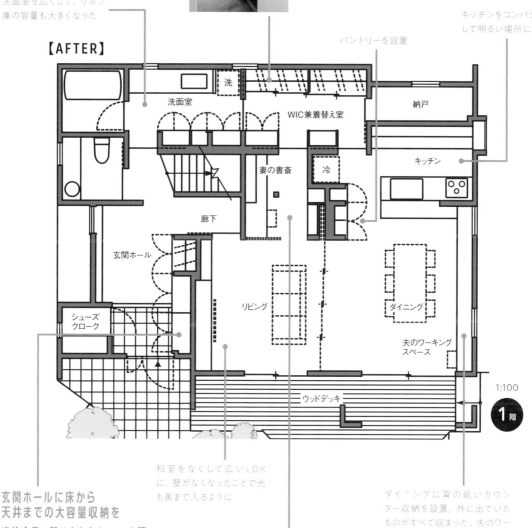

2階のひと部屋を減らし、吹き抜けで光を採り込む

キッチン～洗面室～洗濯室へつながる動線

キッチンは、ダイニングと水回りをつなぐ通路にもなっている。洗面室の奥には洗濯機のあるユーティリティスペースがあり、家事の効率もいい

キッチンをコンパクトにしたので、振り返るだけで背面の収納に手が届く

【BEFORE】

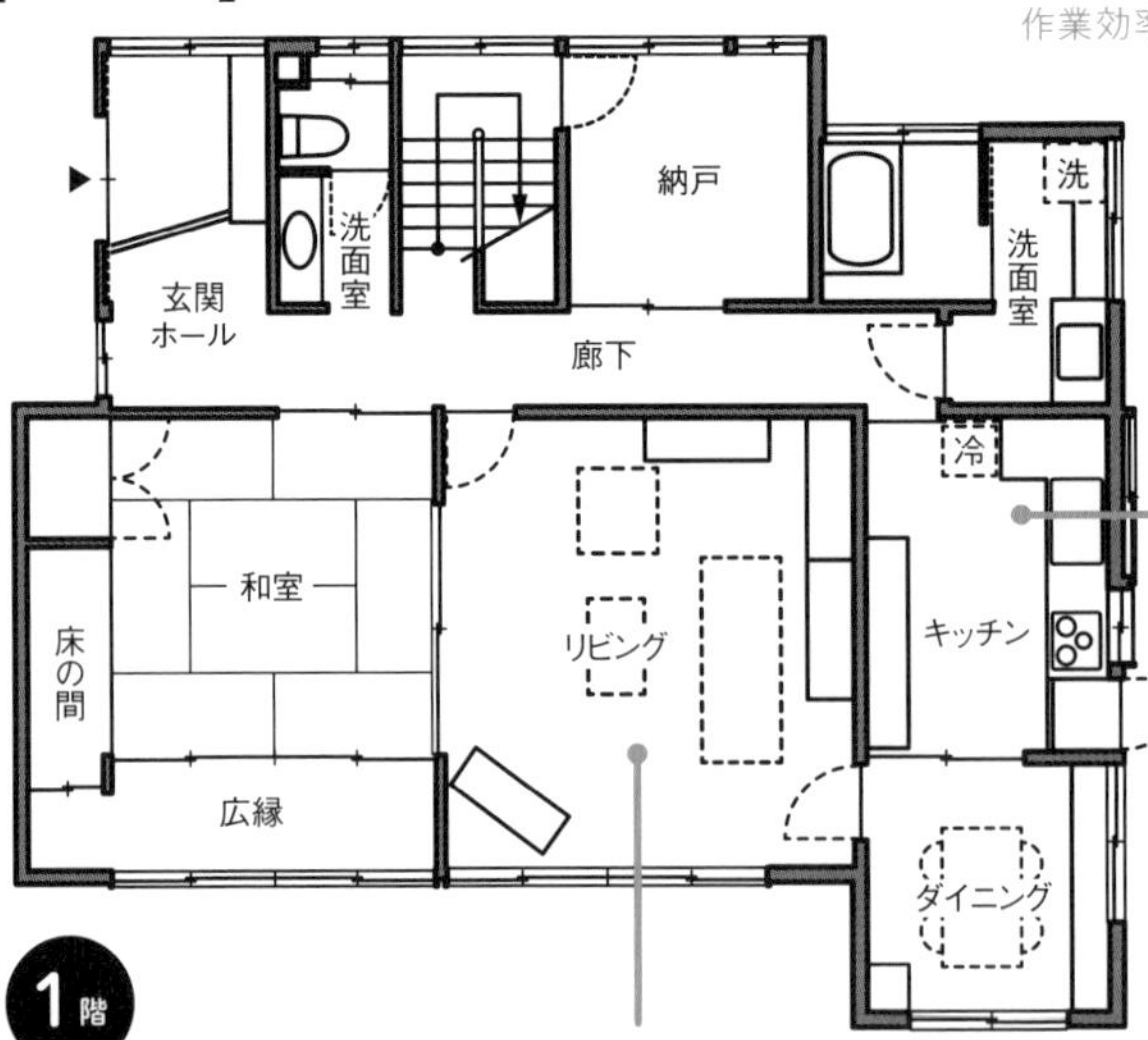

1階

キッチンが広いので、歩く距離が長く作業効率が悪かった

リビングには陽が入らず、昼間でも照明が必要だった

家族構成
姉妹
リフォーム面積
1階 100.34㎡

60代の姉妹が、生まれ育った実家でともに暮らすことになり、庭を見ながら快適に暮らせる住まいへのリフォームを計画しました。しかし築41年の住宅は断熱性が悪く、さらに南側にマンションが建って光が入りにくくなっていました。

このように、実家を受け継いだものの、寒い、暗いなどの問題に悩むケースはよくあります。解決策としておすすめしたのは、2階のひと部屋の床を抜いて吹き抜けをつくり、高窓になった大きな窓から1階に光を入れるという方法です。吹き抜けの効果は大きく、リビングが見違えるように明るい空間になりました。さらに、床下の断熱と、窓のつくりかえ・二重化を行いました。

リビングの窓にはカウンターを設け、庭を眺めながらお茶を飲めるスペースに。洗濯室をつくるなど間取りも見直して、快適な住まいになりました。

仏壇の脇に壁を立てて、お客様の目に入りにくくしている

この上の2階の床を抜いて吹き抜けをつくり、高窓から光を採りこむ

洗面室とランドリールームを分け、広い洗面カウンターを設けた。ランドリールームでは、洗濯物を干すこともできる

POINT

庭を眺めるためのカウンターをリビングの窓際に設けた

庭に面した掃き出し窓を、腰窓に変更。オープンのカウンターを設け、椅子を置いて外が眺められるようにした

【AFTER】

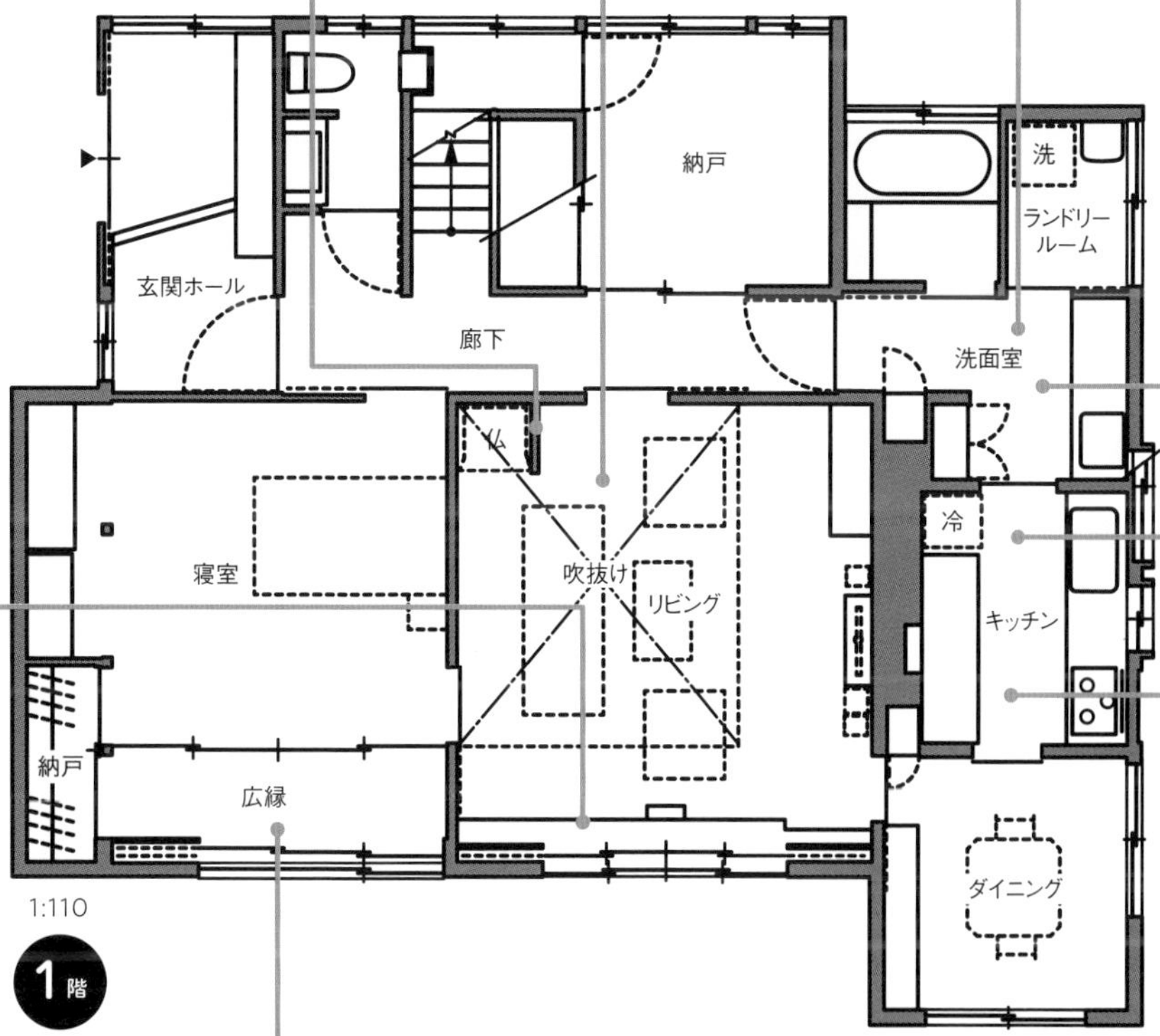

1:110

1階

寝室からも庭が眺められる

姉の寝室は、真ん中にベッドを置いているので、リビングにも廊下にも出やすい。広縁との境の障子を開ければ、いつでも庭が眺められる

リフォーム

家事ラク

将来を見据え、1階をコンパクトにまとめた家

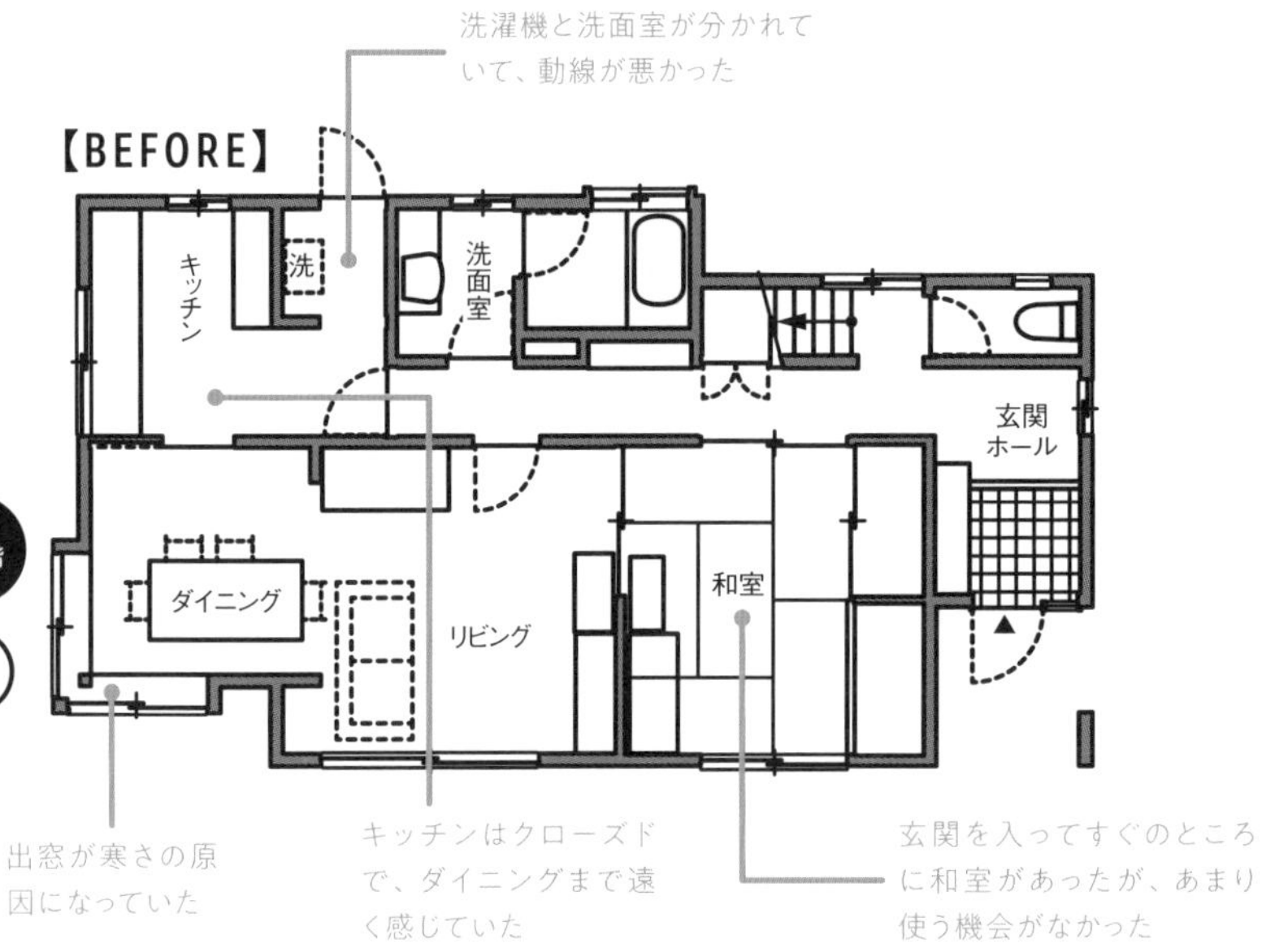
洗濯機と洗面室が分かれていて、動線が悪かった
【BEFORE】
キッチン
洗
洗面室
玄関ホール
1階
ダイニング
リビング
和室
出窓が寒さの原因になっていた
キッチンはクローズドで、ダイニングまで遠く感じていた
玄関を入ってすぐのところに和室があったが、あまり使う機会がなかった

和室は、以前は客間やリビングとして使われていましたが、最近ではあまり使われていないことが多いようです。そのため和室をなくして、広いＬＤＫに変更する依頼が多くなっています。

しかしこのご夫婦の場合、老後は寝室を1階に移したいという希望があったので、リビングを寝室に変更できるように、リビングとダイニングの間の壁を残し、いずれは引き戸を設置できるようにレールを天井に埋め込みました。

独立型のキッチンは南側に移し、対面式にして明るく。その奥には妻のアトリエを設けています。

洗濯室と洗面室をまとめ、隣にウォークイン・クロゼットを併設したのも、1階だけで生活する将来に備えてのこと。洗濯が効率的になり、朝夕の身支度動線が短くなったと喜ばれています。

家族構成
夫婦
リフォーム面積
1階 113.03㎡

キッチンの隣には妻のアトリエを設けた

キッチンを明るい場所に移動して、キッチンがあった場所を、妻が趣味のカルトナージュをするためのアトリエに。以前は和室で作業していたが、キッチンの隣でできるようになり、快適になった

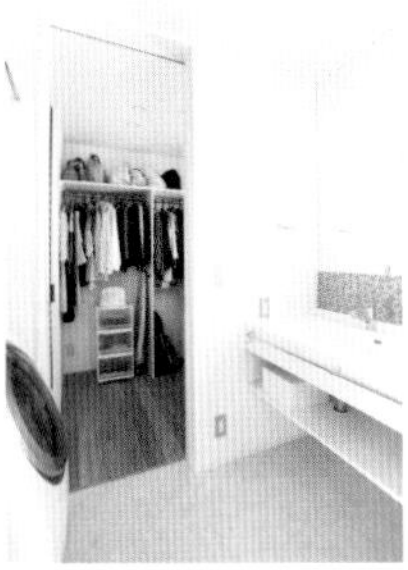

洗面室に隣接したウォークイン・クロゼット

洗面室の隣に、ウォークイン・クロゼットを設置。2階の寝室に着替えを取りにいく必要がなくなり、洗濯動線も短くなった

キッチンを明るい場所に移動してオープンに。家族の顔を見ながら作業ができる

トイレに手洗い場をつけて、パウダールームに

廊下にクロークをつくったので、あちこちにコートをかけることがなくなった

【AFTER】

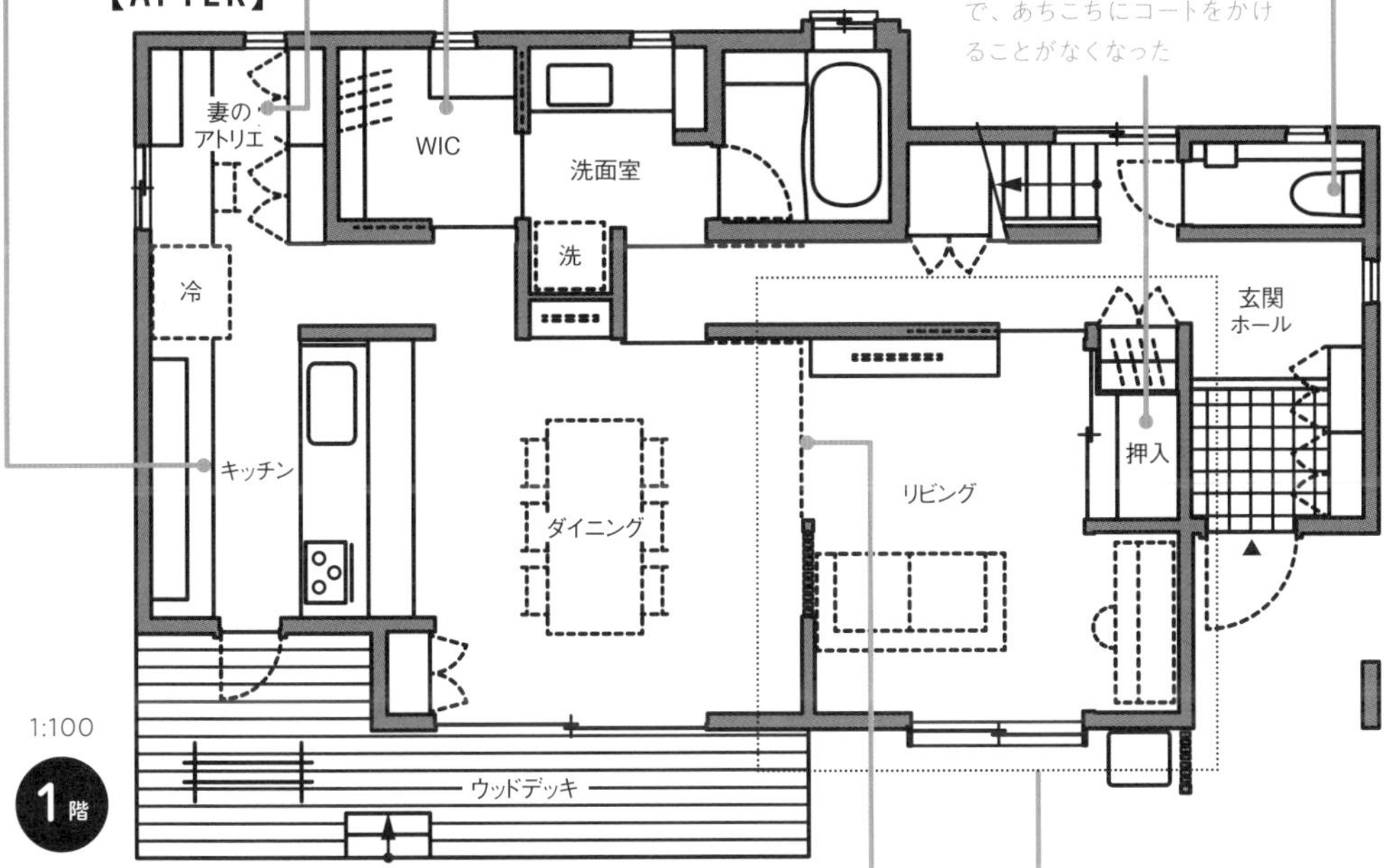

将来はここに引き戸が入る予定

POINT
老後は、リビングを寝室にする予定

現在は寝室は2階にあるが、階段の上り下りがきつくなってきたら、1階のリビングを寝室に変更する予定。そのときに備えて、ダイニングとの間の壁を一部残している

【将来のプラン】

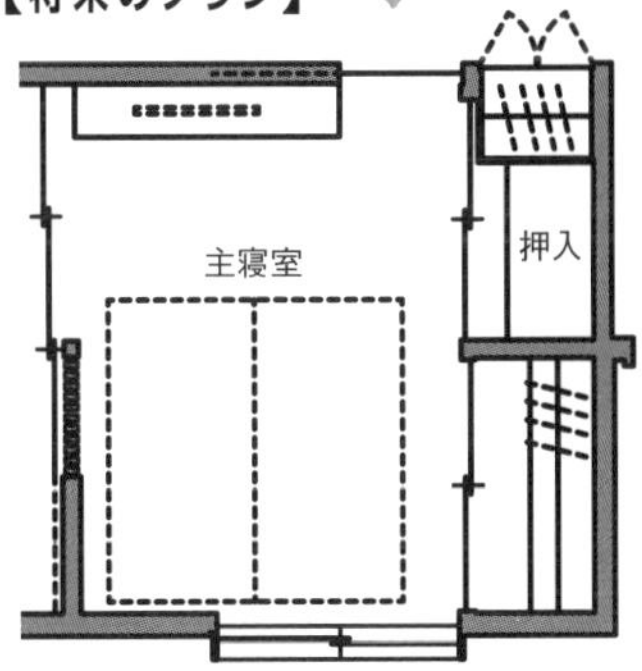

すぐに片づく仕組みで 気軽に人を呼べる家

【BEFORE】

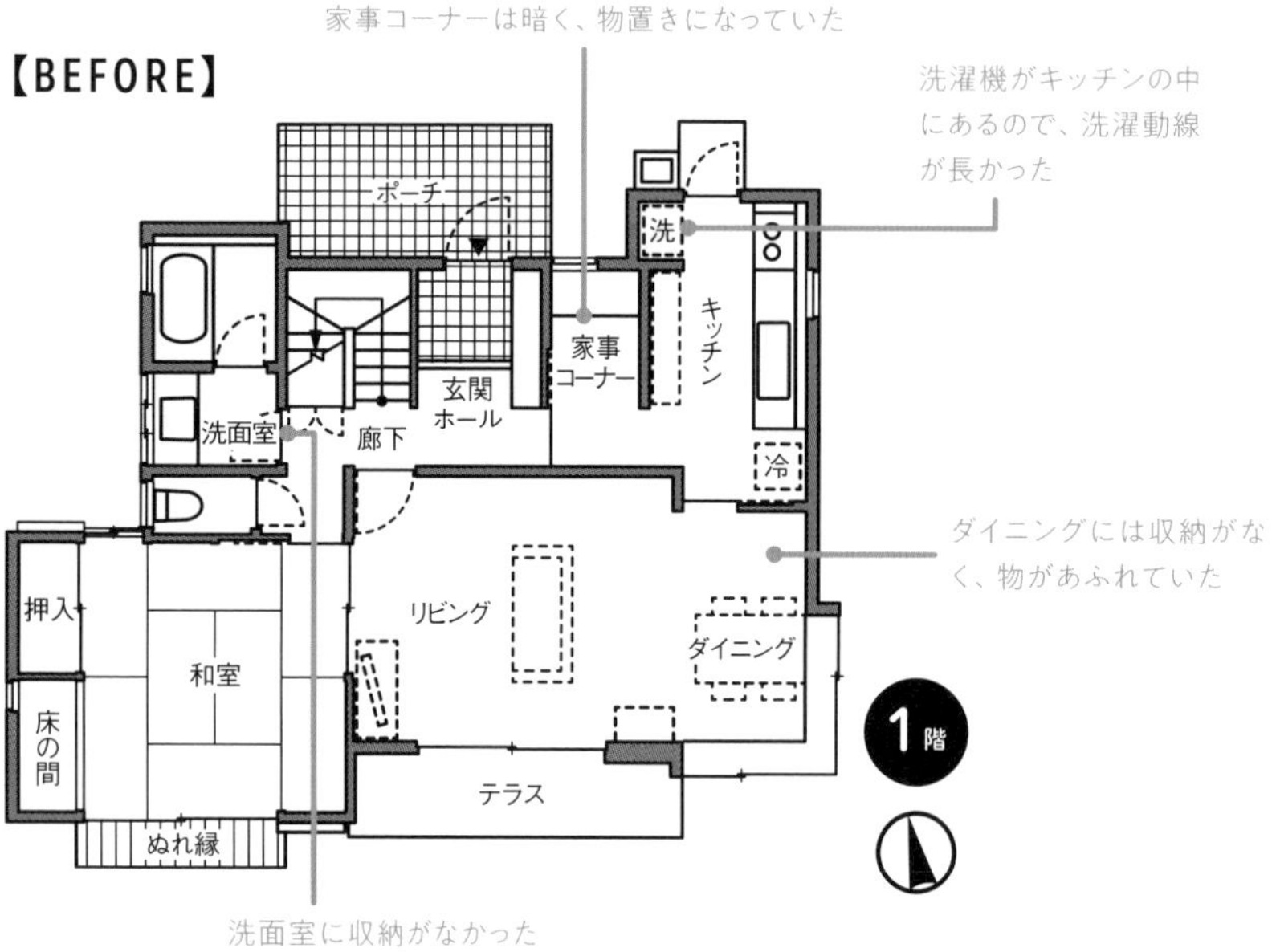
家事コーナーは暗く、物置きになっていた
洗濯機がキッチンの中にあるので、洗濯動線が長かった
ダイニングには収納がなく、物があふれていた
洗面室に収納がなかった
ポーチ
洗
キッチン
家事コーナー
玄関ホール
廊下
洗面室
冷
リビング
ダイニング
押入
和室
床の間
テラス
ぬれ縁
1階

60代のご夫婦が、仕事をリタイアした後の暮らしを充実させるためのリフォームです。妻は家庭菜園と料理、夫は蕎麦打ちが趣味。これからは気軽に人を呼べるように、いつも片づいた家にしたいという希望でした。

そのため、玄関には来客用のクロークとパウダールームを設置。散らかりやすいダイニングを片づけやすくするために、カウンター収納を設けました。

さらに、家事の動線を整理。以前の間取りでは、洗濯機から干し場までが遠く、さらにクロゼットが2階だったので、衣類動線が長くなっていました。そこで洗面室の隣にあったトイレを移動し、洗面室を広げて洗濯機置き場をつくり、干し場に近づけました。キッチンには、野菜も置けるパントリーを設けました。

家族構成
夫婦
リフォーム面積
1階 66.79㎡

キッチンの奥に広いパントリーを設置

キッチンはコンパクトにして、使いやすく。勝手口の手前に棚を設け、大量の食品を収納できるパントリーに。家庭菜園でつくった野菜や、庭仕事の道具もここに置いておける

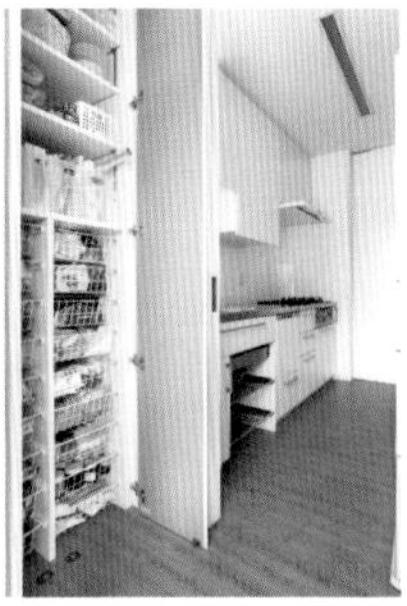

吊り戸を浮かせて空間を広く見せる

ダイニングに収納は欲しいけれど、圧迫感は出したくない。そこでカウンター収納にし、その上にガラスの吊り戸を設けて収納量を確保

POINT

干し場とクロゼットを近づけた

洗濯物は外に干したいという希望で、乾燥機は設けていない。LDから見えない場所に物干しスペースを設置。クロゼットも近くに設置したので、取りこんだ洗濯物をすぐに片づけられる

【AFTER】

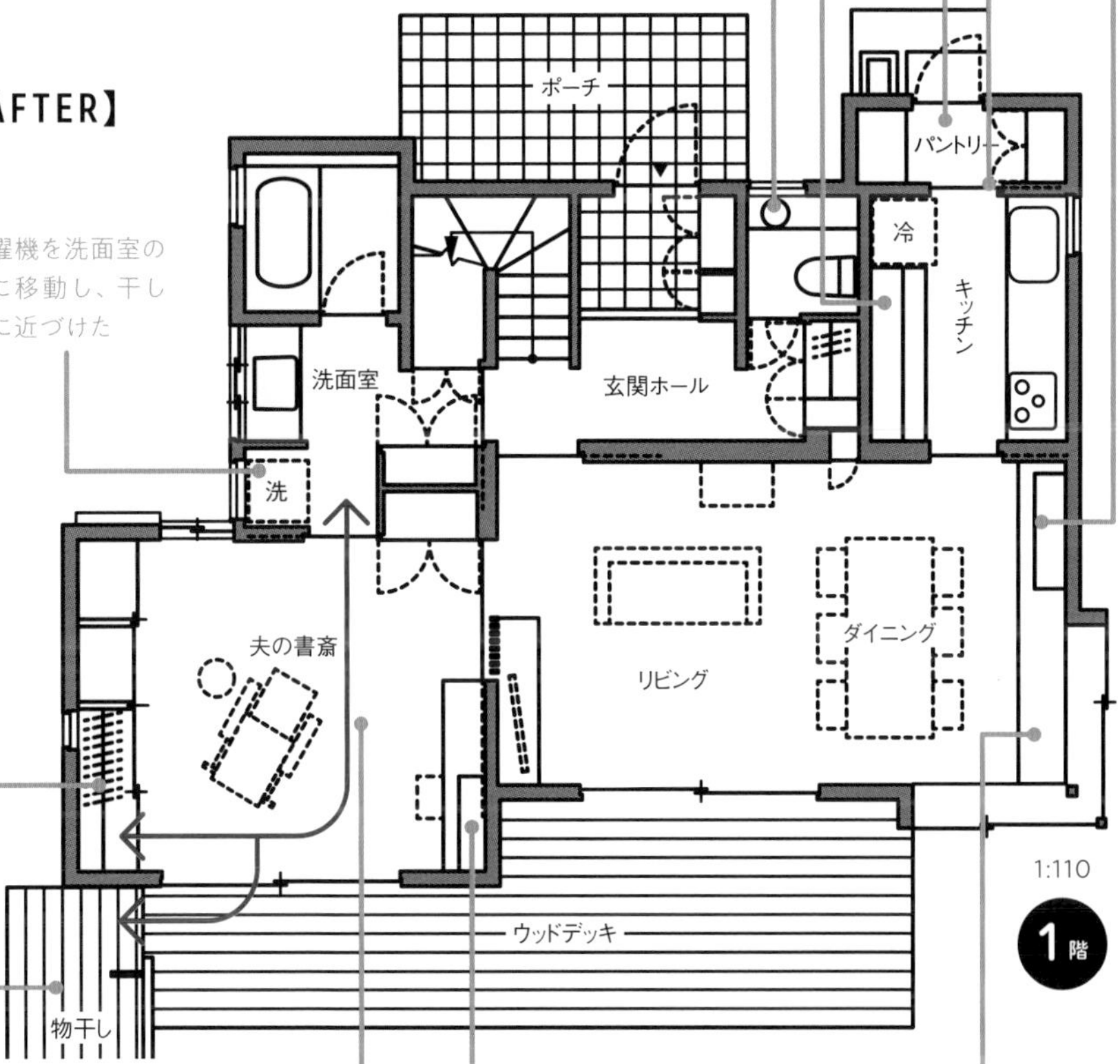

寒さ対策でドアを設置した

来客時を考えて、トイレは手洗いのあるパウダールームに変更し、玄関の近くに。来客用のクロークも設けた

キッチンは背面収納を充実させ、使いやすく、コンパクトに

洗濯機を洗面室の中に移動し、干し場に近づけた

洗濯物の干し場には壁を立てて、ウッドデッキ側から見えないようにしている

壁の中に小さい収納をつくり、本棚にしている

ダイニングの壁一面にカウンター収納を設置。散らかりがちな物がすべて収まった

夫の書斎は将来寝室にする予定

カウンターデスクやテレビなどもある、広々とした夫の書斎。将来はここが夫婦の寝室になる予定

家事ラク

個室はしっかり確保し、共有スペースはゆったりの家

子どもが10代後半になり、子育てがひと段落した50代共働きのご夫婦の住まいです。20年前に建てた家を、2回に分けてリフォームしました。

子どもたちが小学生だった1回目のリフォームでは、子ども室を2つに区切り、ご夫婦の寝室も分け、それぞれに個室を設けました。水回りは個室に近い2階に上げ、明るく広々とした洗面・着替え室に。スペースを広くとったので、皆で同時に使うことができます。

2回めのリフォームでは、独立型のキッチンをオープンに変更。皆で料理ができるようになり、家族のコミュニケーションがとりやすくなりました。

家族の成長に合わせた2回のリフォームで、「個の空間を大事にしながら、家族の時間も大切にしたい」という要望を実現することができました。

【BEFORE】

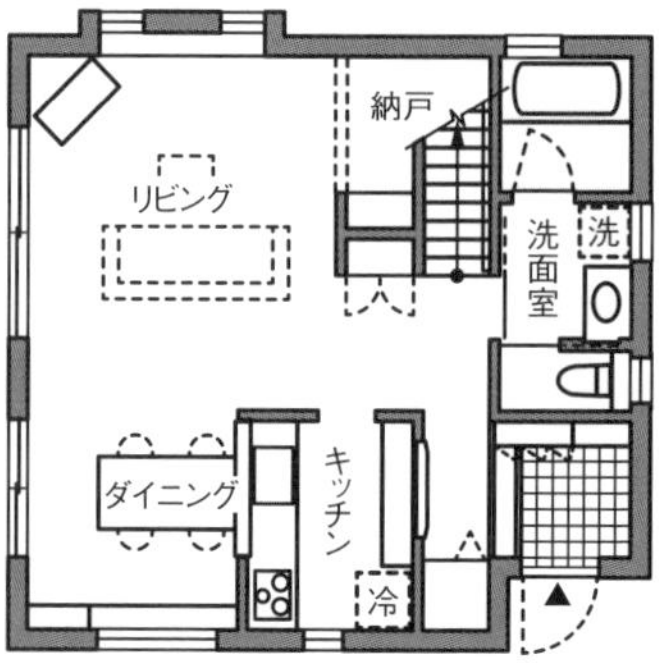

POINT 家族と一緒に料理できる2列型のキッチン

シンクとコンロが向かい合った2列型。家族が一緒に作業しやすい。コンロをダイニング側にしたのは、焼きたてのお肉を出すため

納戸になっていた階段下のスペースに、妻の書斎コーナーを設けた

【AFTER】

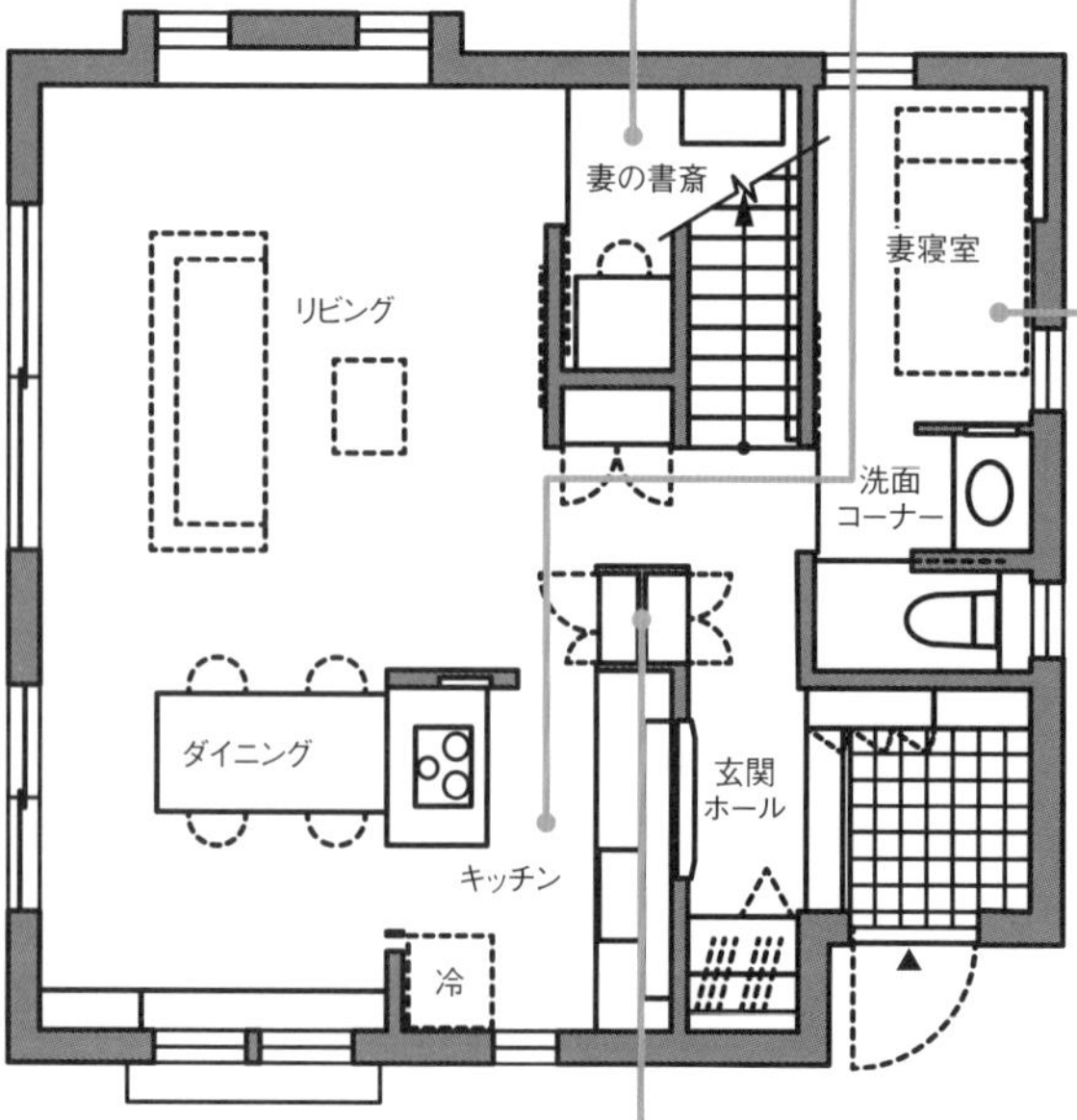

廊下側には掃除用具、キッチン側にはパントリーを設けた

浴室だった場所を妻の個室に変更

子どもたちが個室をもつのを機に、夫婦もそれぞれの居場所を持つことに。浴室を2階に移動し、浴室のあった場所に妻の寝室を設けた。洗面室が隣にあるので便利。夫の寝室はロフトに

家族構成
夫婦＋子ども2人
リフォーム面積
1階 45.37㎡
2階 33.69㎡

広い洗面室で アイロンがけもできる

洗面台が広いので、洗濯物をたたんだりアイロンがけもできる。洗面室の南側には、洗濯乾燥機と小さなシンクがある。天井にポールを設置して、洗濯物を干すことが可能

【BEFORE】

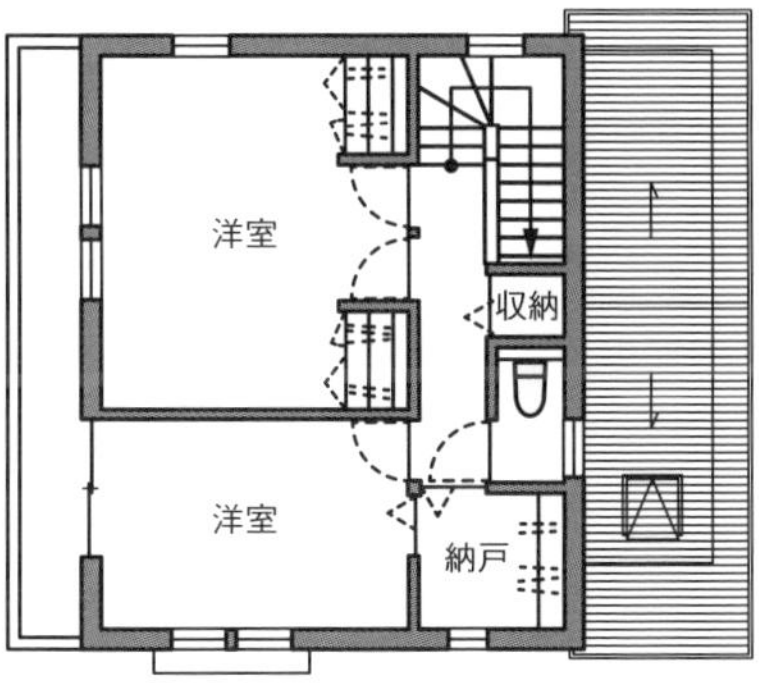

水まわりを2階に移し 明るく、広い 身支度スペースに

水まわりを2階に移動し、家族が一緒に使える広い洗面室を設けた。東側の窓から自然光が差し込む空間で身支度やメイクができる。洗面台の背面には大きなクロゼットも

2階の洋室に壁をつくり、2人の子どもたちの個室に

ロフトに続く階段。ロフトは夫の寝室になっている

【AFTER】

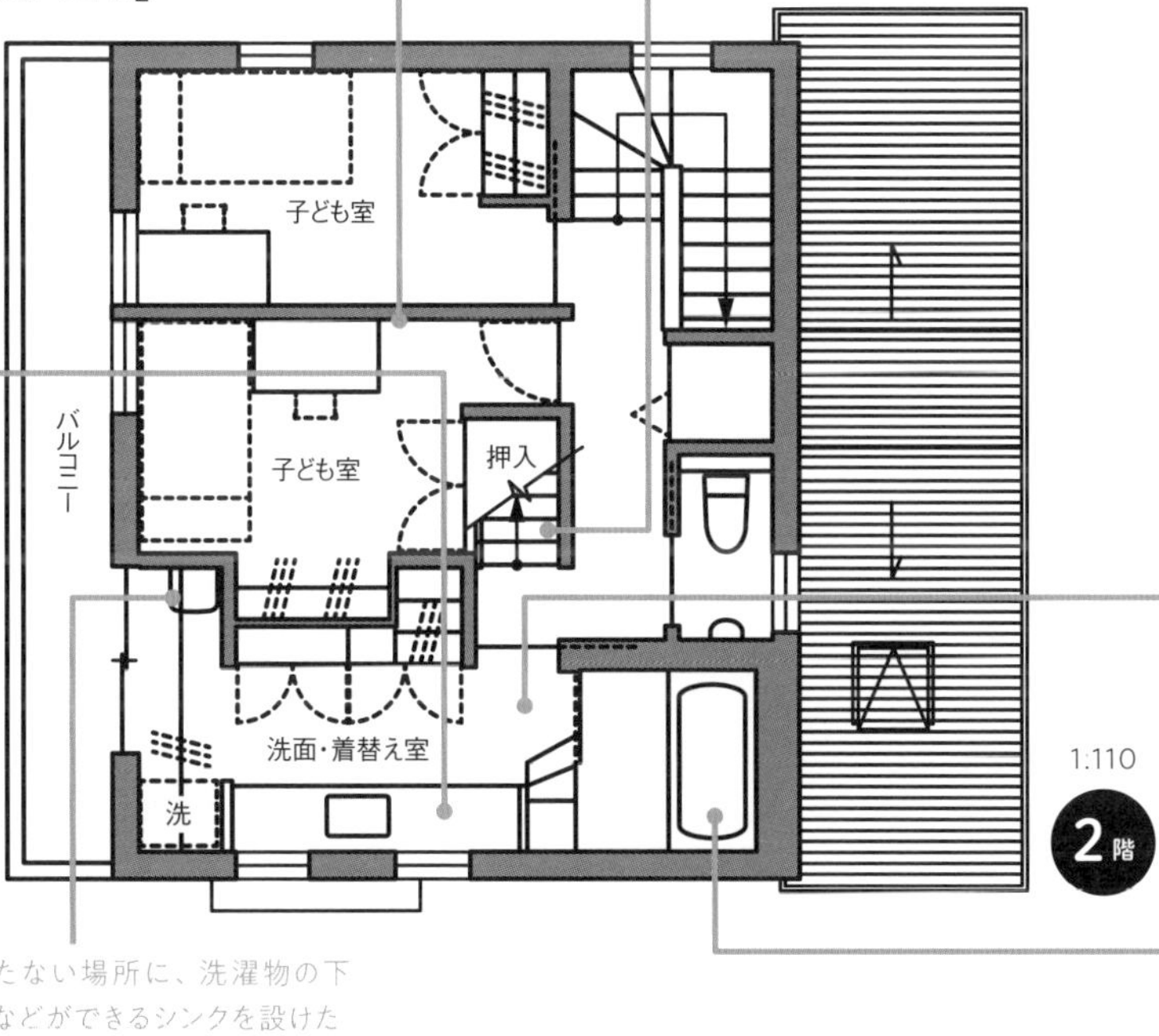

目立たない場所に、洗濯物の下洗いなどができるシンクを設けた

浴室はガラス戸で、日中は自然光が差し込む。壁面にはテレビを組み込み、多機能シャワーを導入

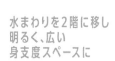

夫婦それぞれの書斎がゆるくつながる住まい

【BEFORE】

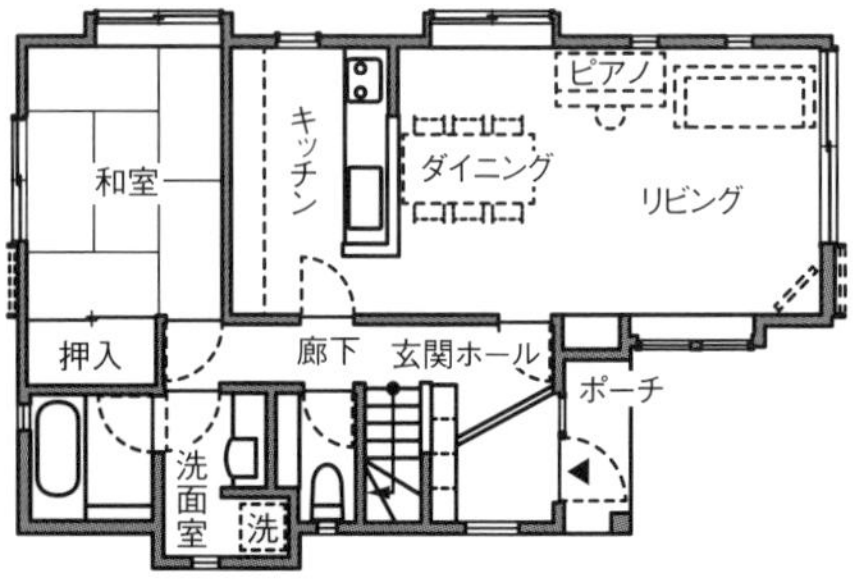

ウッドデッキを塀で囲ってリビングと一体化

塀を高くして囲んだことで、リビングからウッドデッキがひと続きのように感じられ、開放感のある空間になった。外からの視線も気にならない

妻のクロゼットそばにある「楽屋コーナー」。専用の洗面コーナーの奥にはメイク用のスペースがある

【AFTER】

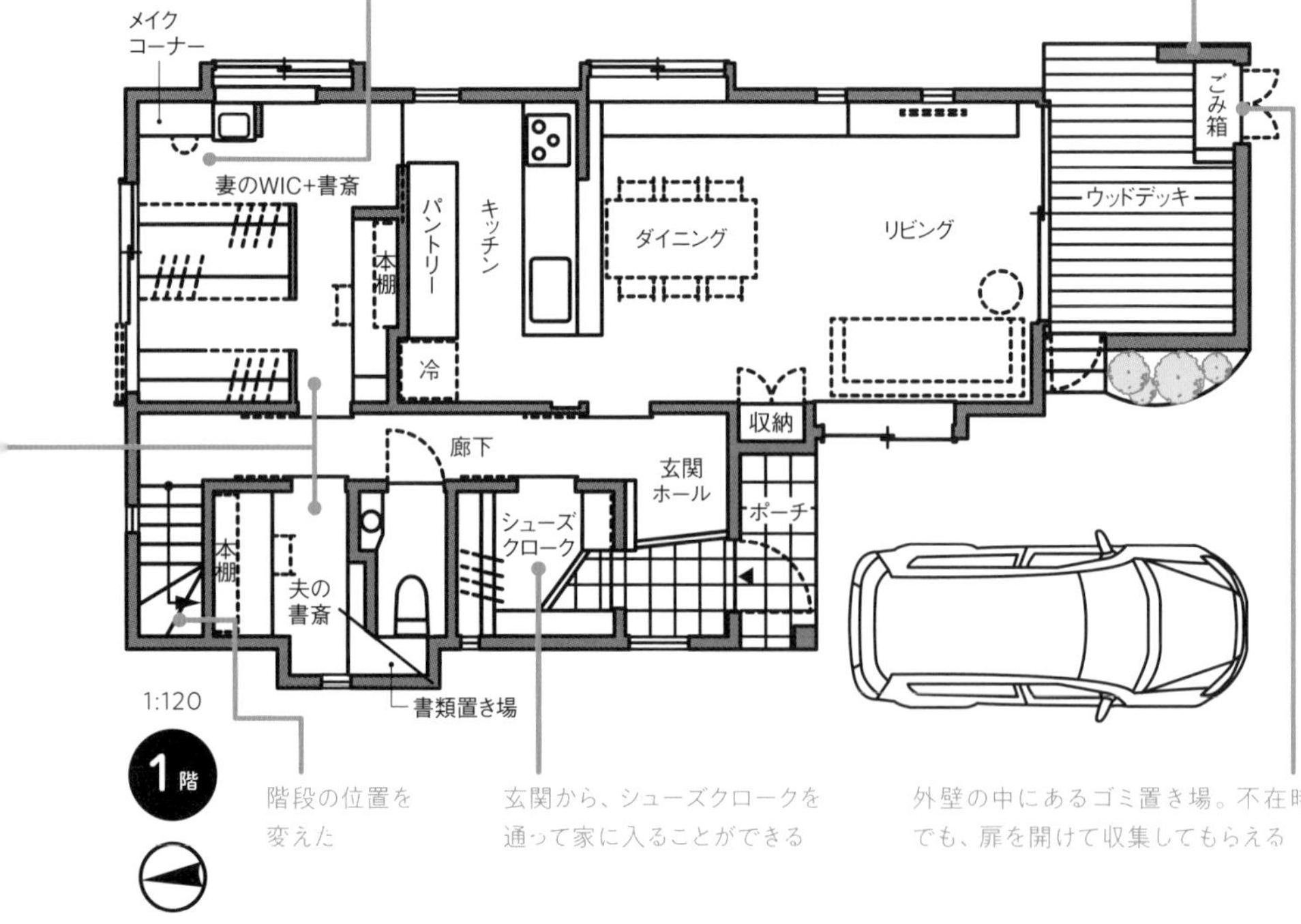

階段の位置を変えた

玄関から、シューズクロークを通って家に入ることができる

外壁の中にあるゴミ置き場。不在時でも、扉を開けて収集してもらえる

家族構成
夫婦+子ども1人
リフォーム面積
1階 60.32㎡
2階 58.25㎡

レストランやフラダンス教室など、多角的に事業を行っているご夫婦と、子どもひとりが暮らす家です。仕事に集中できて、効率よく暮らせる住まいへとリフォームしました。

1階にパブリックスペース、2階にプライベートスペースをまとめています。リビングの前が道路に面しているため、以前はレースのカーテンを開けられませんでしたが、庭を壁で囲うことで、解決できました。

1階には、それぞれの書斎も設けました。妻のスペースは、仕事で使う衣装も収納できるウォークイン・クロゼットと、専用の洗面台、メイクコーナーも併設した、楽屋のようなつくりです。廊下を隔てて夫の書斎があり、それぞれの場所から会話できる距離です。

2階の洗濯室には乾燥機がありますが、トップライトをつけたので室内干しも可能です。

【BEFORE】

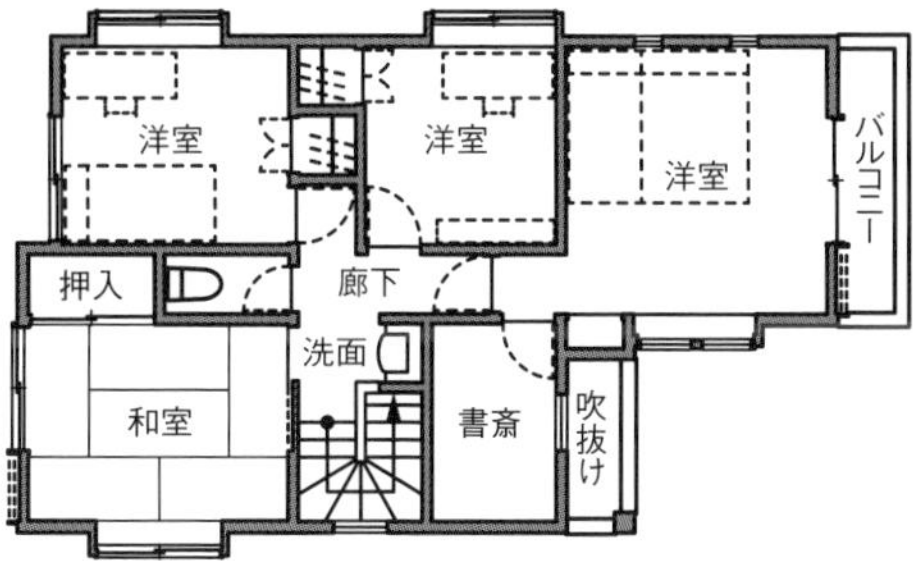

POINT **廊下をはさんで2人の書斎がある**

2人の書斎は、廊下をはさんで配置したので、扉を開ければ会話ができる。扉を閉めればそれぞれの作業に集中できる

【AFTER】

フラダンスの講師をしている妻の練習部屋兼客間。壁の一面が鏡になっている

寝室の窓際にポールを吊るし、室内干しをすることができる

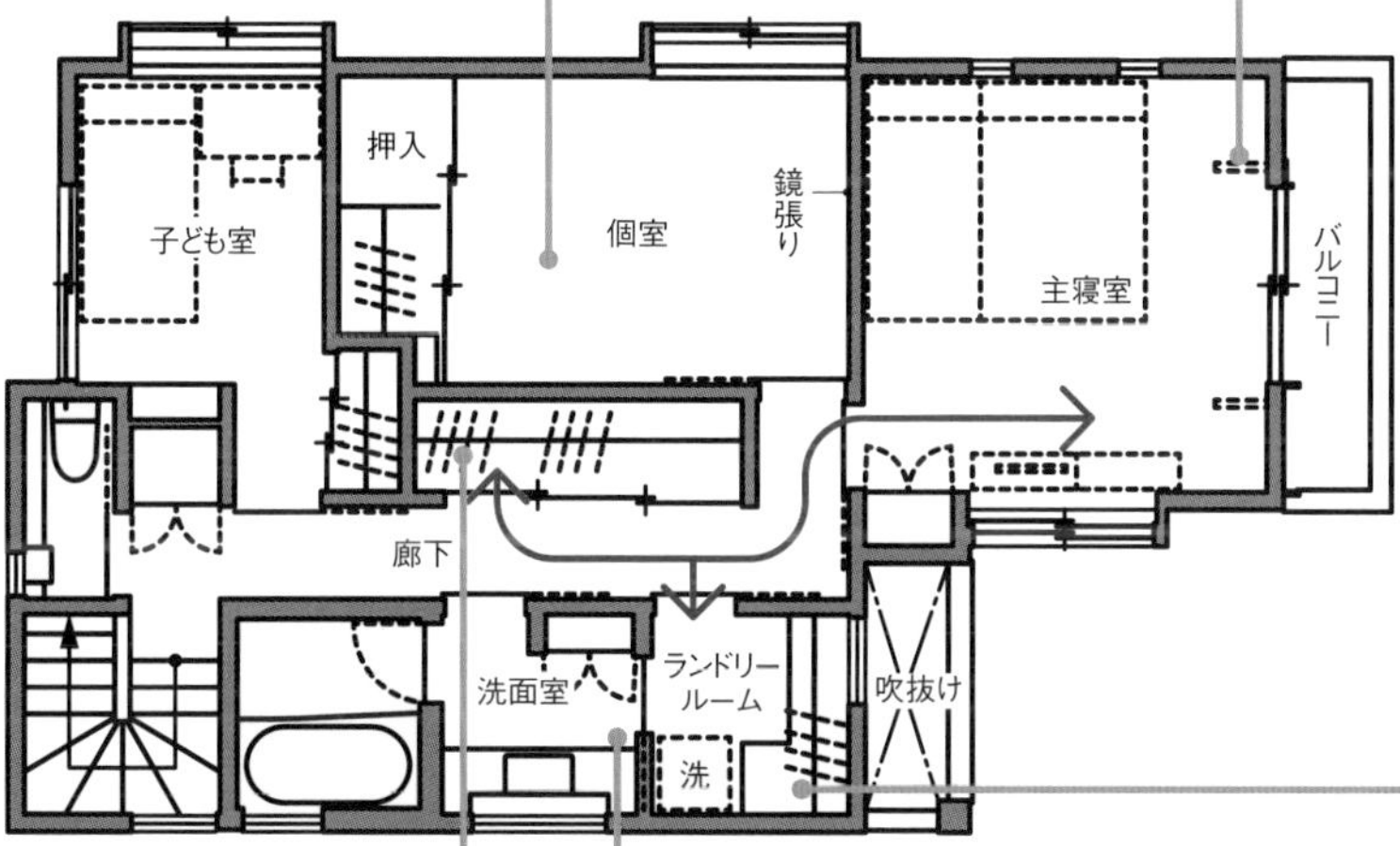

1:120

2階

廊下に設けた夫用のクロゼット

水回りを2階に移動し、寝室との動線を短くした。日当たりもよく快適に

トップライトで洗濯物がよく乾く

洗面室に続くランドリールームは、天井にトップライトを設けて光を入れている。乾燥機もあるが、洗濯物を吊るしておけばよく乾く場所

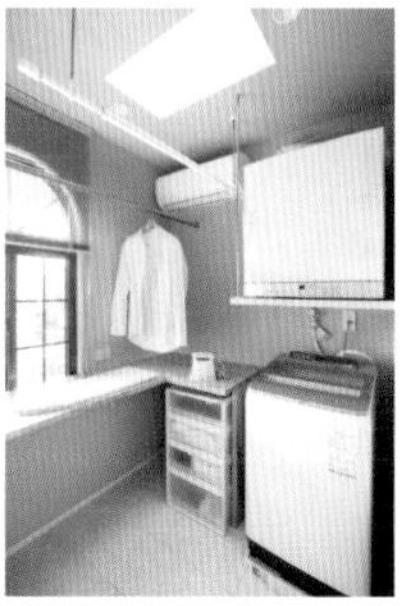

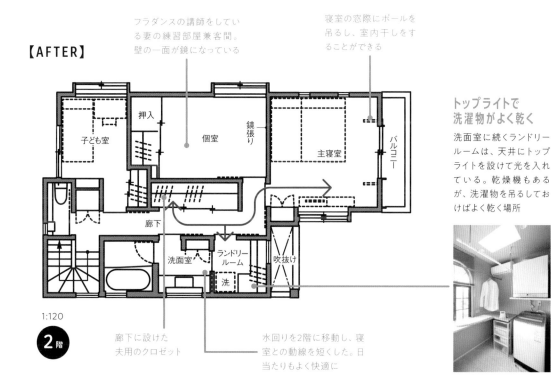

リフォーム

子育て

洗面まわりを充実させた子育て応援の家

3人の子どもがいる40代のご夫婦が、一軒家を購入し、リフォームを計画しました。購入した家は、クローズドキッチンで、LDのほかに和室がある、従来の一軒家に多い間取りでした。

リフォームでは和室をなくしてLDKをひと部屋に。子どもたちの様子を、キッチンから見守ることができます。

狭かった洗面室を広くしてカウンターを広げ、子どもたちのクロゼットも設置。登下校時の身支度が一カ所で済むようになりました。玄関を入ってすぐの位置にあるので、帰宅後もすぐに使えます。脱衣室と洗面室を分けたことで、誰かがが入浴するときも、気兼ねなく洗面台を使えます。キッチンにもつながっているので、家事動線も短くなりました。2階は納戸を広げ、子ども室をひとつ増やしました。

POINT

玄関から洗面クローク→脱衣室→浴室に行ける

玄関からすぐに洗面室に入って、中にあるクロークで着替えもできる。洗面室から脱衣室、浴室へとつながっているので、部活で汗をかいて帰宅した子どもたちには便利

【BEFORE】

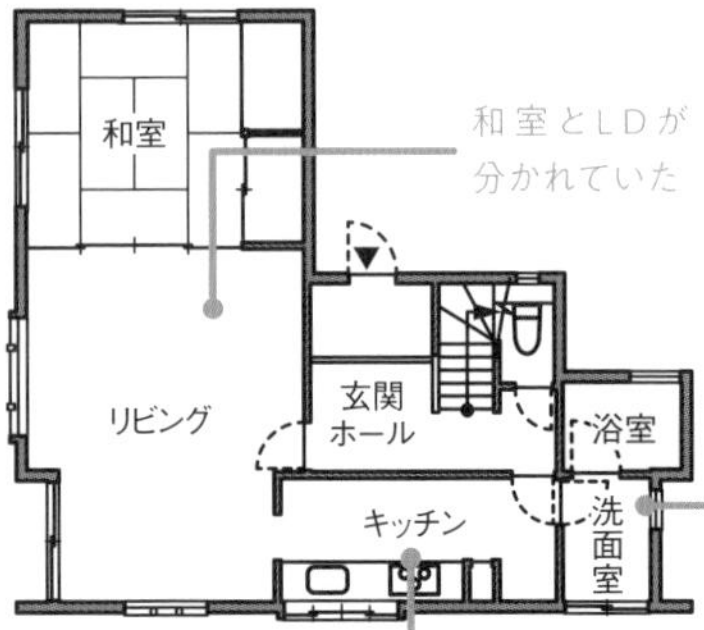

和室とLDが分かれていた

洗面室が狭く、身支度や着替えと洗濯を一カ所で行わなければならない

昼間でも電気が必要な、クローズドキッチン

【AFTER】

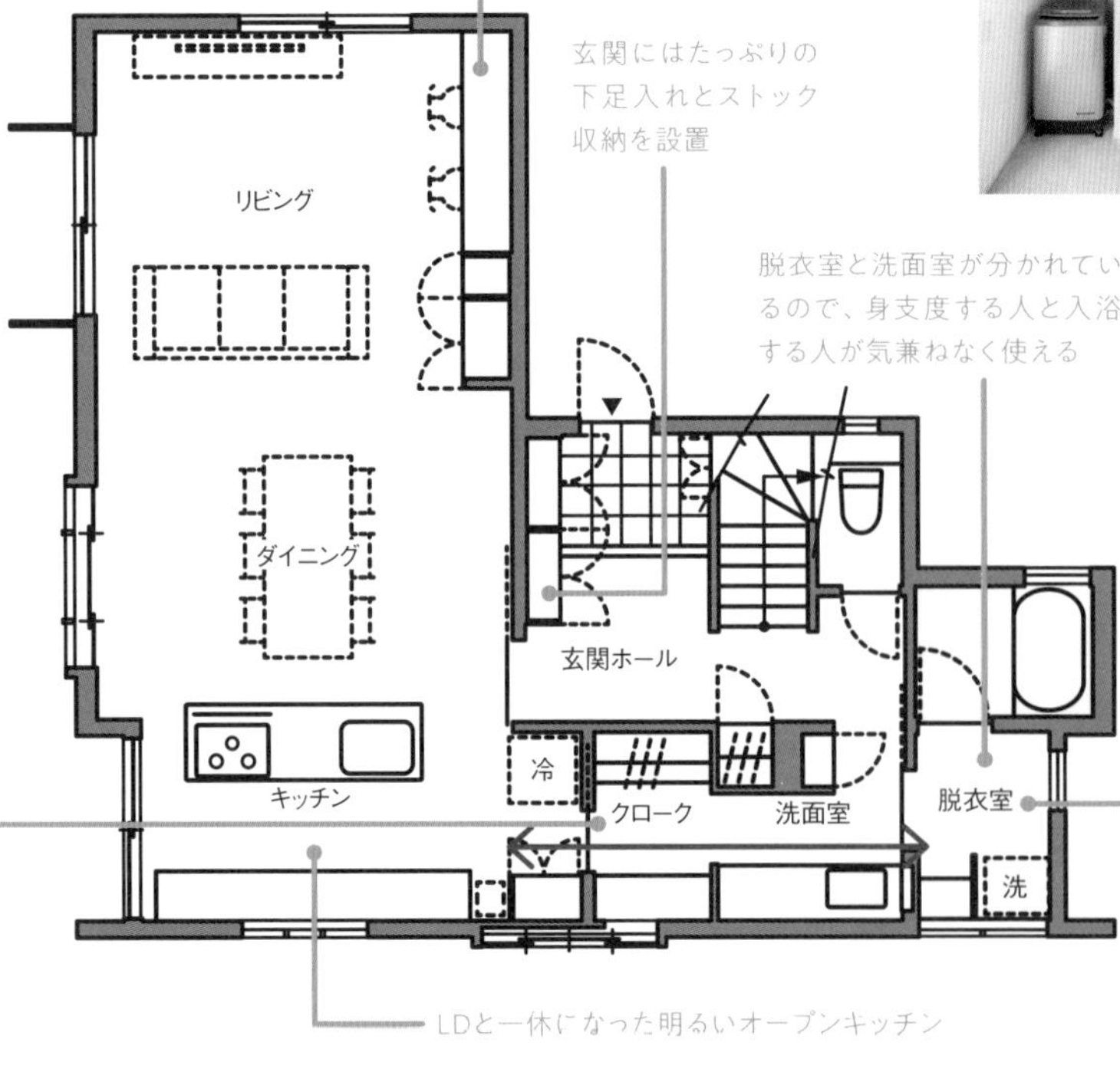

玄関にはたっぷりの下足入れとストック収納を設置

脱衣室と洗面室が分かれているので、身支度する人と入浴する人が気兼ねなく使える

LDと一体になった明るいオープンキッチン

家族構成
夫婦+子ども3人
敷地面積
1階 66.67㎡
2階 59.55㎡

【BEFORE】

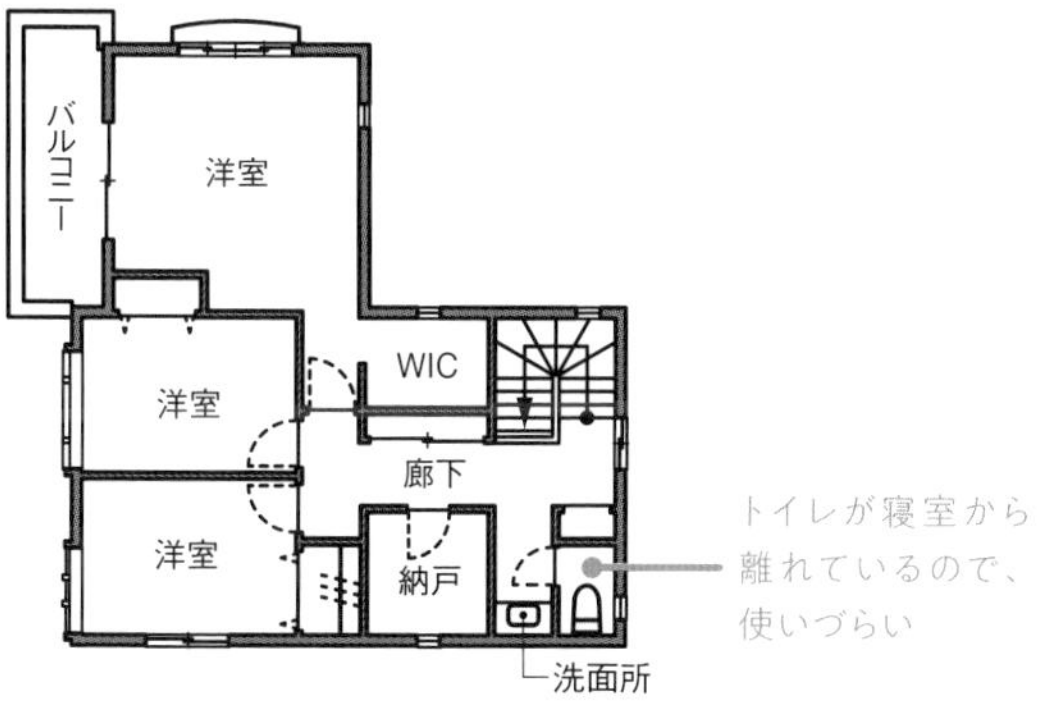
バルコニー
洋室
洋室
洋室
WIC
廊下
納戸
洗面所
トイレが寝室から離れているので、使いづらい

【AFTER】

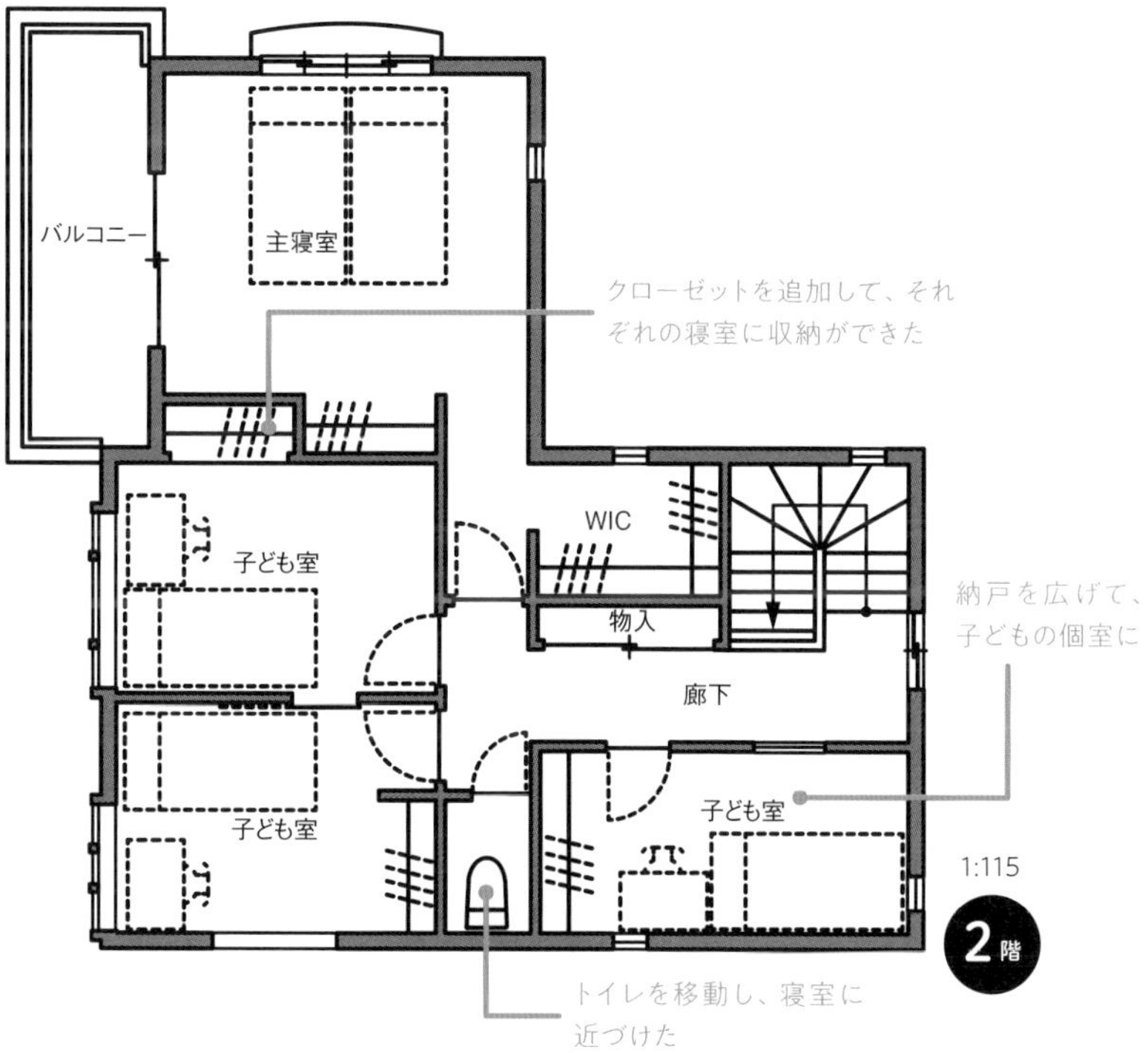
バルコニー
主寝室
クローゼットを追加して、それぞれの寝室に収納ができた
子ども室
子ども室
WIC
物入
廊下
子ども室
納戸を広げて、子どもの個室に
1:115
2階
トイレを移動し、寝室に近づけた

リビングの一角にあるスタディーカウンター

広いLDKの一角に、二人が座れるスタディーカウンターを設置。学校や塾の宿題をする子どもたちを見守りながら家事ができる

洗面・着替え室からキッチンに抜けられる動線

玄関ホールから洗面・着替え室→キッチン→ダイニングと回遊動線になっている。洗面室からキッチンに直接行けるので家事がスムーズ

リフォーム
コンパクト

夫婦で料理を楽しめる明るい回遊型のキッチン

【BEFORE】

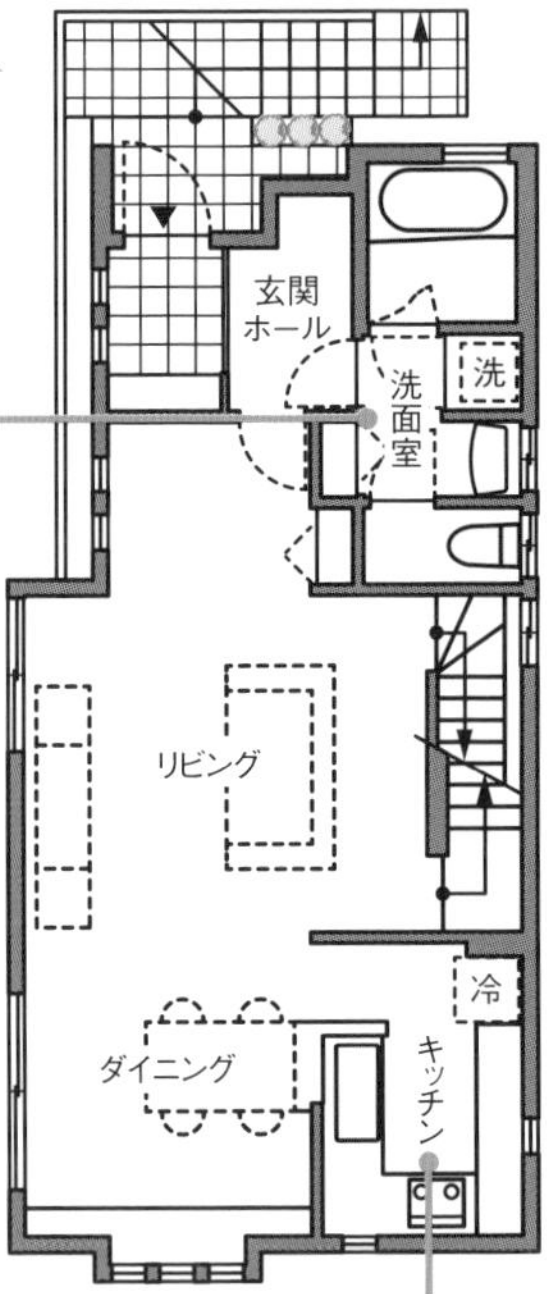
洗面室が狭く、トイレへの動線が重なっていた
キッチンはクローズドで、ふたりで作業するのには狭いスペースだった

リビングの中に階段がある

リビングに大きな壁面収納棚を設けた。収納棚の下は愛猫の寝室になっている

キッチンのコーナー部分も収納に活用

コンロとシンクを分けた2列型のキッチン。ゴミ箱はシンクの近くに置き、コーナー部分にも棚をつくって、食品ストックを収納している

家族構成
夫婦
リフォーム面積
1階 55.79㎡
2階 14.55㎡

子どもが成長し、もうすぐご夫婦2人暮らしになる予定の家のリフォームです。共働きのため、協力して家事をしていますが、より効率よく動くために、キッチンの壁をとり払い、二列型のアイランドにしました。回遊できるので、二人の動線が交わることがなくなり、快適に。

また以前は、寝室は2階に、夫のクロゼットは書斎のある地下にあったので、身支度や衣類の動線が長くなっていました。そこで玄関ホールと洗面室の間に、両方から使える夫のクロゼットを設置。階段の上り下りが減りました。洗面室の中にあったトイレを移動したことで、洗面室が広くなり、動線も整理されました。

玄関ホールには大きな納戸を設け、ゴルフ道具や段ボール類、掃除機などを収納。常に家の中が片づいています。

フォーカルポイントを意識した玄関に

玄関の正面が壁になるようにリフォーム。絵を飾り、チェストを置いた。チェストには、外出時に必要な小物類を収納している

玄関ホールに夫のクロゼットを設置

以前は寝室が2階で、水回りは1階、そして衣類は地下に収納と、夫は地下から2階までを行ったり来たりして身支度をしていた。リフォームで玄関ホールと洗面室の両方から使える夫のクロゼットを設置して解決

玄関ホールに納戸をつくり、段ボールなどのリサイクルごみや掃除機などを収納。片づけやすい住まいになった

【AFTER】

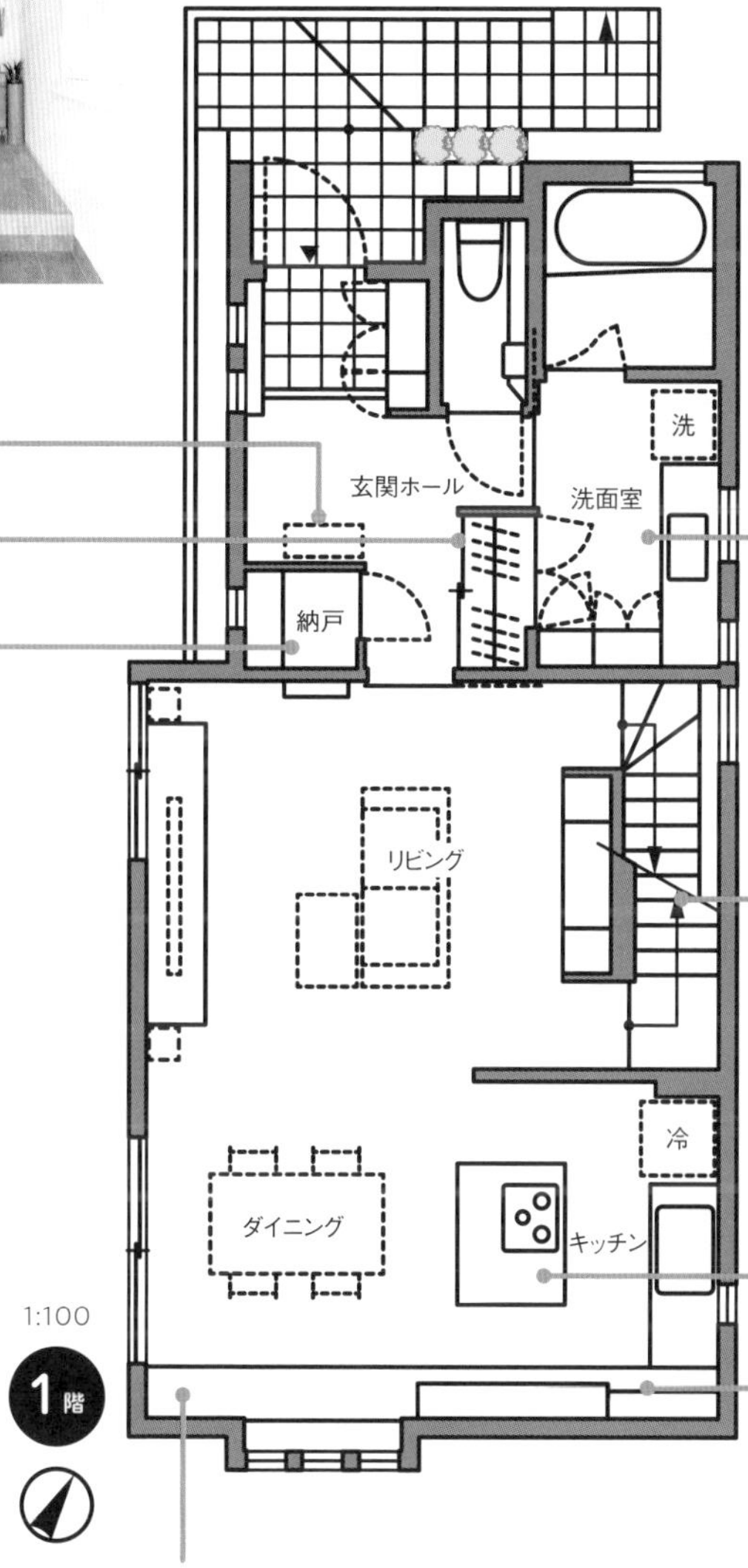

ダイニングに収納を充実させた

洗面室を広げて身支度を快適に

トイレを別の場所に移動して、洗面室を広げた。洗面台が広くなり、夫のクロゼットも設置したので身支度が快適に。ズボンプレッサーの収納場所も設けた

POINT

キッチンを二列型のアイランドにして、二人で立てるようにした

プライバシー性を高めた愛犬と暮らす家

【BEFORE】

コーナーの出窓から、中が丸見えになっていた

寒さの原因だった中廊下をなくし、洗面室を広げた

玄関ホールからキッチンへとつながる長い中廊下が風の通り道になり、寒さの原因になっていた。中廊下をなくし、代わりに狭かった洗面室を広げて収納も増やした

キッチンを使いやすい広さに狭めて、その分ダイニングを広く

【AFTER】

窓をなくし、通りからプライバシーを守っている

階段下のスペースを利用して、壁の中に愛犬の寝室をつくった

家族構成
夫婦
リフォーム面積
1階 90.02㎡
2階 36.37㎡

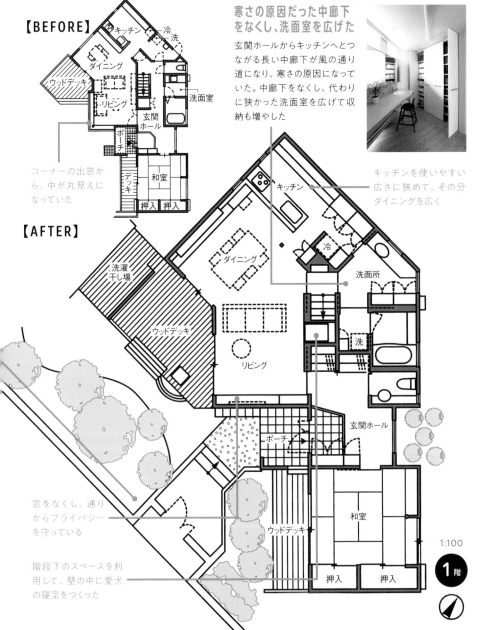

ライフスタイルの変化に対応するため、2回のリフォームを実施した住まいです。1回目のリフォームでは、愛犬とご家族3人が快適に暮らすために、最大の問題だった〝寒さ〟を解消。風の通り道になっていた中廊下をなくし、窓を断熱サッシにするなど断熱性を上げることで、温かい家になりました。

もうひとつの問題は、外からの視線が気になり、リビングのカーテンを開けられなかったこと。壁をつくってコーナー窓をなくし、外の視線を気にせずに暮らせるようにしました。

7年後、愛犬を見送り、子どもが自立してご夫婦2人暮らしになったのを機に、老後を考えたリフォームを行うことに。ご夫婦の寝室を分けて、それぞれが自分の時間を楽しむための空間を確保し、快適に暮らせる〝終の棲家〟になりました。

POINT

通りから丸見えの窓をなくしてプライバシー確保

アプローチに面した窓からリビングの様子が丸見えになるので、昼間もカーテンを閉めて過ごしていた。その部分の窓をなくして、安心して暮らせるように

【BEFORE】

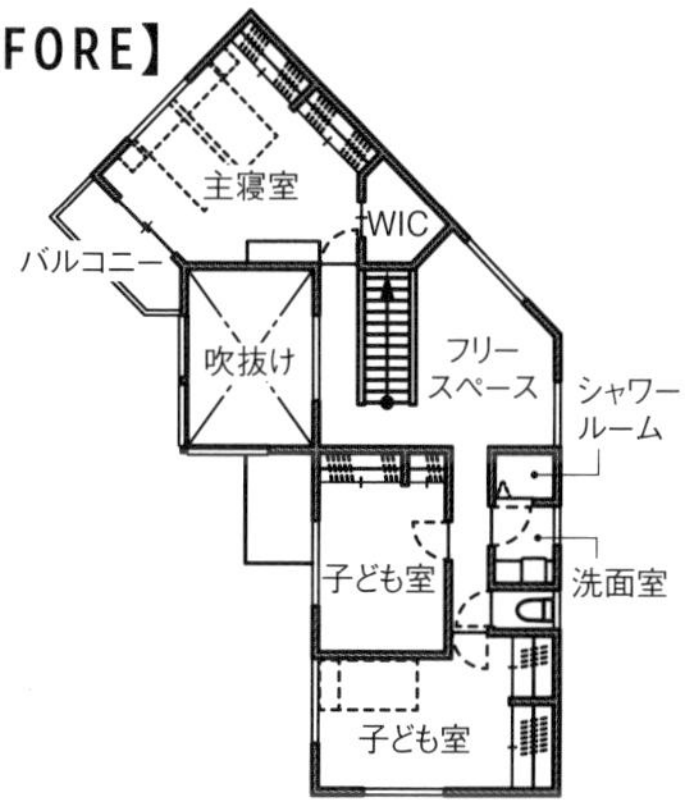

夫婦の寝室を夫の個室に変更

夫が仕事をリタイアして家で過ごす時間が増えたので、夫婦それぞれが「自分の居場所」を確保することに。夫婦の寝室だったところを、夫の書斎兼寝室に変更

【AFTER】

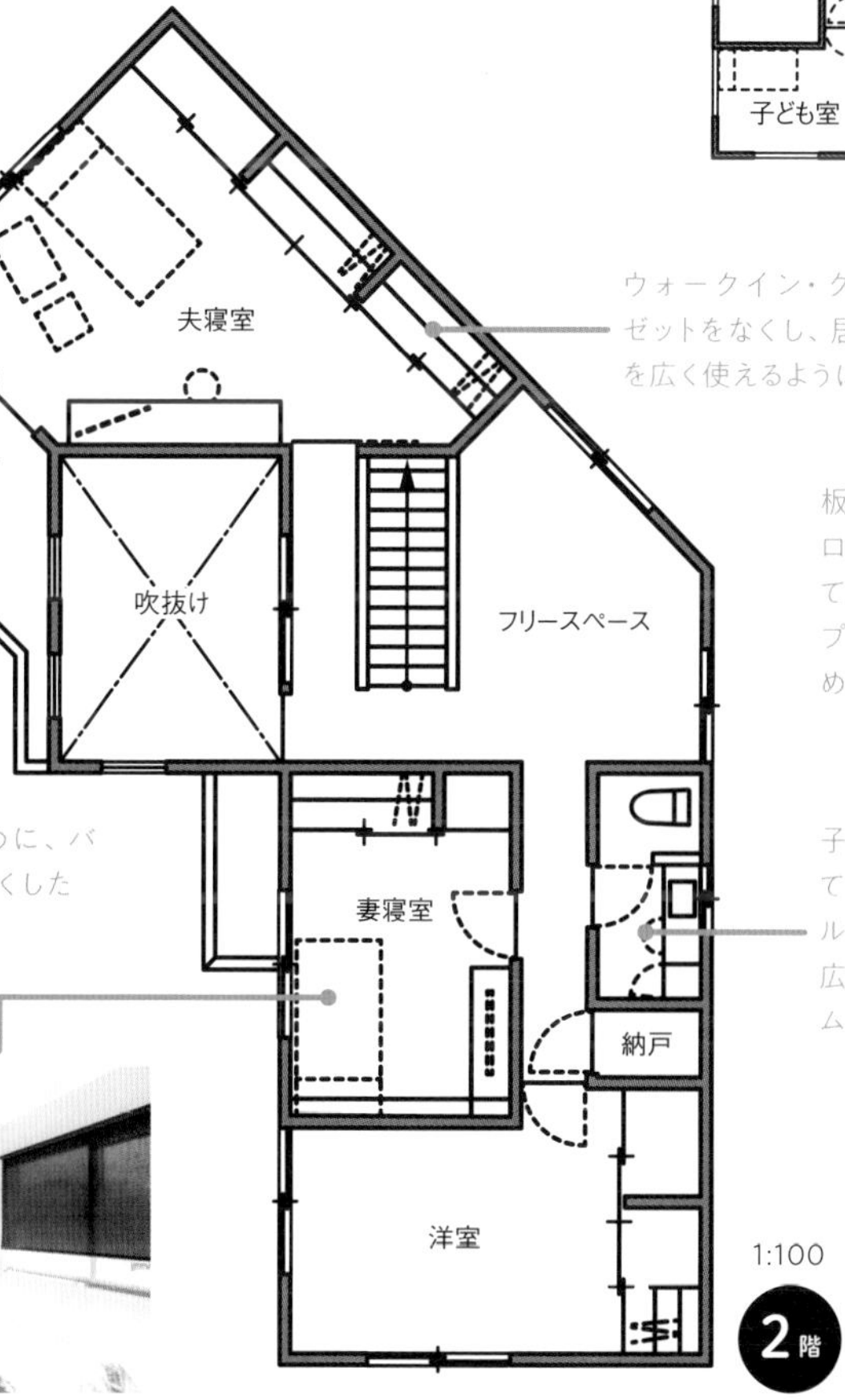

ウォークイン・クロゼットをなくし、居室を広く使えるように

板塀を玄関アプローチまで伸ばして庭を囲い込み、プライバシーを高めた

西日を遮るために、バルコニーを大きくした

子どもたちが使っていたシャワールームをなくし、広いパウダールームに

空いた子ども部屋を妻の個室に

子どもが独立して空いた子ども部屋を、妻の寝室に。パウダールームがすぐそばにあるので、身支度がしやすい

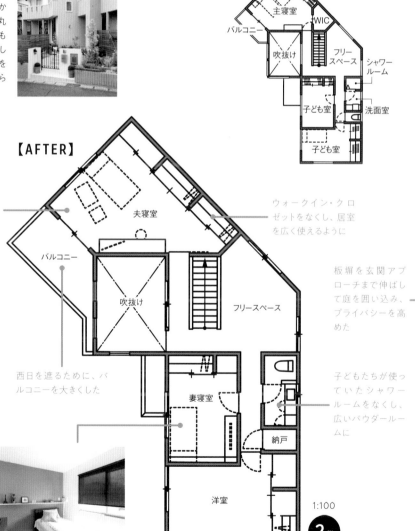

リフォーム

趣味と緑を楽しむ大胆リフォーム

POINT

メイン玄関の位置を変えアプローチを設けた

以前は通りに面していた玄関の位置を移動。アプローチを設けて、塀を左右互い違いに立て、玄関ドアが見えないようにした。ルーバーと植栽で柔らかい印象に

【BEFORE】

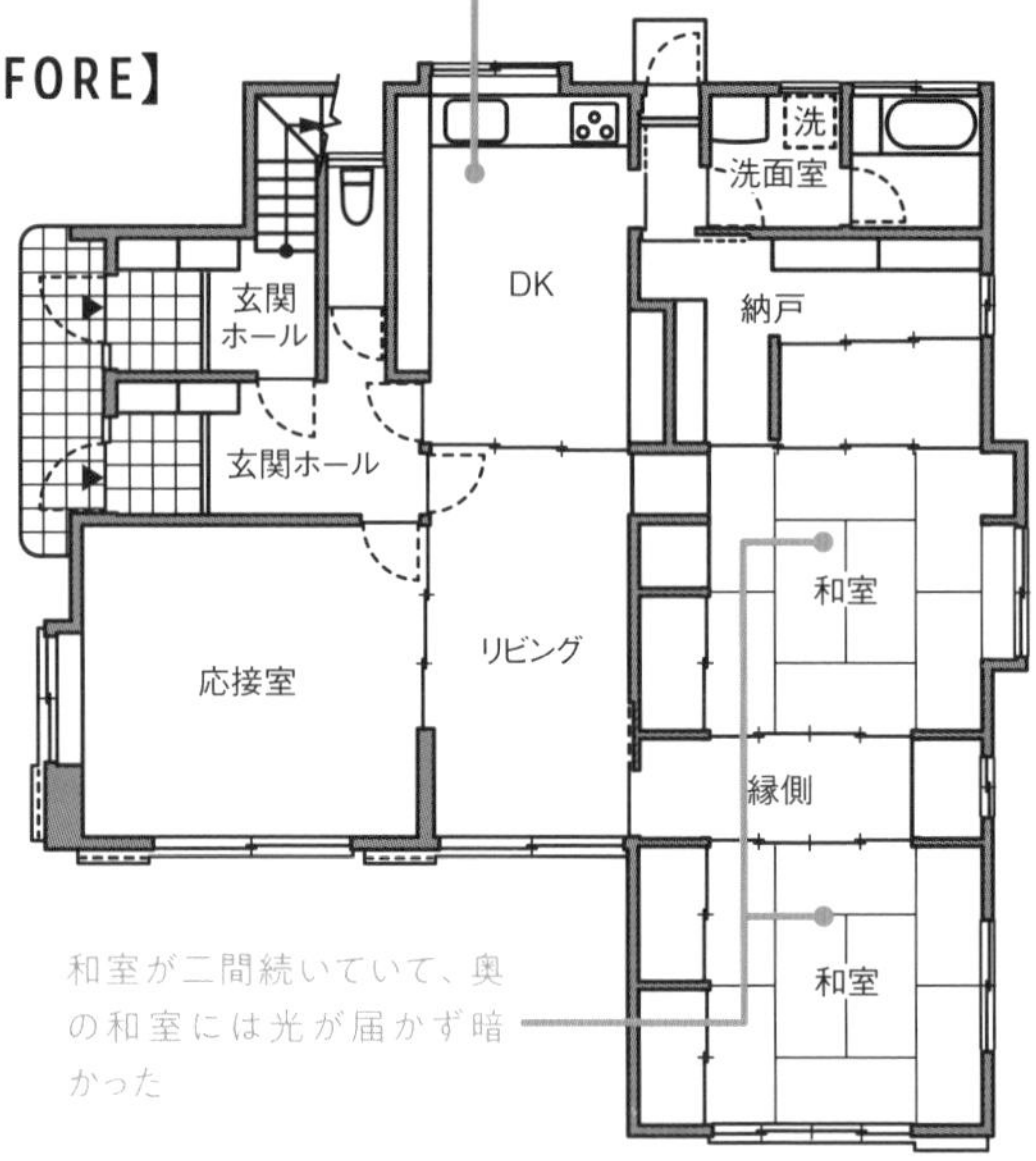

キッチンはダイニングと一体型。壁に向かって作業するくらい空間だった

和室が二間続いていて、奥の和室には光が届かず暗かった

和室の壁を取り払ってひと続きのLDに

2間続きの和室をオープンにして、リビング・ダイニングに。和室の壁を取り払ったことで、光が奥まで入るようになった

ウッドデッキを板塀で囲いLDの一部に

リビングの床と同じ高さに合わせたウッドデッキ。高めの塀で囲い込むことで、リビングとの一体感が出て広く感じられる

家族構成
夫婦
リフォーム面積
1階 122.93㎡

二世帯住宅の2階に住んでいた60代のご夫婦が、両親を見送ったのを機に、娘さん夫婦と同居することに。2人が1階で暮らすためのリフォームを行いました。まずは、通りに直接面していた玄関の位置を変更。アプローチを塀と枕木で蛇行させ、玄関まで誘導し、通りからドアが見えないように計画しました。

二間続きの和室は、広いLDKに変更。東側に窓を設け、リビングの天井を小屋裏まで上げて明るくしました。

リビングの床と同じ高さのウッドデッキを高めの板塀で囲い込むことで、空間を広く感じさせます。この塀を隣家の窓より高くして、プライバシーに配慮しました。

玄関を移動したことで空いたスペースは、妻がポーセリンアートを楽しむためのアトリエに。リビングの一角には、夫のワーキングスペースを設けています。

【AFTER】

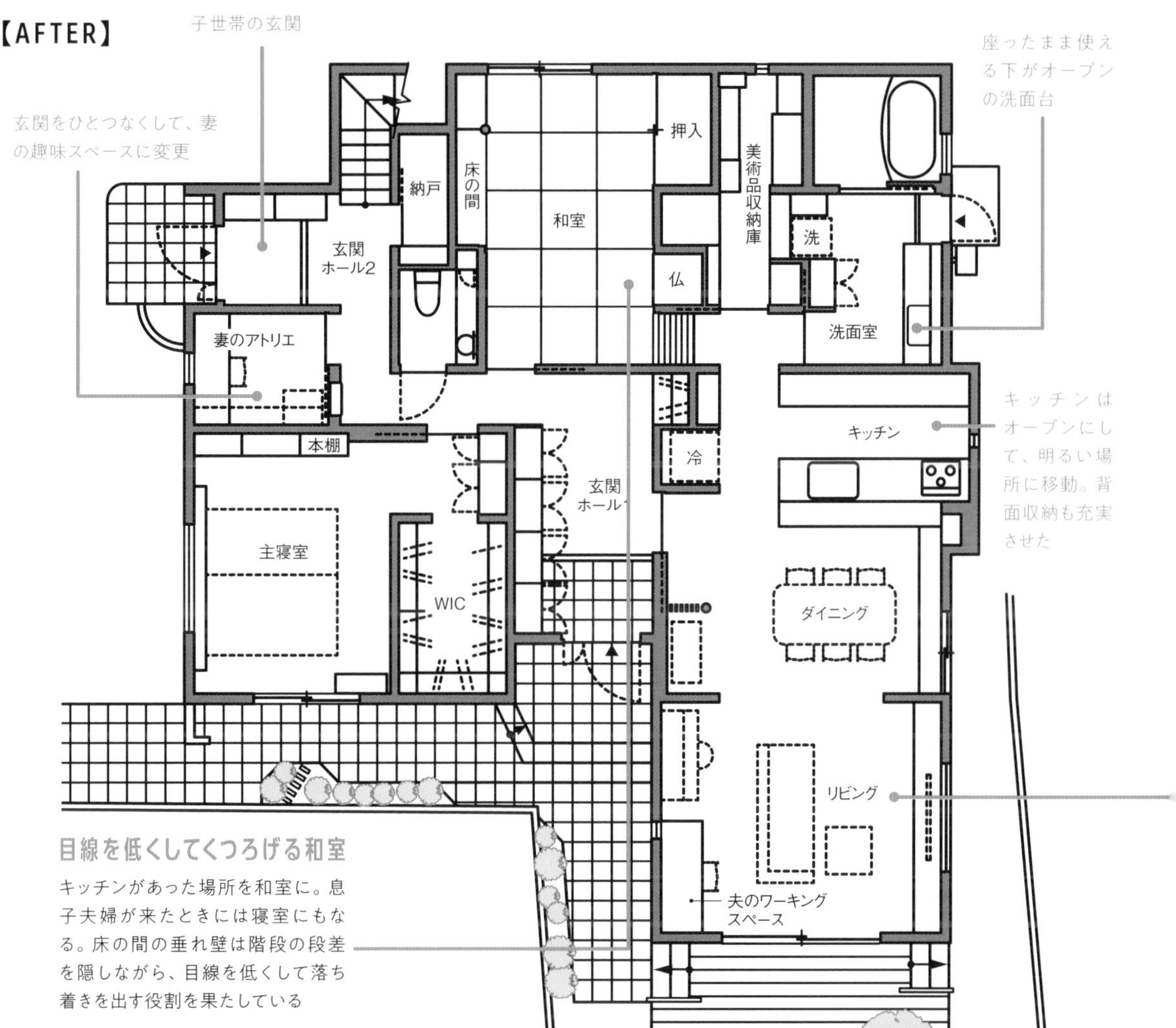

目線を低くしてくつろげる和室

キッチンがあった場所を和室に。息子夫婦が来たときには寝室にもなる。床の間の垂れ壁は階段の段差を隠しながら、目線を低くして落ち着きを出す役割を果たしている

リフォーム

家事ラク

ゆったりLDで愛犬ものびのび暮らせる家

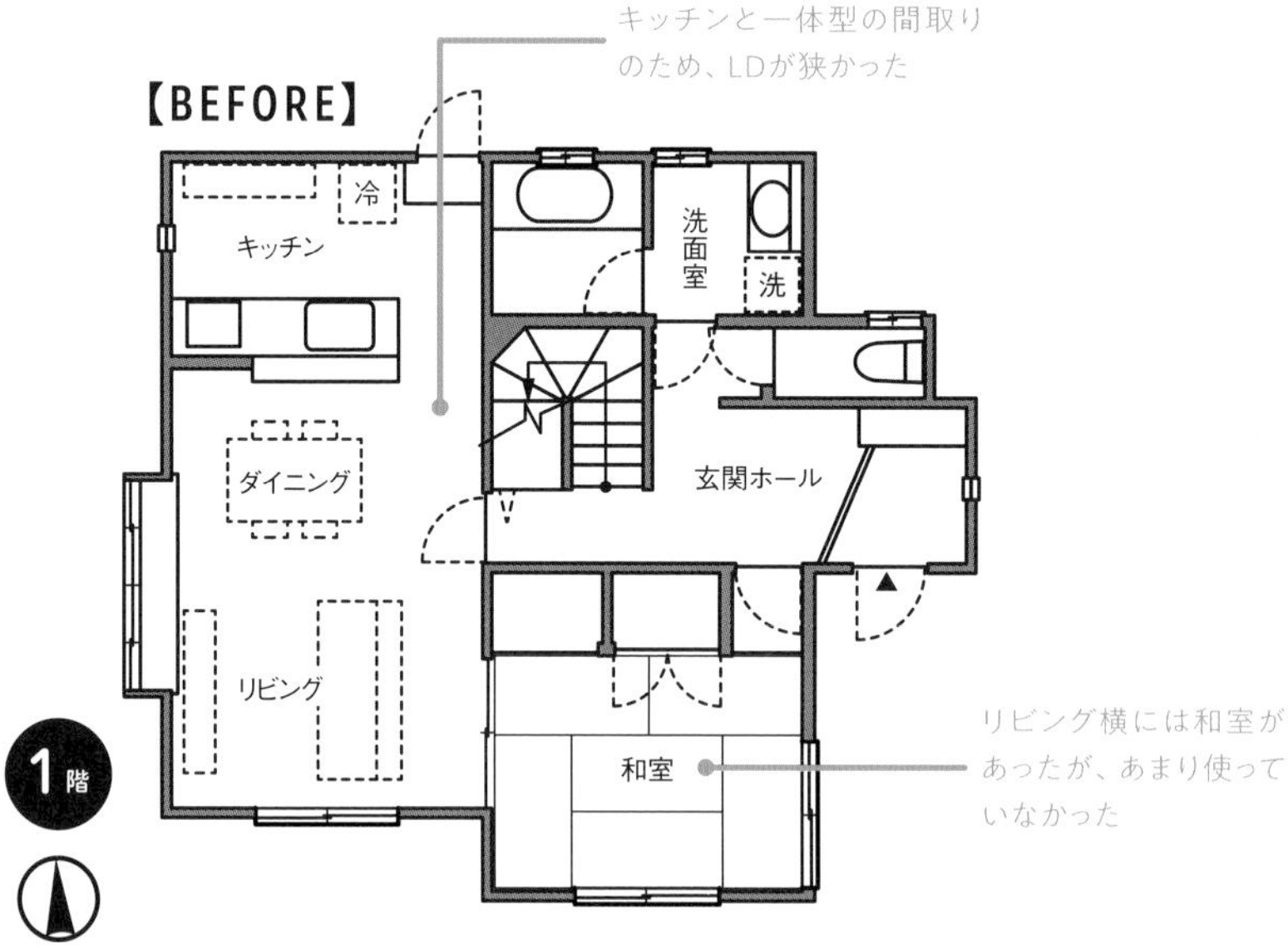
【BEFORE】
キッチンと一体型の間取りのため、LDが狭かった
冷
キッチン
洗面室
洗
ダイニング
玄関ホール
リビング
和室
リビング横には和室があったが、あまり使っていなかった
1階

40代のご夫婦が2頭の愛犬と一緒に暮らす、築16年のツーバイフォー住宅。人と犬の両方が快適に、健やかに、ストレスなく暮らせる住まいへのリフォームを提案しました。

まずはLDを広く使うために、思い切ってキッチンを移動。あまり使っていなかった6畳の和室と押入れのあった場所をキッチンに変更しました。LDは広く、くつろげる空間になり、キッチンにも大容量の収納を設置して機能的に。和室とリビングの間にあった壁は撤去し、スリットのあるルーバーで、明るさを確保しながらゆるやかに仕切りました。

床材は、犬の足が滑りにくく、汚れも付きにくいものに変更。ドアは引き戸に変更し、玄関ホールからキッチン→ダイニング→玄関ホールと、回遊できるので、犬たちも快適に過ごせます。

家族構成
夫婦
リフォーム面積
90.87㎡

ダイニングの棚の一部を犬の水飲み場に

キッチンとダイニングの間仕切りの棚の一部を、犬の水飲み場に。皿を蹴飛ばしてこぼすことがなくなった。左側は、犬のおもちゃの指定席

下足入れに窓を組み込んで明るさを確保

玄関の下足入に、窓を組み込んで玄関に明るさを採り入れた。愛犬の散歩のときに使うリードなどを収納できるスペースも設けた

【AFTER】

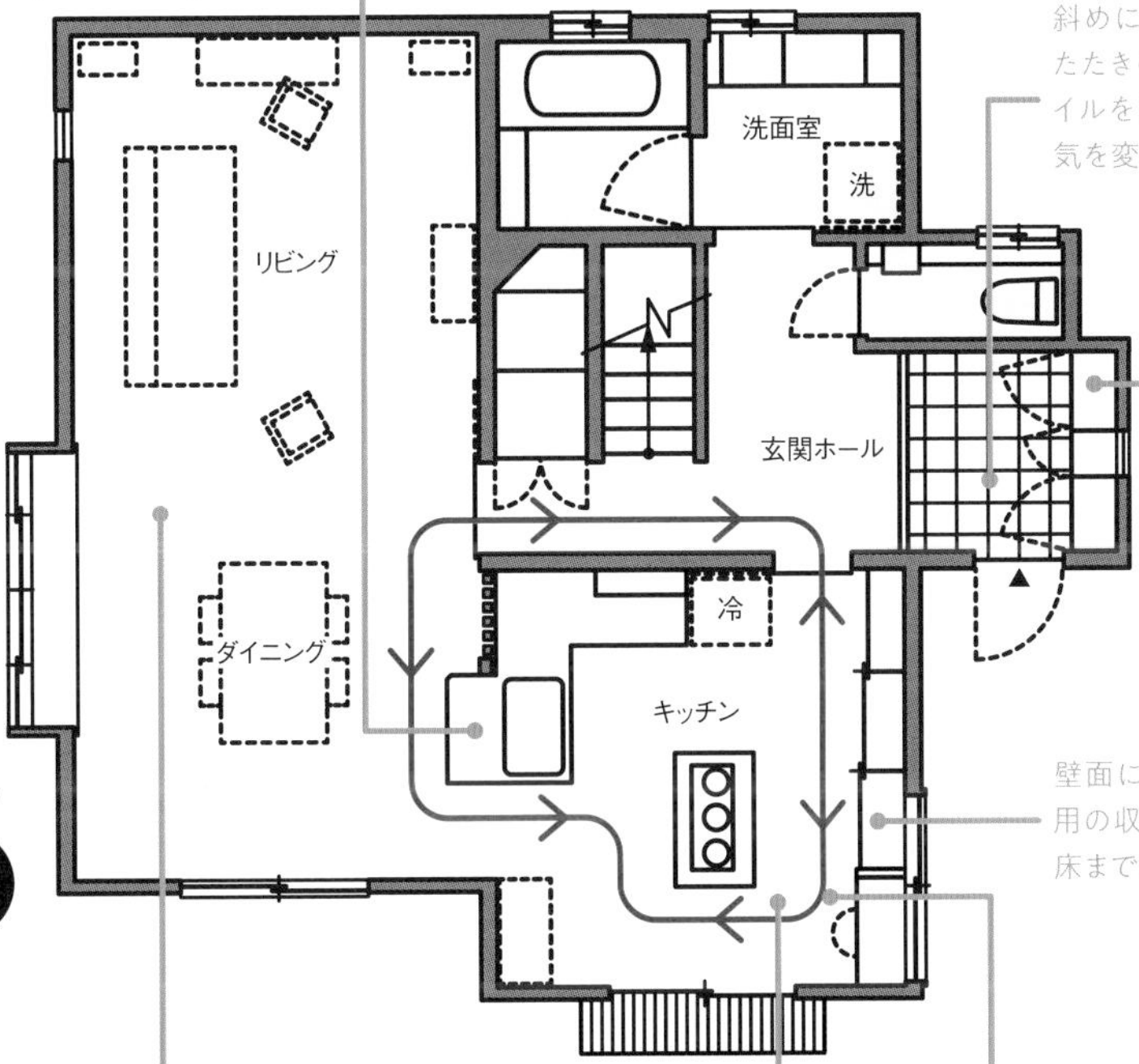

1:100

1階

斜めに区切られていたたたきはまっすぐに。タイルを張り替えて雰囲気を変えた

壁面には食器や食品ストック用の収納スペースを天井から床までいっぱいに設けた

L字型のシステムキッチンと、調理台を組み合わせたレイアウト

LDK→LDにして広々と使えるプランに

狭かったLDを広くするため、和室があった場所にキッチンを移動。犬も人もゆったりとくつろげるLDになった

POINT

玄関→キッチン→ダイニングの回遊動線に

玄関から、キッチン→ダイニング→玄関へと回遊できる間取り。ドアを開け放しておけば、愛犬たちも自由に歩き回ることができる

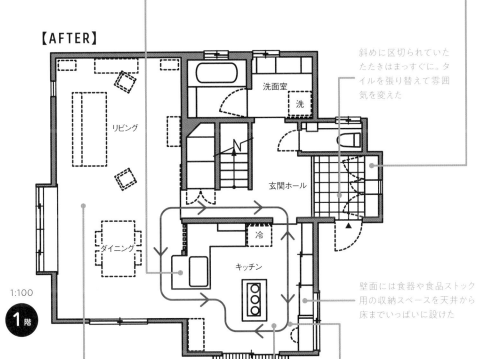

リフォーム

家事ラク

壁一面の本棚で、ゆったりとこれからの人生を楽しむ家

【BEFORE】

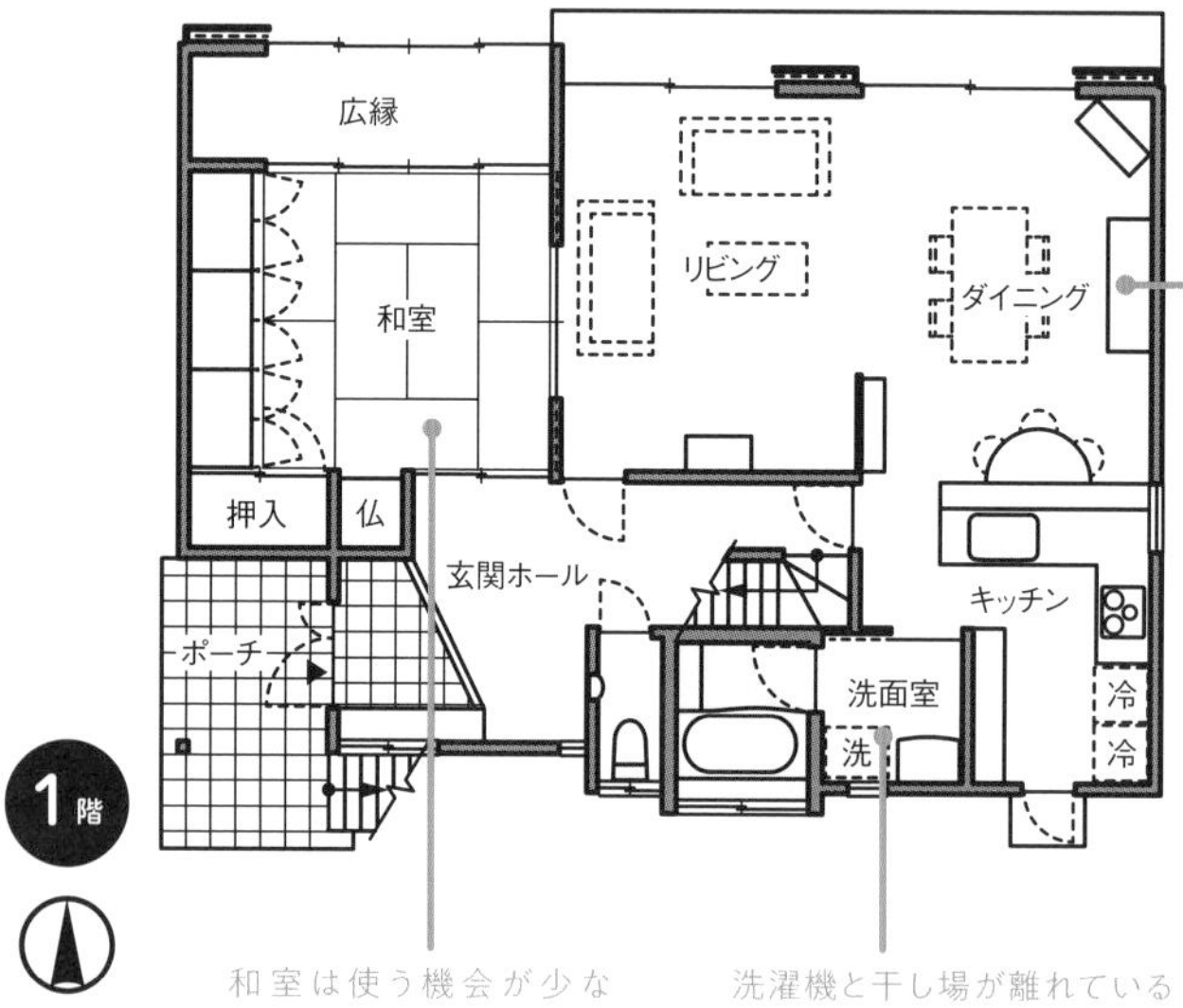

ダイニングに収納スペースが足りないので、片づけに苦労していた

和室は使う機会が少なく、納戸として使っていた

洗濯機と干し場が離れているため、洗濯動線が長かった

シニア世代には「時間ができたら読み返したい」と、たくさんの本を持っている方も多いようです。リフォームでは、「大きな本棚が欲しい」という要望がよくあります。

この60代のご夫婦も「リビングに壁一面の本棚をつくりたい」という希望でした。妻は、子ども向けの私設図書館を開くほどの本好き。夫は仕事のリタイア間近で、これからは家にいる時間が長くなります。動線を見直して効率的な間取りにすると同時に、それぞれのスペースをつくって自分時間を楽しめるようなプランを考えました。

大きな変更は、2階にあった寝室を1階に移動したことと、洗濯用のサンルームをつくったことです。階段の上り下りが減って衣類動線が短くなり、暮らしやすくなりました。

家族構成
夫婦
リフォーム面積
1階 52.17㎡

寝室を1階に移し 夫のワーキングスペースを併設

使う機会が少なかった1階の和室を、夫婦の寝室に変更。寝室を2階から1階に移したことで、1階だけで生活ができるように。寝室の隣の、庭の見える場所に夫のワーキングスペースも設置

充分な収納を備えた ダイニング

ダイニングの壁一面と、キッチンとの境にカウンター収納を設置。散らかりがちなものがすべて収まった。背が低いカウンターなので圧迫感がない。妻のスペースもこの一角に

POINT

リビングの壁面いっぱいに棚を設置して、大量の本を収納。いつでも眺めたり、手に取ることができる

サンルームを設置して 洗濯機を移動

窓の外側に洗濯用のサンルームを設置。乾いた洗濯物は、寝室にあるクロゼットに収納するので、「洗う→干す→しまう」の作業が一カ所でできるようになった

【AFTER】

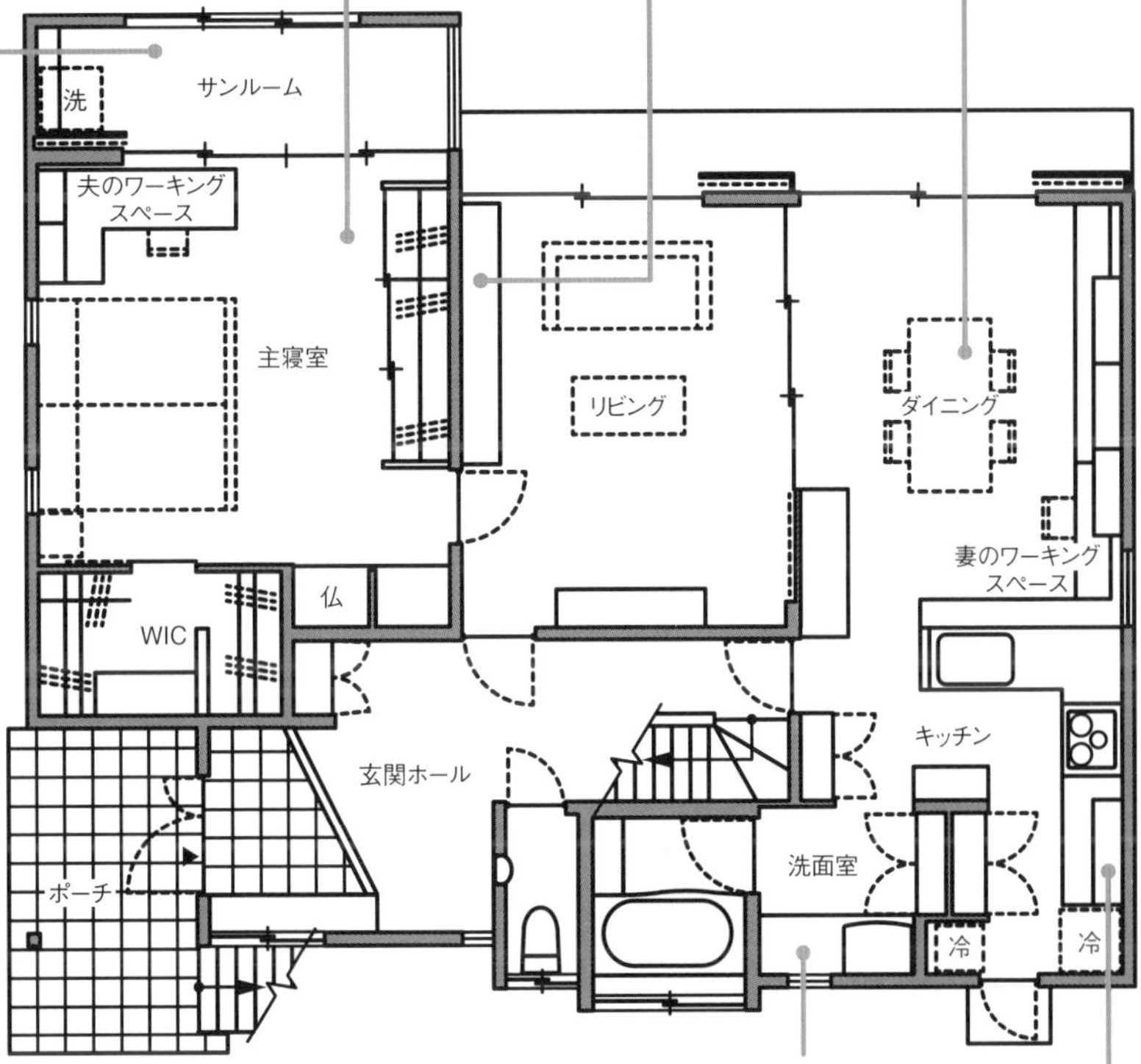

1:115

1階

洗面室から洗濯機を撤去しゆとりある空間に

吊り戸をなくして 開放感あるキッチンに

キッチンは吊り戸があるセミクローズドタイプだったので、光が入りにくく、薄暗い空間だった。吊り戸をなくしてオープンにしたことで、明るく、家族の顔が見えるキッチンに

くつろぎたい親世帯は2階、効率重視の子世帯は1階に

【BEFORE】

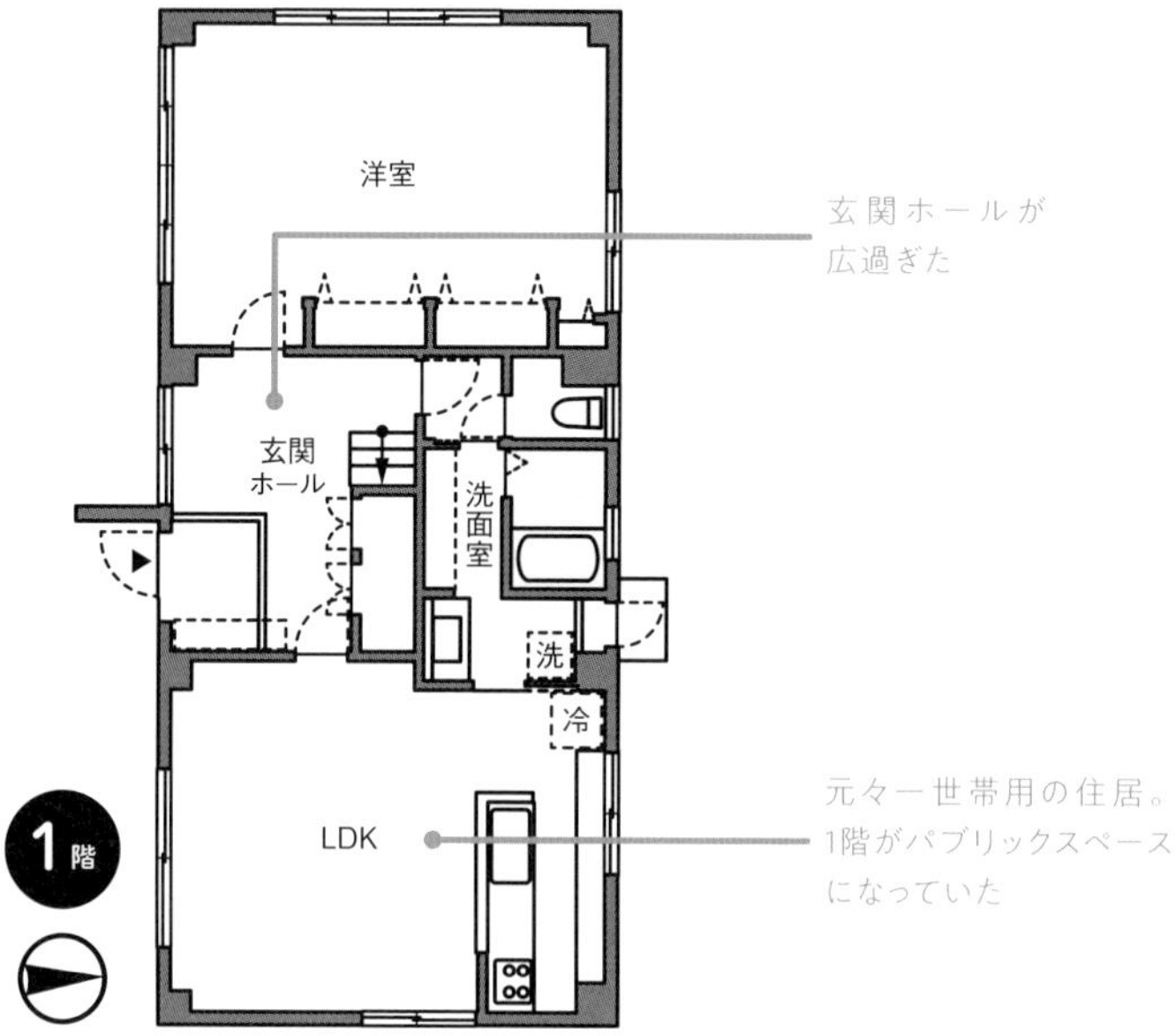

60代のご夫婦は、近くに住んでいた娘家族に子どもが生まれたのを機に、同居することに。それまでお二人で住んでいた家を二世帯にするためのリフォームを計画しました。

1階が子世帯、2階が親世帯（P.110〜）の住居です。玄関はひとつですが、それぞれの世帯に充分な玄関収納を設けています。この先子どもが成長し、アウトドアの用具が増えることも考えて、大きなシューズクロークもつくりました。

仕事で忙しい娘さん夫婦の、子育てや家事の負担を軽くするため、適所に収納を充実させ、寝室から水回りに行けるホテル動線にしています。

浴室を含めた水回りは2階にも設けているので、親世帯と子世帯がそれぞれの生活リズムで、気兼ねなく暮らすことができます。

家族構成
夫婦＋子ども世帯

リフォーム面積
1階 86.95㎡
2階 92.75㎡

スタディーカウンターを備えたリビング

リビングの一角に設けたスタディーカウンター。キッチンに立っている人からも子どもの様子が見えるし、2人並んで座ることもできる

リビングの床と同じ高さで続くウッドデッキ。夏は庭も使って二世帯でバーベキューを楽しむ

【AFTER】

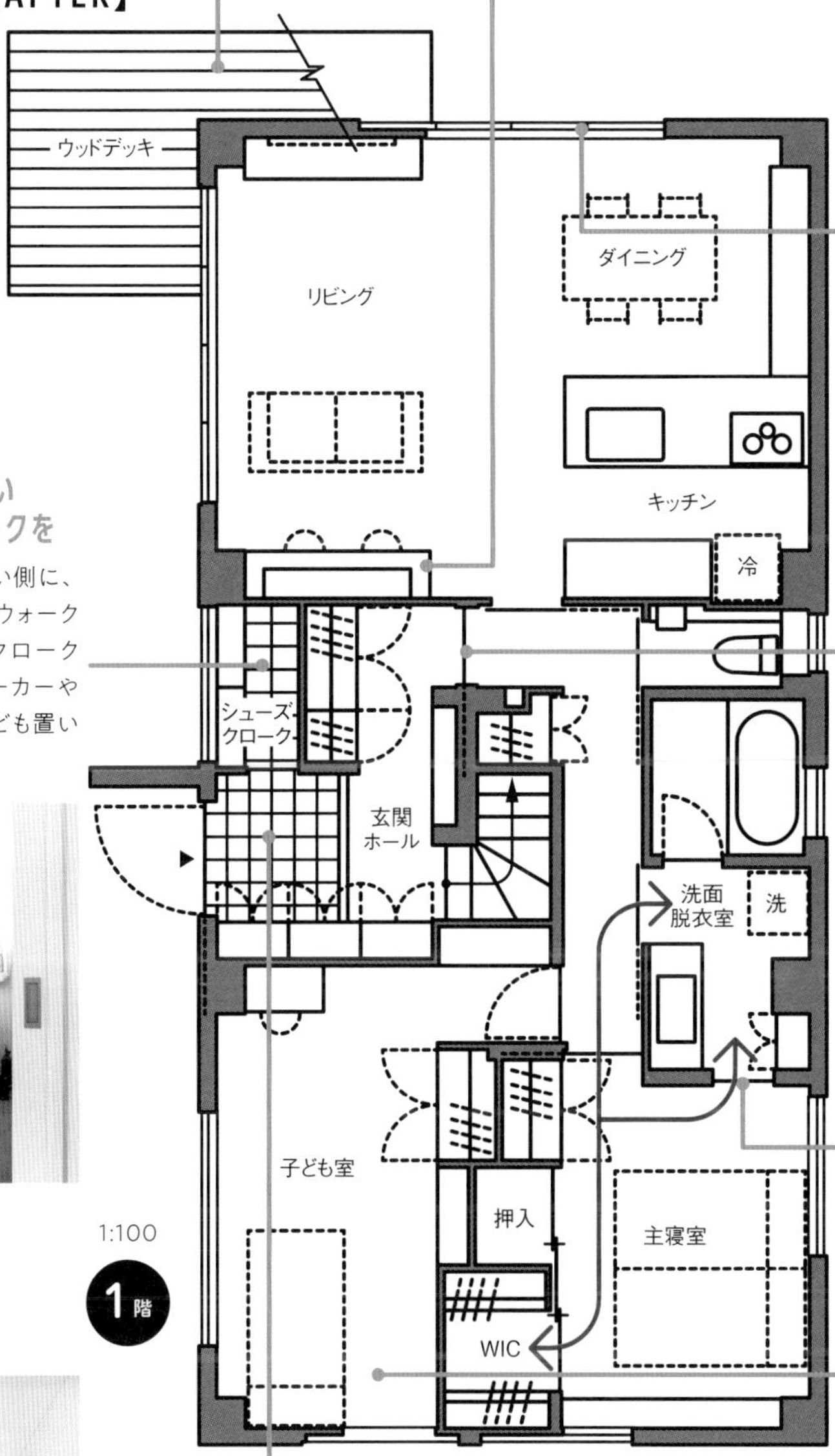

キッチンにいるときも、リビングに座っているときも、庭が目に入る

子世帯の入り口の引き戸は、鍵をかけることもできる

寝室からすぐ洗面室に行けるホテル動線

子世帯用に広いシューズクロークを

下足入れの向かい側に、子世帯のためのウォークインのシューズクロークを設けた。ベビーカーや外遊びの道具なども置いておける

共有の玄関には、二世帯分の充実した収納を設けた

二世帯で玄関がひとつの場合は、玄関にたっぷりの収納が必要になる。大容量の下足入れと、それぞれの世帯用のコートクロークを設けた

子どもの成長に合わせ可変する個室

今は遊び場として使っているが、学童期にはベッドや机を入れる予定。大きな窓には防犯のためシャッターも設置した

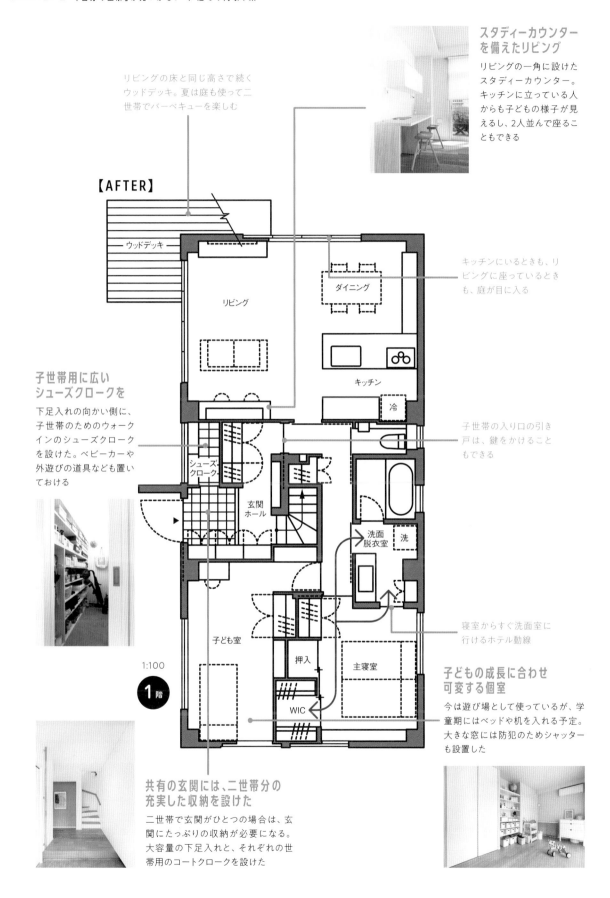

富士山の眺望を重視して 2階のLDは西側に配置

【BEFORE】

西側の窓から富士山が眺められるが、居室からは障子を開けなければ見られなかった

いちばん眺望のいい場所が客間のために、あまり使われていなかった

個室の出入り口が階段の降り口と重なっていたために不安があった

家で過ごす時間が長い人にはLDからの眺望の良さが重要になります。通常は1階にすることが多い親世帯を2階にしたのは、リタイアしたご夫婦が、いつでも窓から富士山を眺められるようにという意図からです。以前は眺望のいい場所が客間になっていて、さらに障子を開けないと外の景色を見られませんでした。

リフォームにより、LDの西側に幅広い開口を設けて、カウンターを設置。コーヒーを飲みながら外を眺めることができます。

ご夫婦の寝室は分けましたが、クロゼットを通って行き来することが可能。和室は、離れて住む子どもたちの客室にもなります。

子世帯を1階にしたことで、音を気にせずに暮らせるという利点もあります。ご夫婦は60代とまだ若くお元気ですが、将来、階段の上り下りが大変になったときには、子世帯とフロアを入れ替えることも可能です。

富士山を臨む窓際にカウンターを設置

POINT

以前は和室の障子を開けないと外が見えなかったが、ここをLDにして、富士山のある西側に広いカウンターを設置。外を眺めながらお茶を飲めるコーナーができた

引き戸を開け放せば広々とした空間に

LDと和室は引き戸で仕切られているが、開け放せば広々としたワンルームのような空間になる。離れて住む子どもが来たときは、和室が客間になる

階段の入り口はガラス戸にして光を入れる

LDへの入り口はガラス戸にして、階段や廊下にも光を入れている。明るくするため、階段の上り下りを逆にしている

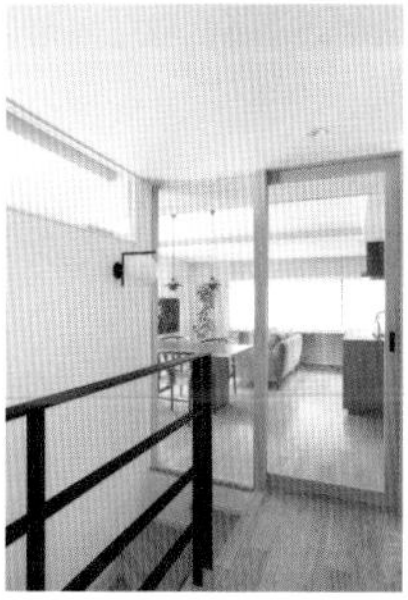

夫婦の寝室はWICでつながっている

夫婦の寝室は別なので、それぞれが自分の生活リズムで過ごすことができる。2つの寝室の間にあるウォークイン・クロゼットは、引き戸を開け放しておけば通路になる

【AFTER】

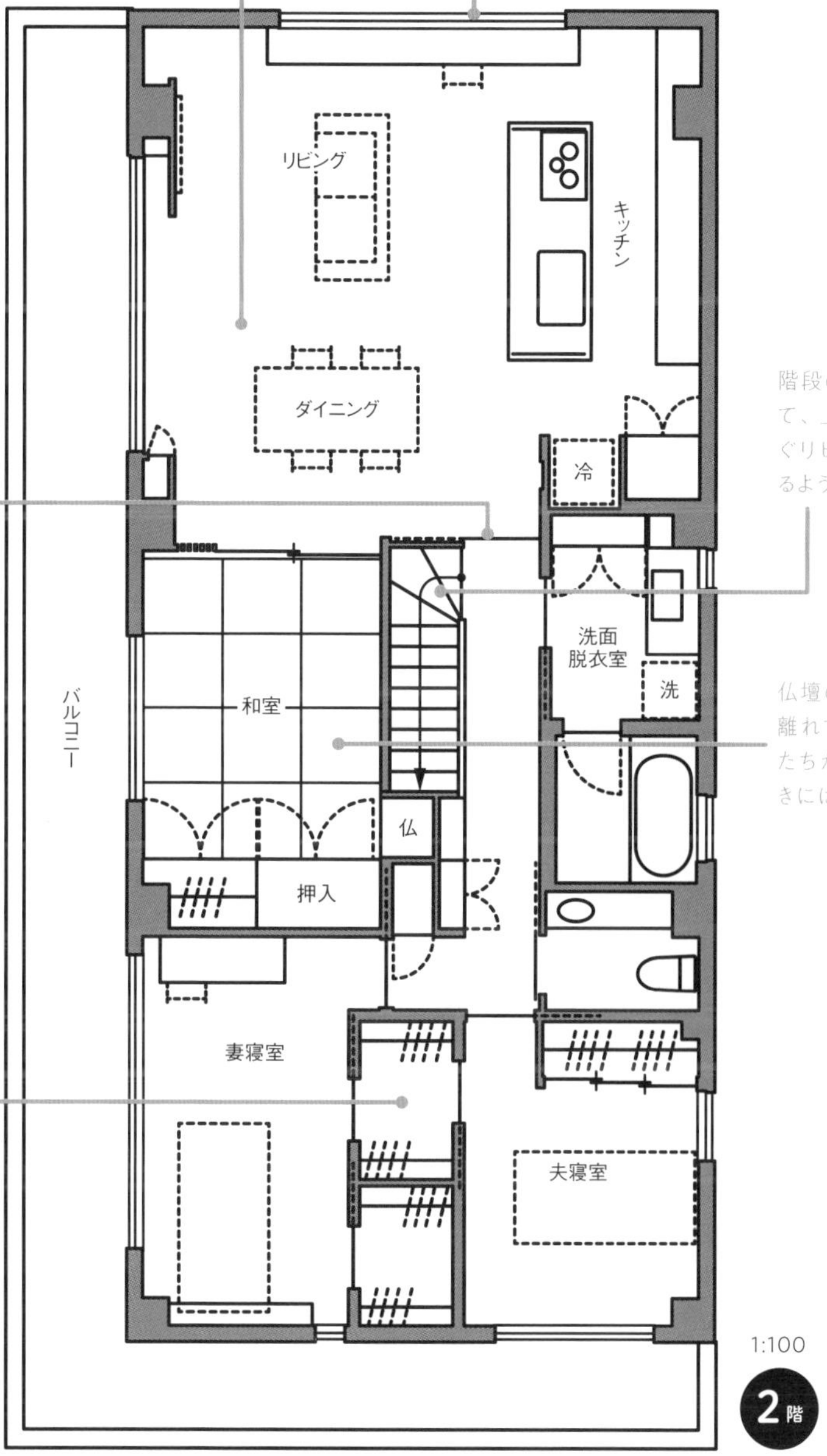

階段の向きを変えて、上がったらすぐリビングに行けるようにした

仏壇のある和室。離れて住む子どもたちが帰省したときには客室になる

浴室を共有にした省スペース二世帯住宅

同居型の二世帯住宅の2階に住んでいたご夫婦が、両親を見送ったのを機に、今度は自分たちが1階に住み、子世帯を2階に迎えることに。できるだけ生活を分離した二世帯にするための、フルリフォームを実行しました。

玄関がひとつの二世帯住宅では、玄関に充分な収納が必要です。二世帯分の下足入のほか、2階に上がる階段の前に子世帯のクロークを設けました。

あまり広さに余裕がないので、浴室だけ共有にしました。ただし、入り口を2つ設けたので、それぞれの脱衣室から浴室に入れます。それぞれの持ち物が入り混じることもなく、子世帯は2階からの動線も短くなります。浴室をひとつにすることで、居室のスペースが広くとれたうえに、予算も抑えることができました。

【BEFORE】

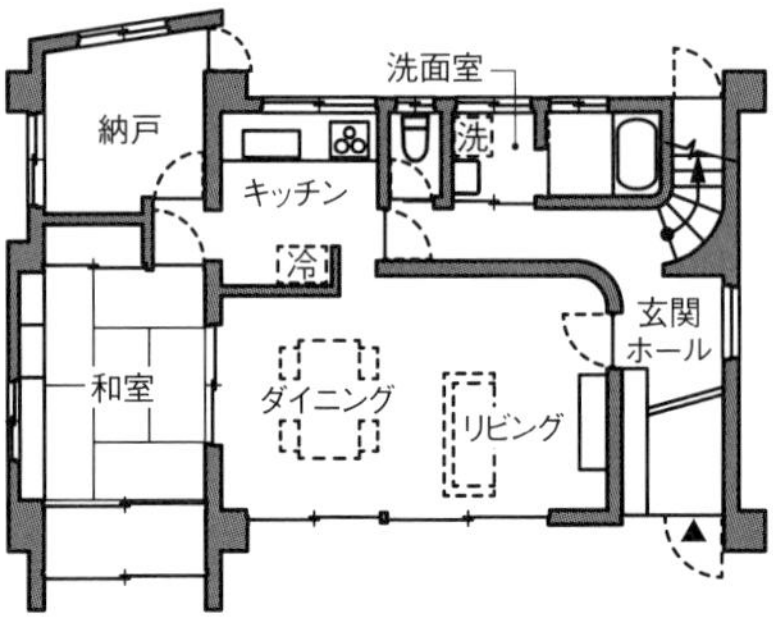

POINT

浴室は共有でも脱衣室は別

浴室は1階に設け、二世帯共有に。子世帯専用の脱衣室を設けることで、それぞれの世帯が気兼ねなく使え、持ちものも分けて収納できる

【AFTER】

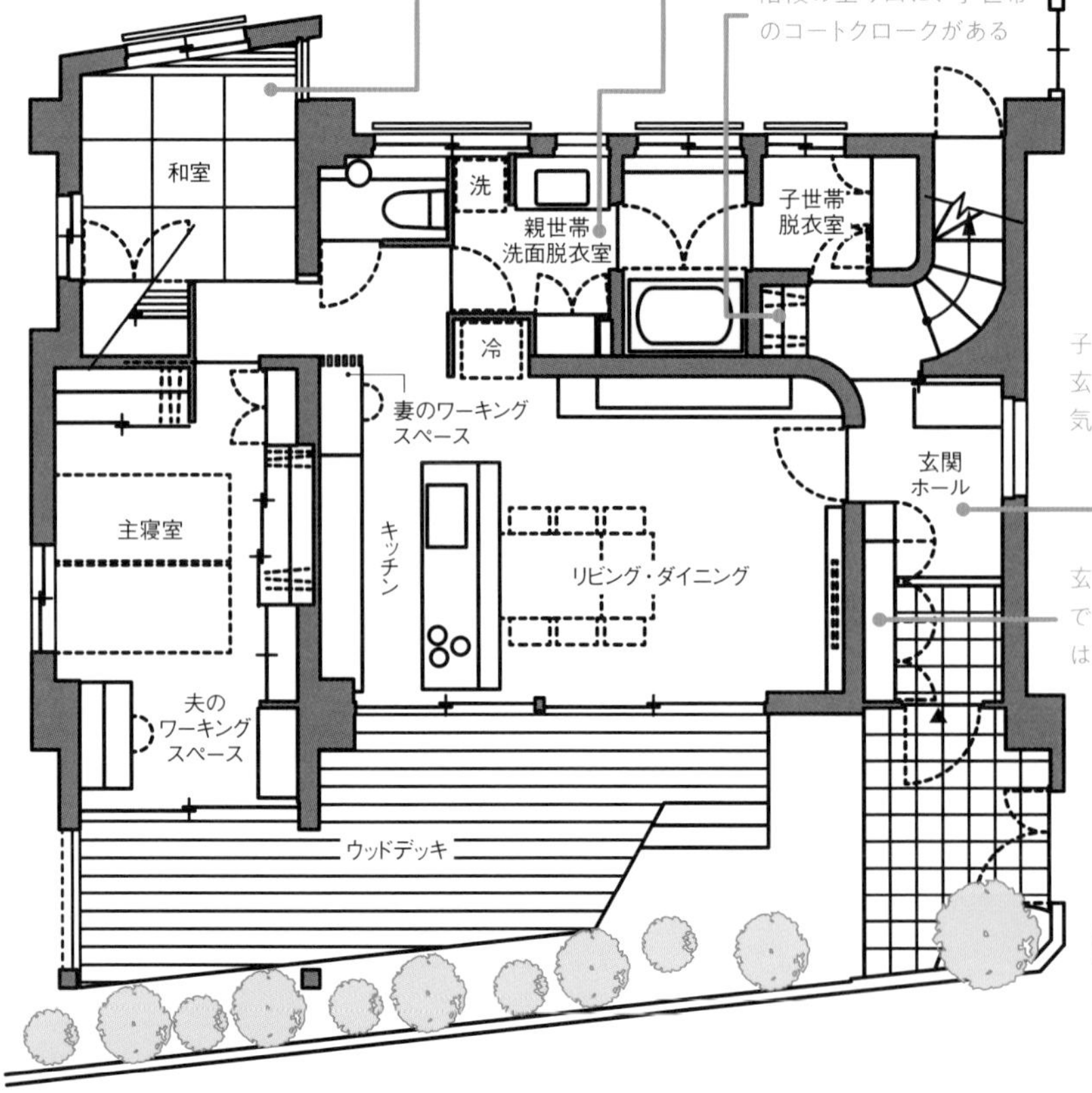
離れて暮らす娘が泊まりに来るときに使う和室
階段の上り口に、子世帯のコートクロークがある
子ども部屋の下は玄関なので、音が気にならない
玄関が共通なので、下足スペースはたっぷりと
1:115
1階

家族構成
夫婦+子ども世帯
リフォーム面積
1階 75.41㎡
2階 75.55㎡

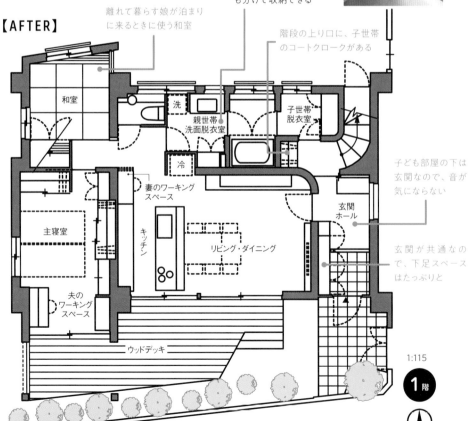

【BEFORE】

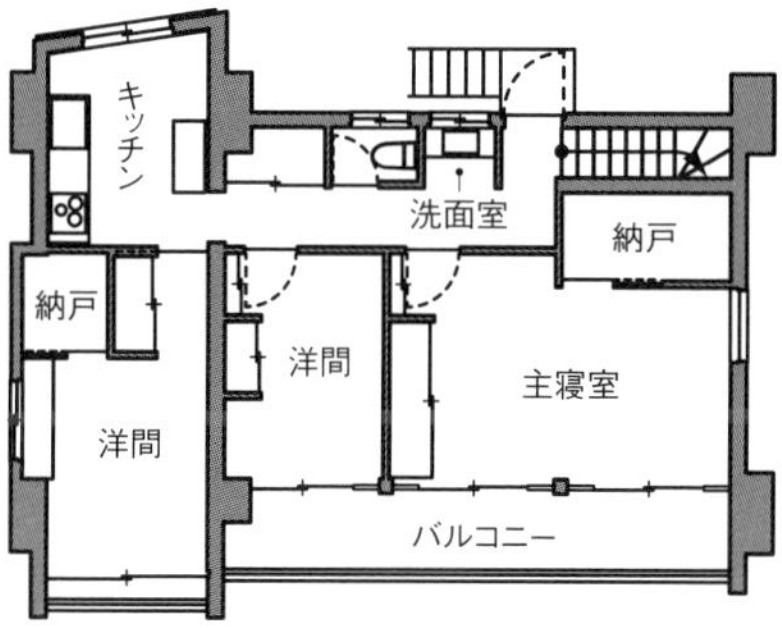

階段上のスペースを生かした子ども部屋

子ども部屋は、親世帯の寝室から離れた場所にすることで、気になる音の問題を回避。階段上のスペースなので、小上がりの部分はベンチとして活用し、将来はベッドにする予定

【AFTER】

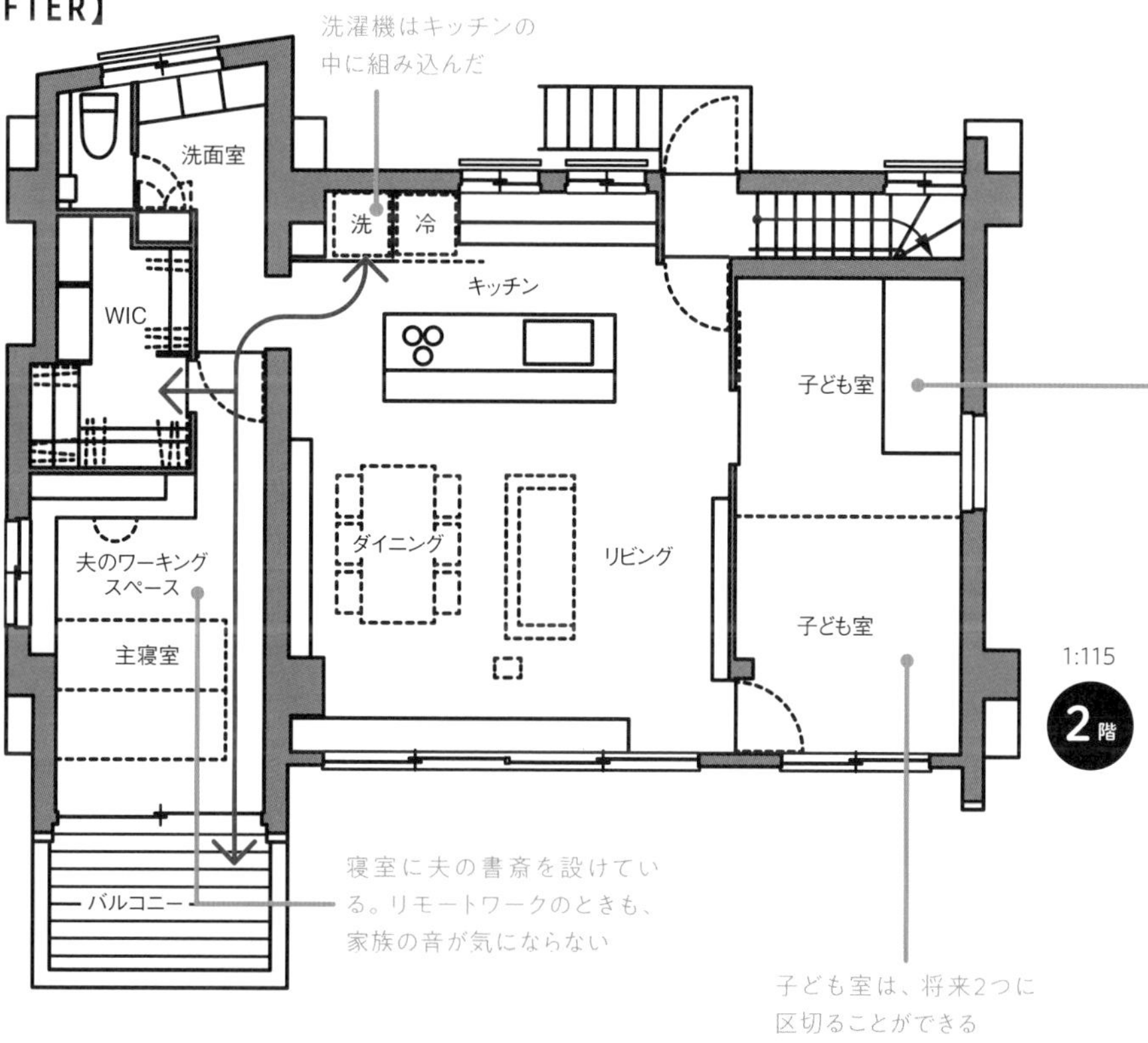

COLUMN 1

「LDKは1階が快適」とは限らない

LDKを1階にするか2階にするかは、敷地の状況と、住み手がどんな暮らしをしたいのかで判断します。平屋が建てられるくらいの敷地と予算があれば別ですが、住宅密集地でコンパクトな2階建てをつくる場合には、この最初の一歩が肝心です。

敷地状況から判断する場合は、光の入り方とLDに求める広さが決め手です。一日中明るいリビング・ダイニングにしたいなら、周りを家に囲まれていても光を採り入れやすいように、2階にもっていきます。屋根勾配を利用して天井を高くすれば、高窓からの光も採り込めますし、空も晴れ晴れと見えて解放感も増します。さらに、人や車が通る道路の喧騒や視界から距離がとれるので、プライバシー性も高まります。

また最近では、LDに子どものスタディカウンターや大人のワーキングスペース、家事コーナーを設けることが増えました。それらのスペースを確保するのであれば、LDは大きな空間をつくりやすい2階の方が有利です。

2階にLDKを設ける場合、寝室と浴室や洗面室といった水回りを1階にすると、プランはよりおさまりやすくなります。外出前や帰宅時、就寝前の身支度、いわゆる生活動線が1階にまとまり、合理的な間取りになります。

一方デメリットは、食料品などの重たい荷物を2階のキッチンまで運ばなければならないことや、ご近所の方に気軽に「上がってお茶でもどうぞ」と言いにくいこと、玄関で家族を迎えるのが難しいことでしょうか。

庭とのつながりも薄まるので、玄関までのアプローチを前庭にしたり、LDの前を広めのバルコニーにして緑を育てられるようにします。1階の庭の背の高い木が、2階のLDや他の部屋からも眺められる間取りにできれば成功です。

リビングが1階でも2階でも、階段は「蹴上」が200㎜を超えないよう、できるだけ傾斜を緩く設計するようにしています。

2階にリビングを設けた例。屋根勾配を利用し、天井を高くしている。プライバシー性が高いので、子育てもしやすい

CHAPTER

3

間取りだけじゃない！

快適な住まいにするための工夫

心身ともに満たされた暮らしをするためには
間取り図だけではわからない、
様々な工夫が必要です。
明るさや、暖かさ涼しさ、プライバシーの確保、
景観のよさなどを確保するための工夫も、
知っておきましょう。

光と風を採り込む

健康に、快適に暮らすためには、光や風を充分に採り込める家である必要があります。自然光がたっぷり入る明るい家は、冬も日差しを採り込んで暖かく、昼間に照明を使わずに過ごすことができます。風通しのいい家は、夏も涼しく過ごせます。

そのためには、「窓を南側に大きく設ければいい」「たくさん窓を設ければいい」と思われがちですが、そうとも言い切れません。季節や時間ごとの光の角度を考慮し、風の流れを考えながら、最適な場所に窓をつくる必要があります。さらに窓の計画をするときには、プライバシーの問題も大きく関わります（P.122〜参照）。

間取りとしては、部屋を細かく区切るよりもひとつの大きな部屋にするほうが、遮る壁がない分、光を広範囲に採り込むことができ、風も通しやすくなります。2階建てで1階に十分な採光が望めない場合には、吹き抜けをつくったり、LDKなどの日中過ごす場所を2階に配置する、などの解決方法があります。

勾配天井とハイサイドライトで奥まで陽が入る

自然光を採り入れるために重要なのは、窓の配置です。高い位置に窓をつくることで光を効率的に採り込むことができます。これを「ハイサイドライト（高窓）」といいます。高い角度から採光ができるので、家の奥まで広範囲に光を届けることができ、室内側からは視線が抜けるので、空間に広がりも生まれます。

高窓の大きなメリットは、通りからの視線が気になる都市部の住宅でも、プライバシーを守りながら採光ができることです。隣家の窓とお見合いにならないようにするときにも有効です。

また高窓の下に家具を置いたり収納をつくったりすることができて、壁面を有効に使えます。

高窓は、勾配天井と高相性です。天井に勾配があると、高窓から入ってきた光が天井に反射して、さらに部屋全体を明るくすることができるので効果的です。

角度をつけた天井が、ハイサイドライトの光を反射させて、部屋の奥まで明るくする

掃き出し窓の上に
ハイサイドライトを設けた例

大きな掃き出し窓の上にさらにハイサイドライトを設けることで、LDだけでなく奥にあるキッチンにも光を採り込むことができている。（間取り図はP.23参照）

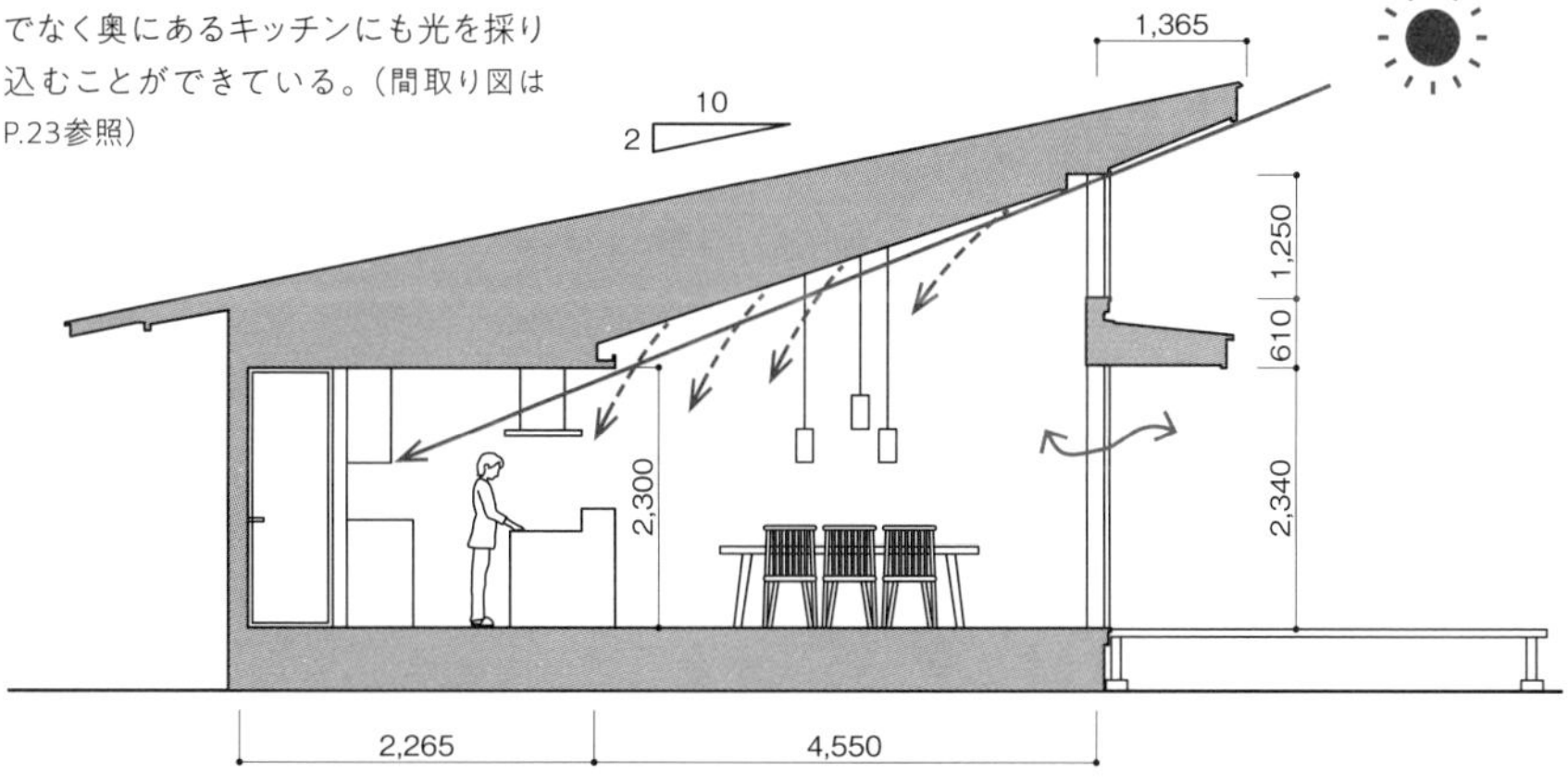

吹き抜けは1階を明るくし、家族とのつながりもつくる

ダイニングの上の部分の床を抜いて吹き抜けにしている。2階の窓からも光が差し込むので、1階は一日中明るい空間に

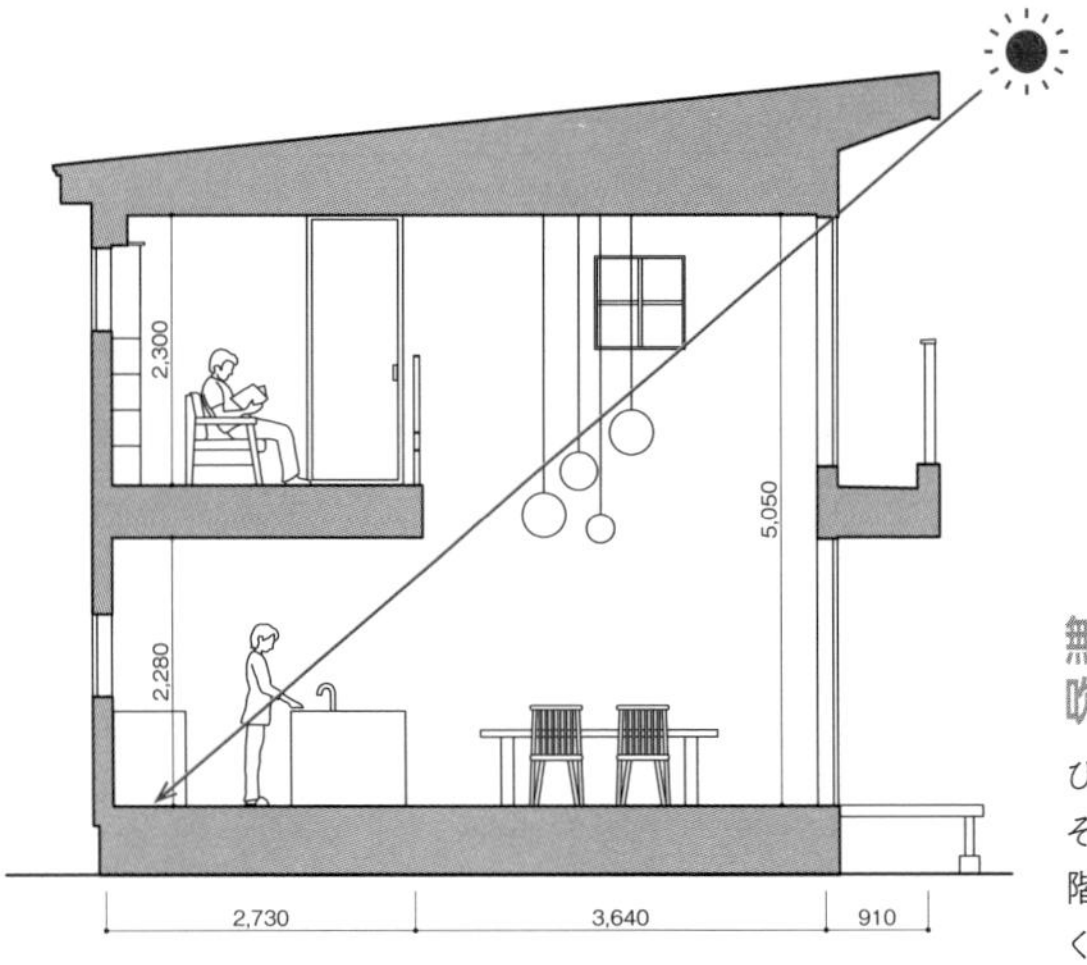

無駄な部屋を設けるよりも吹き抜けをつくって明るく

ひとり暮らしの住まい。部屋はそれほど多くは必要ないので、2階の一部を抜いて吹き抜けをつくった。（平面図はP.50～51参照）

隣の家と近接している家では、1階が暗くなりがちです。LDKなど明るくしたいスペースを1階に設ける場合に解決策となるのが、吹き抜けをつくることです。2階レベルの窓が高窓となり、1階に明るい光を採り入れることができます。

吹き抜けにはそれ以外にも様々なメリットがあります。開放感がある家になり、空間が広く見えること。1階と2階で空間のつながりができるので、パブリックとプライベートをつないで、家族のコミュニケーションに役立つことなどです。

ただし、吹き抜けをつくるには、家全体が均一な温度になるように、高気密・高断熱（P.135）の住宅であることが求められます。空気をより均一にしたり風を送りたい場合は、天井にファンを設置します。

暗くなりがちな場所は天窓から光を入れる

階段の上や、廊下、洗面室など、壁に窓がつくれず暗くなりがちな場所に有効なのが、天井の一部を窓にする「トップライト（天窓）」です。

トップライトは、壁にある窓の3倍の光を採り入れられるといわれ、小さくても思った以上の効果があります。ハイサイドライトと同様に、プライバシー性を保てるのも大きなメリットです。階段の上に設けると、1階まで光が差し込みます。

しかしトップライトは暑さやまぶしさの原因になることがあるので、断熱や遮熱機能の高いガラスを取りつけます。電動のシェードをつけて、採光を調節できるようにする方法もあります。もし開閉できる天窓にするのであれば、センサーをつけて、雨を感知したら自動で閉まるようにします。

廊下の両側に本棚を設けている。トップライトのおかげで明るくなり、本を探しやすい

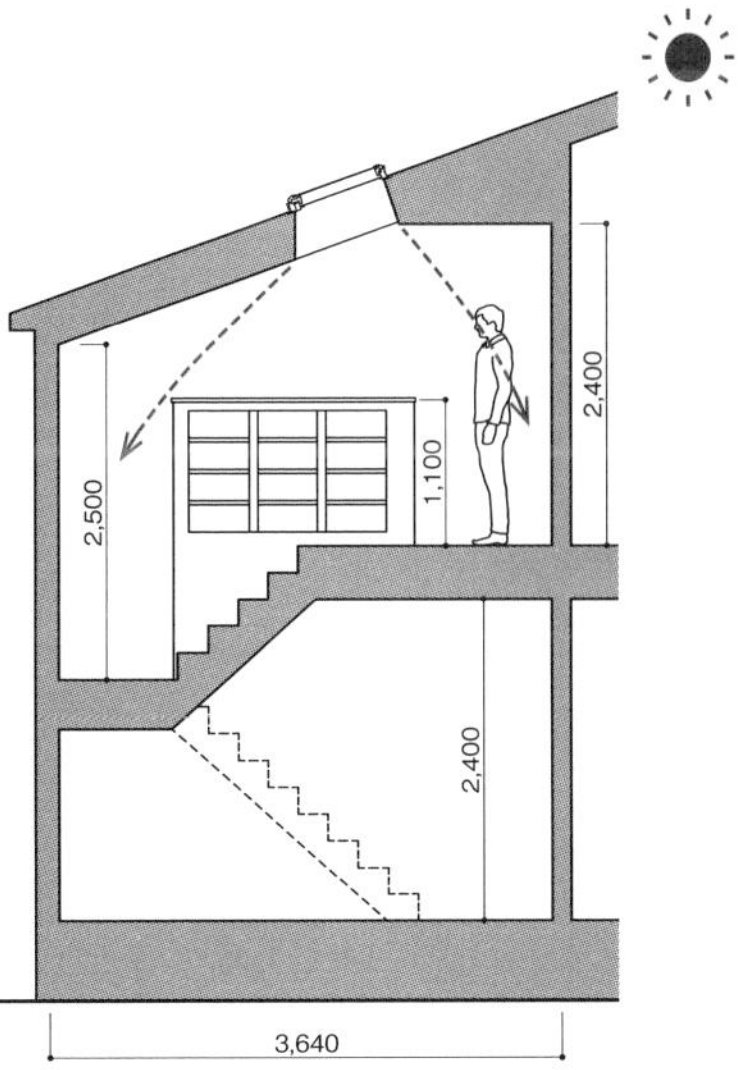

階段の上にトップライトを設けた例

トップライトからの光で一日中階段が明るく、上り下りの際も安心できる。

南向きより北向きの窓の方が一日中やわらかい光が入る

北向きのハイサイドライトから光を採るLDKだが、
一日中穏やかで安定した採光で過ごしやすい

リビングの北側に
ハイサイドライトを設けた例

道路と近隣の住宅に囲まれているため、南側に大きな窓をつくるのが難しい住宅。LDKの北側にハイサイドライトを設けることで、やわらかい光が一日中降り注ぐ。

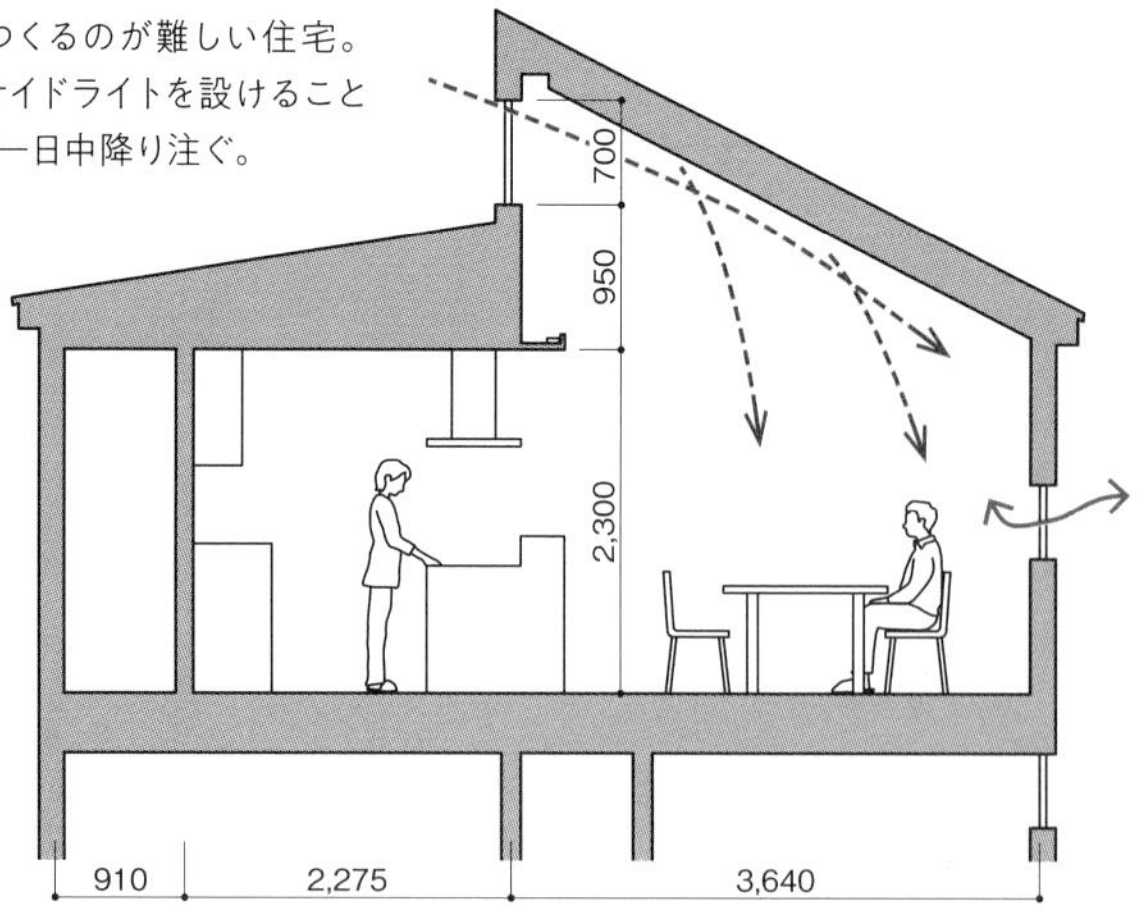

今まで日本では、「家は南向きがいい」という考え方が一般的でした。しかし温暖化が進んで、夏の暑さ対策が重要な今日、その常識は変わりつつあります。直射日光が入る南向きの窓は、太陽の動きにつれて光の角度が刻々と変わるため、カーテンやシェードで日差しを遮る必要があります。しかし北向きや東向きの窓なら、やわらかい均一な光を一日中採り込むことが可能です。

室温差の少ない高気密・高断熱の家では、リビングに北向きや東向きの光を採り入れることも増えてきました。まぶしい光ではなく、穏やかで安定した光が入る家は過ごしやすいものです。「窓は南向きに」という縛りがなくなると、プランの自由度も高まります。

北・東側に「低い窓」をつくると空気の流れが生まれる

LDの高い位置と低い位置に窓を設けた例

近接した隣家の窓とお見合いになるのを避けるため、高い位置と低い位置に窓を設けている。高い窓から光を採り込み、低い窓からは風を入れられる。

和室の低い位置に窓を設けた例

和室は座って過ごすので目線が低く、低い位置の窓とは相性がいい。低い窓から涼しい空気が入る。

低い位置に窓を設けることにも意味があります。冷たい空気は下の方にたまり、温かい空気は天井付近にたまります。低い位置に窓を設置することで、足元から入ってきた空気が室内で温められて上に舞い上がり、部屋の空気をかくはんする効果があるのです。

低い窓は、南側ではなく北側や東側に設けると、より涼しい空気を採り込めるので効果があります。

プライバシーの問題で大きな開口部を設けられないときや、湿気がたまりがちな洗面室などにも、低い位置の窓は有効です。高い窓と低い窓を両方設けることで、効率的に採光や通風をすることができます。

プライバシーを守る

「昼間でも家が薄暗い」という悩みの原因は、光が入りにくいというだけではありません。実は、せっかく大きな窓があっても「一日中カーテンを開けられない」という家も多いのです。カーテンを開けると、外から家の中が見えてしまったり、隣の家の窓と〝お見合い〟になってしまったり。なかには「レースのカーテンは閉めておくのが普通」と思っている人もいます。

でもカーテンを開け放して、外の緑を眺められるような住まいこそ、快適な住まいだと思いませんか。

そのためには、窓の配置に気をつける必要があります。道路に面した場所には大きな窓はつくらず、前述した高窓や天窓で光を採り込むようにします。また、敷地全体を壁で囲ったり、中庭をつくって、LDが中庭に面するような間取りにするのも解決方法です。

壁で囲い込み外からの視線を入れない

敷地に余裕がない場合は、敷地全体を高い外壁で囲ってしまうという方法があります。そうすれば外からの視線を気にせず中に窓を設けて、カーテンを開け放して過ごすことができます。

ただしその場合は、家の中に光や風を採り込む工夫が必要です。そのためバルコニーをつくったり、壁と家との隙間に植栽を配したりします。

高い壁を建てても、閉じ切らないで、部分的にルーバーの壁を使うのも良い方法です。外部とゆるやかなつながりができますし、そこから光や風を入れることもできます。

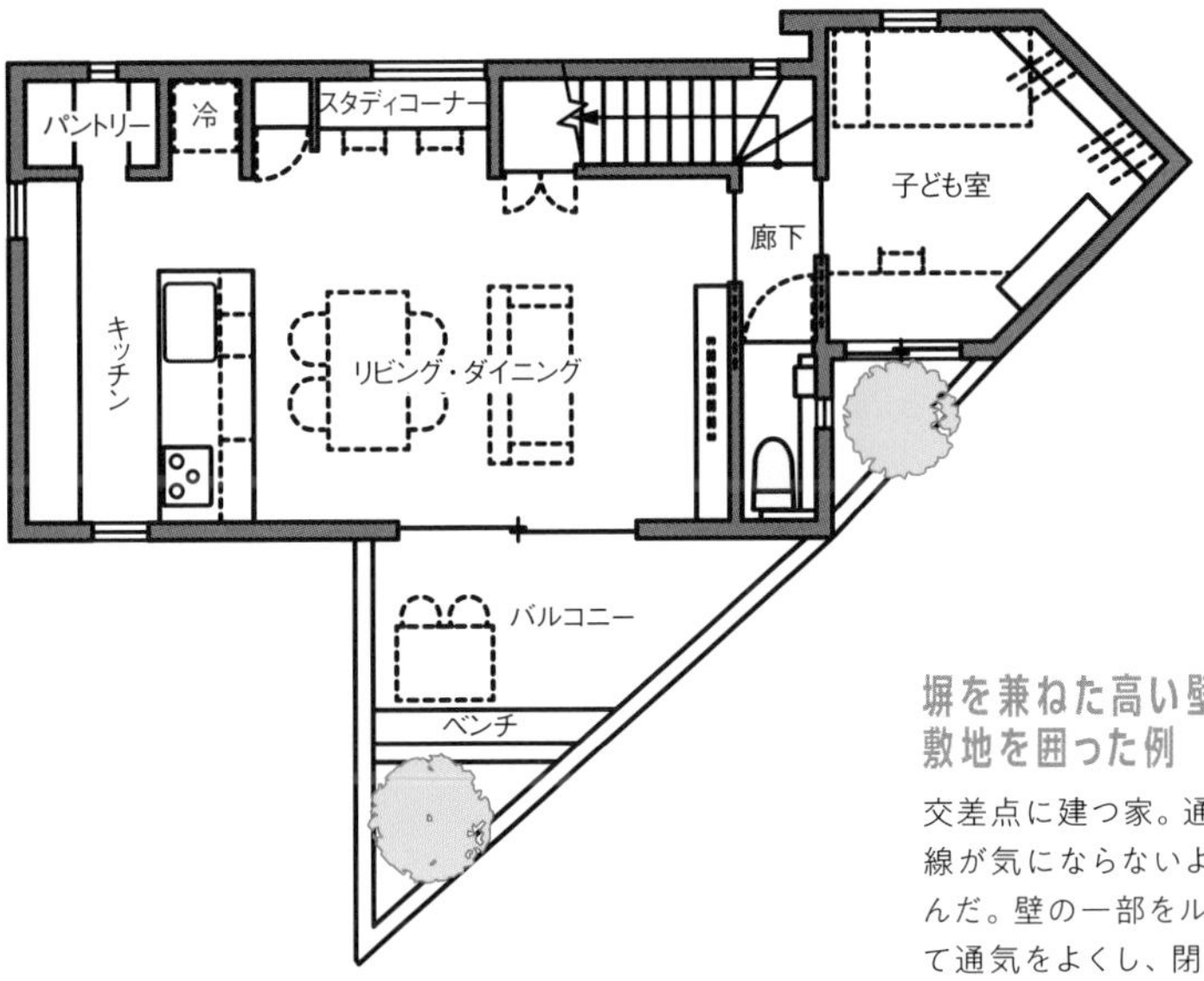

塀を兼ねた高い壁で敷地を囲った例

交差点に建つ家。通りからの視線が気にならないよう、壁で囲んだ。壁の一部をルーバーにして通気をよくし、閉塞感を抑えている。

2階のリビングの横にあるバルコニー。壁のおかげで、食事をしたり、家族がのびのびと過ごすことができる

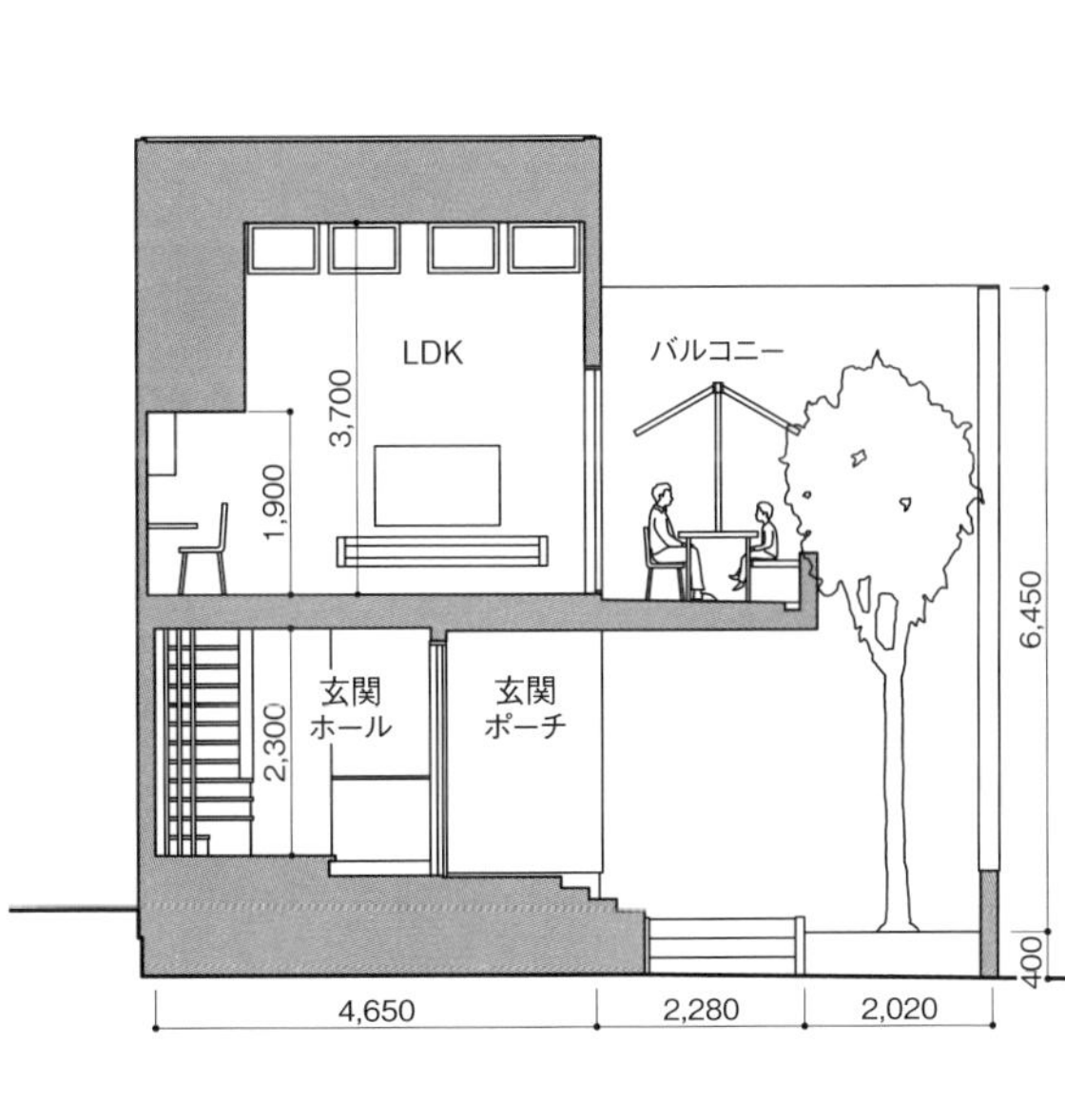

目線の位置を下げて窓を開けると、落ちつく空間に

「南向きの窓は大きければ大きいほどいい」と思いがちですが、そうとは限りません。たとえば和室の窓は、必要以上に高くする必要はありません。畳に座って過ごす場所なので、自然に目線も低くなります。窓もそれに合わせて低い位置（1・3〜1・5m高さまで）に設けることで、落ち着いて過ごせる空間になります。

窓が低い位置にあり、外塀がそれよりも高い位置までカバーしていれば、通りを歩く人から中は見えませんし、向かいの家の2階から見下ろされる心配もありません。

和室の外の庭は、座った状態で見ることを意識して、石庭にしたり、背の低い植栽を配します。

座って過ごすことが多い和室は、低い窓と相性がいい。安心して庭を眺めることができる

低い位置に窓をつくり外からの視線を遮る

和室の窓は大きく開けず、垂れ壁をつけて低くしている。窓が開いている高さまで外の塀で隠れているので、外からの視線は気にならない。

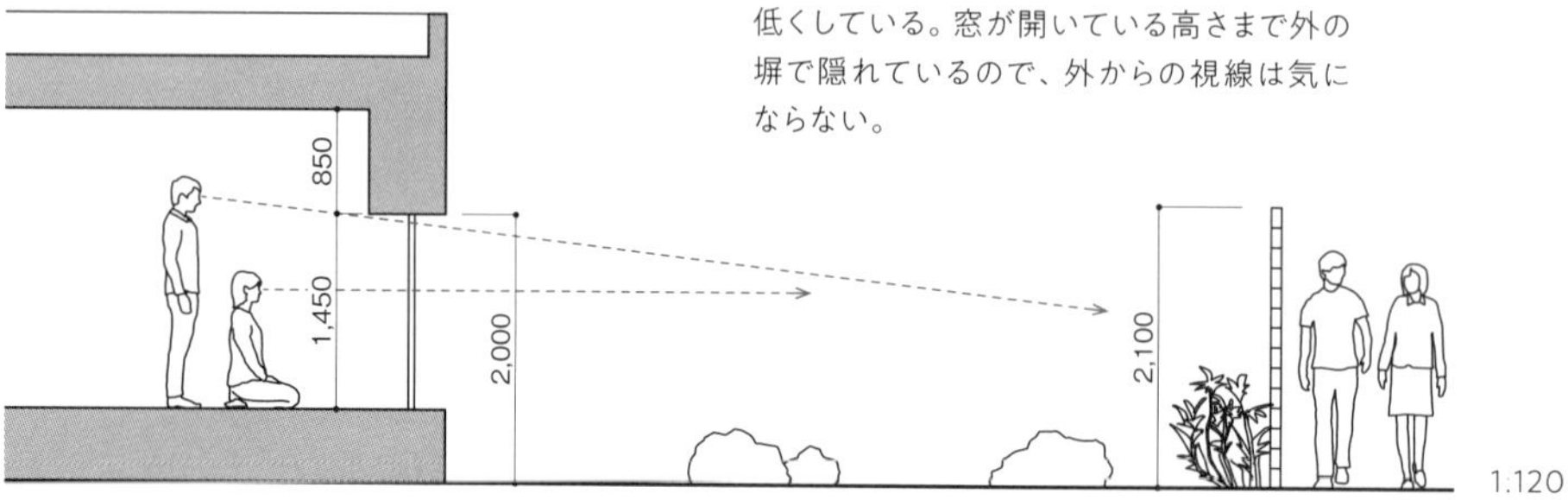

中庭をつくれば開口部を大きくできる

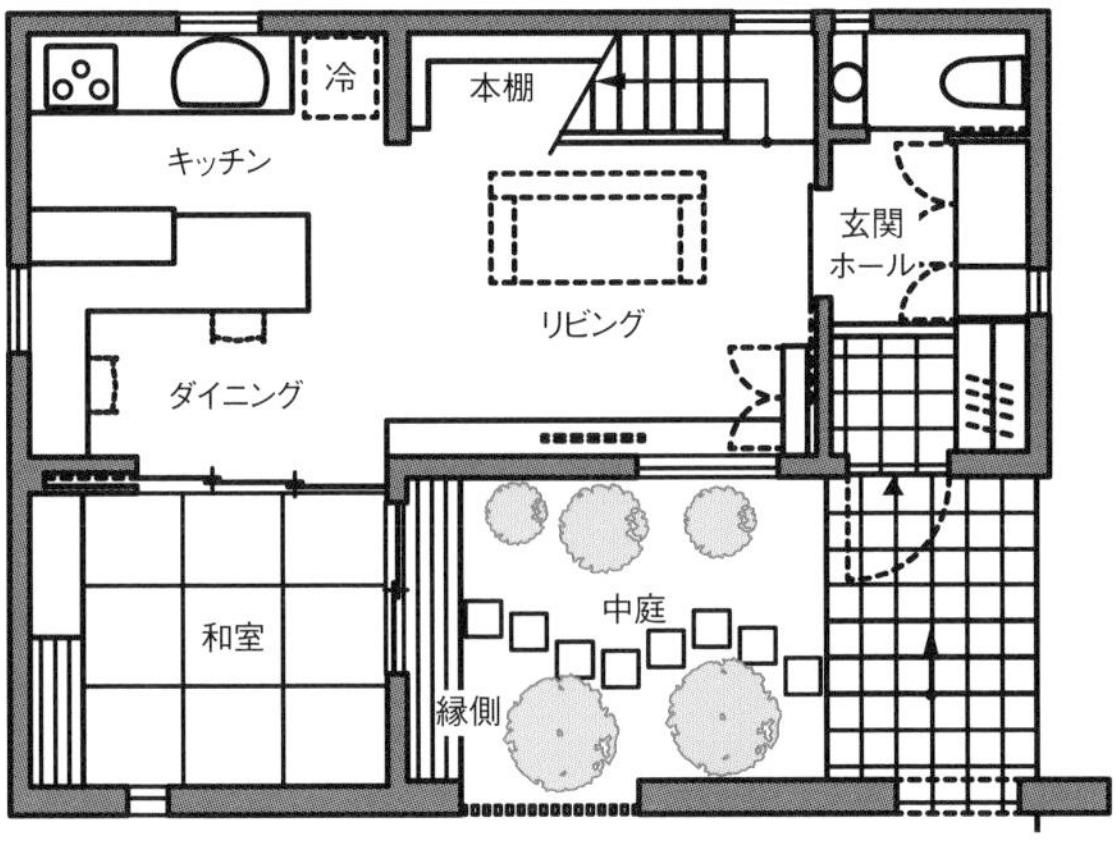

建物をL字型にして中庭を設けた例

建物をL字型にして、中庭をLDと和室の二面で囲んでいる。中からは開かれた空間になり、中庭に面した壁に大きな窓をつくることができる。

家のどの部屋からも中庭が見える。中庭に面した窓は、カーテンを開け放して過ごすことができるので、気持ちがいい

プライバシーを守りながら、開放的な住まいをつくるのにもっとも有効なのは、中庭をつくることです。中庭があれば、外からはしっかり閉じられていても、中からは開かれた空間になり、光と風を採り込むことができます。大きな開口部をつくり、カーテンを開け放して庭を眺めることもできますし、アウトドア感覚で中庭を利用することもできます。

とはいえ、建物で全て囲まれた完全な中庭をつくろうとすると、制約が出てきます。そこで、建物をL字型にしたうえ、壁や塀で囲んで中庭をつくるのは比較的簡単です。

L字型の家では、西側を張り出すようにつくることで、日中は東や南からの光を部屋に入れることができ、逆に西日を遮ることができます。

広く見せる

広々とした家にしたいと思っても、敷地にはさまざまな制約があり、スペースにも限りがあるものです。しかし、敷地や建物を広くすることはできなくても、視覚的な効果を利用して、空間を広く見せることは可能です。

それには、「視線の先が抜けるようにする」ことです。扉を開けたとき、目線の先にすぐ壁があると、空間が閉じられ狭く感じますが、逆に、目線の先が抜けていると、広く感じられます。たとえば外に壁を立てて敷地を囲むことで、窓の外にも部屋が続いているように感じさせることができます。

それ以外にも、隣接した部屋とウッドデッキとのつながり、天井の高さや角度によっても空間の広がり感を演出することができます。LDなどの家族がくつろぐ部屋は、できるだけ広い一体空間にして、区切らないようにします。

ウッドデッキの外に壁を立てて外を中に取り込む

LDに充分な広さが確保できない場合に有効な方法があります。それは、LDの外にウッドデッキや中庭を設けて、高めの壁で囲い込むという方法です。

LDとウッドデッキは段差をつくらず、床の高さを同じにすること、そして開口部はできるだけ高くすることで、目線が抜けて、外部とつながった感じになります。さらにそれを壁で囲い込むことで、ひと続きの居室のように感じられます。

LDを吹き抜けにすることでも、空間に広がり感を持たせることができます。高い位置に窓ができるので、目線の先に空が見えて開放感が生まれます。

向かって左側の壁が、バルコニーと中庭を囲んでいる。北側に斜線制限があるので屋根に勾配をつけている

1階のトップライトがテーブル代わりになり、天気のいい日にはここでお茶やバーベキューを楽しめる

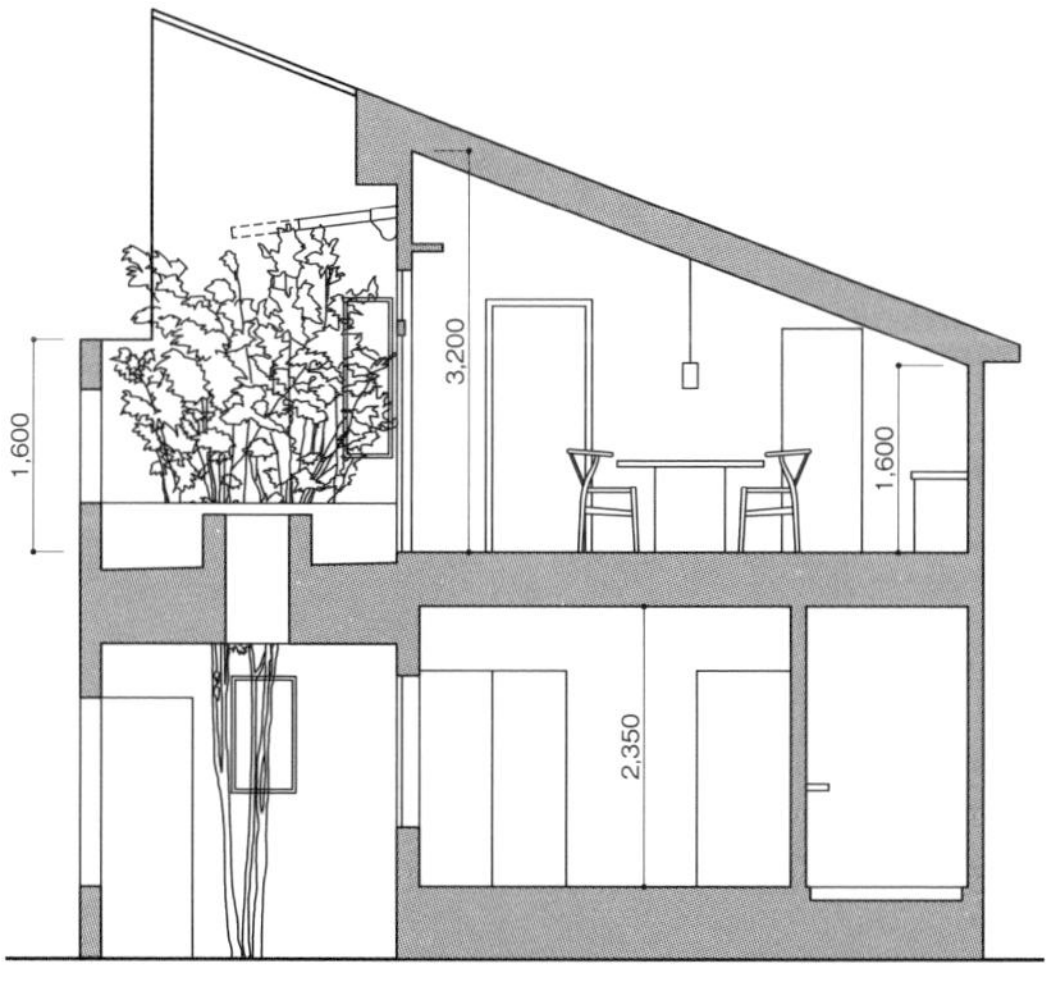

高めの壁で家を囲い込んだ例

2階のリビングから続くバルコニーを、高さ1.6mの壁で囲んでいるので、リビングからひと続きの空間のように見える。

空間を仕切らず視線の抜けをつくる

リビングやダイニングなど、くつろぐための場所はできるだけ仕切らず一体空間にすることで、視界が広がり、明るく開放感のある空間になります。各部屋との間を引き戸にしておけば、必要なときに区切ることができます。

視覚的効果を生かして、抜け感を出すことも大切です。部屋に入ったときや、よく人がいる場所から、窓の外や部屋の奥まで見通すことができるようなプランにすることで、広く感じさせることができます。コツは、居室や庭の配置を工夫し、できるだけ垂れ壁を設けず、天井を連続させて奥行きを感じさせる空間にすることです。

キッチンに立つ人からは、窓の外や奥の和室まで見通すことができて、開放感がある

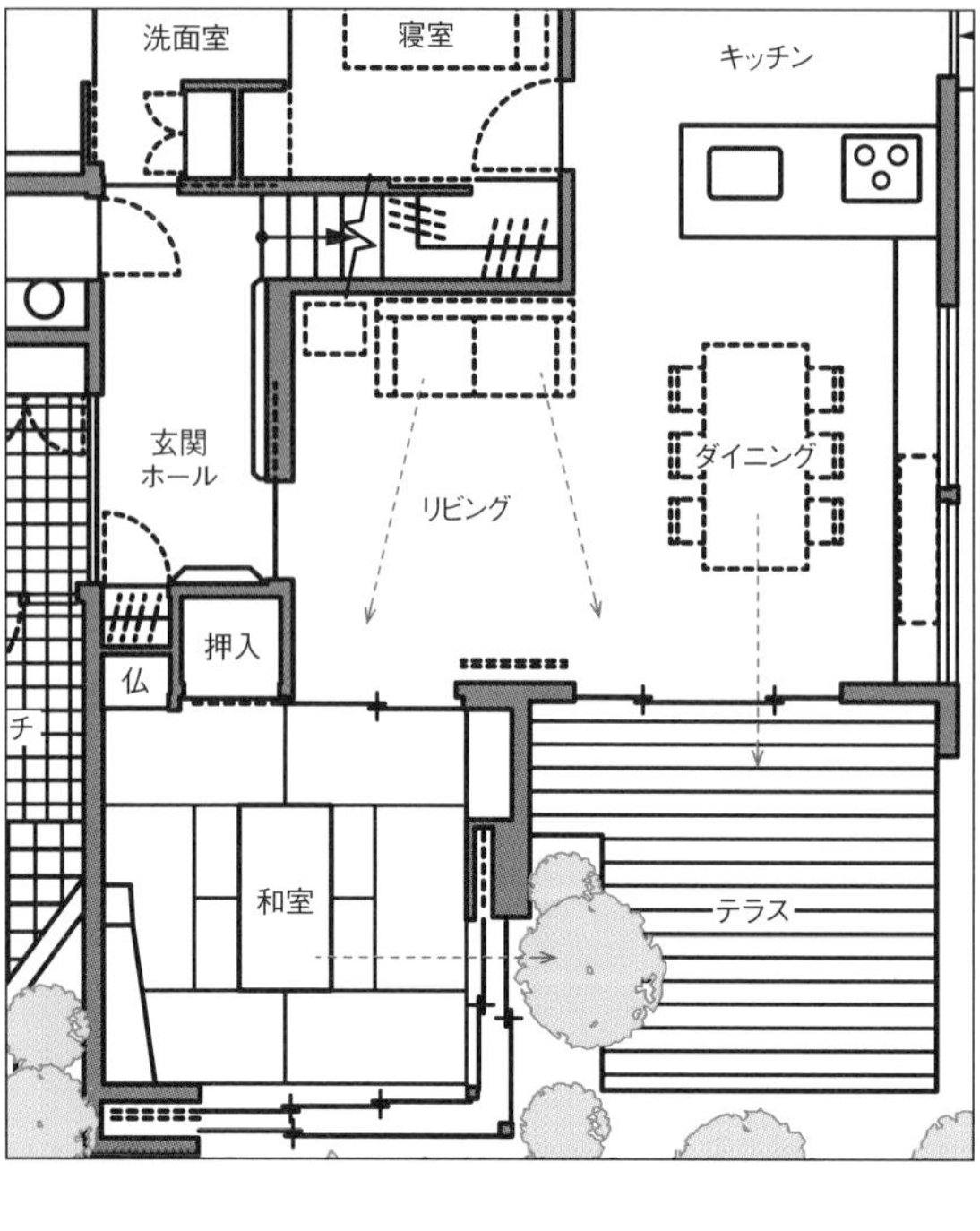

視覚的効果で広く感じさせている例

リビングと、その奥にある和室の間には垂れ壁を設けず、天井を連続させているので、引き戸を開け放せば、空間がつながって広く感じられる。

天井の勾配を生かし、タテ方向に広がりを出す

天井が高くなっている方の壁に、ハイサイドライトを設けた。光がキッチンの奥まで届き、明るく開放的な空間に

天井の勾配を生かした例

フラットな天井にした場合、天井高は2.3～2.4mだが、勾配天井にしたことで、最大4.19mの天井高となった。LDの天井は、勾配を生かして斜めにすることで、光を採り込みやすく、開放感のある空間になっている。

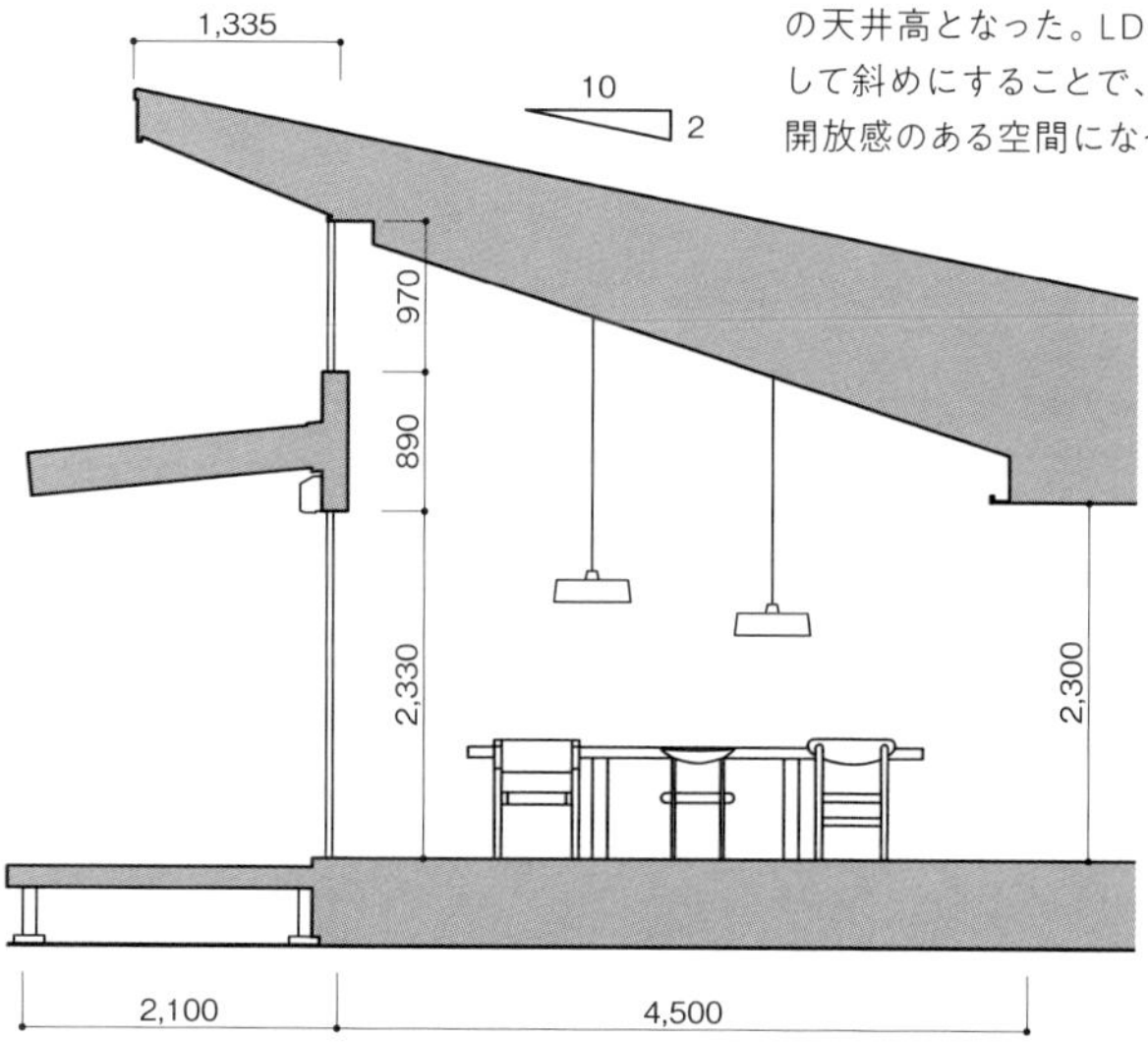

敷地に制限がある場合、空間を垂直方向に広げることで、広さを演出できないか考えます。前述したように吹き抜けをつくることでも（P.118）、開放感を出すことができますが、「勾配天井」を設けて天井を高くすることでも、同様の効果は得られます。

勾配天井とは、傾斜をつけた天井のこと。斜線制限があり、北側を低くしなければならない住宅などで、屋根の形状を生かしてつくります。平屋や、2階にリビングがある場合などに可能です。

勾配天井にすることで、高い位置に窓を設けることもできるので、明るいだけでなく抜けができて広がりや開放感も得られます。

景色を採り込む

窓から見える自然の景色は、どんなインテリアよりも心を癒してくれます。家族でくつろぐとき、ひとりで食事をするとき、家事をしているとき、あるいは入浴しているときにも、目の前に窓があって、外の風景を眺めることができたなら、より豊かな時間を過ごすことができるはずです。

たとえば遠くの山並みや、表通りの並木、近くの公園の木々、そして庭の緑も、最高のインテリアです。たとえ大きな庭がつくれなくても、一本の木があるだけで心が癒されます。こうしたものが暮らしの中で自然に目に入るように、間取りや窓の配置を考えたいと思います。

その場合に、景色を台無しにしてしまう洗濯物や、エアコンの室外機といったものを見せない工夫をすることも重要です。

立地を生かして眺望を楽しむ窓をつくる

もし遠くの山や町並みなどの眺望が臨めるような立地であるならば、それを最大限に楽しむための窓をつくることも検討すべきです。そしてできれば、一日のうち長い時間を過ごす場所からその景色が眺められるような間取りにするのが理想です。

たとえばキッチンに立っているとき、書斎でデスクワークをしているとき、ふと目を上げると大きな窓があり、美しい景色が目の前に広がっているとしたら、どんなに癒されるでしょう。

眺望を楽しむための窓には、座ってお茶を飲めるようなカウンターを設置したり、休憩できるような小上がりの畳スペースを設けるのもおすすめです。

富士山の見える窓をダイニングにつくる

遠くに富士山が臨める立地。2階のダイニングに大きな窓をつくり、カウンターを設けた。ゆっくりお茶を飲みながら眺望を楽しむことができる。

桜を見るための窓と小上がりスペースを設置

桜の公園が近くにある家。リビングに桜を見るための大きな窓をつくり、座ってくつろげる畳の小上がりスペースを設けた。

どこにいても緑が目に入る家にする

緑が見える生活は、心に潤いを与えてくれます。緑のある庭を建物や高い塀で囲うことによって、よりプライバシーを守りながら庭を楽しめる家にすることができます。

　それぞれの部屋から中庭に面して窓をつくれば、リビングからだけではなく、廊下や寝室など家のあちこちからも緑を眺められるようになります。通りや隣家からの視線を気にせず、カーテンを開け放して緑を楽しめますし、家の中に光や風を採り入れやすくなるというメリットも生まれます。

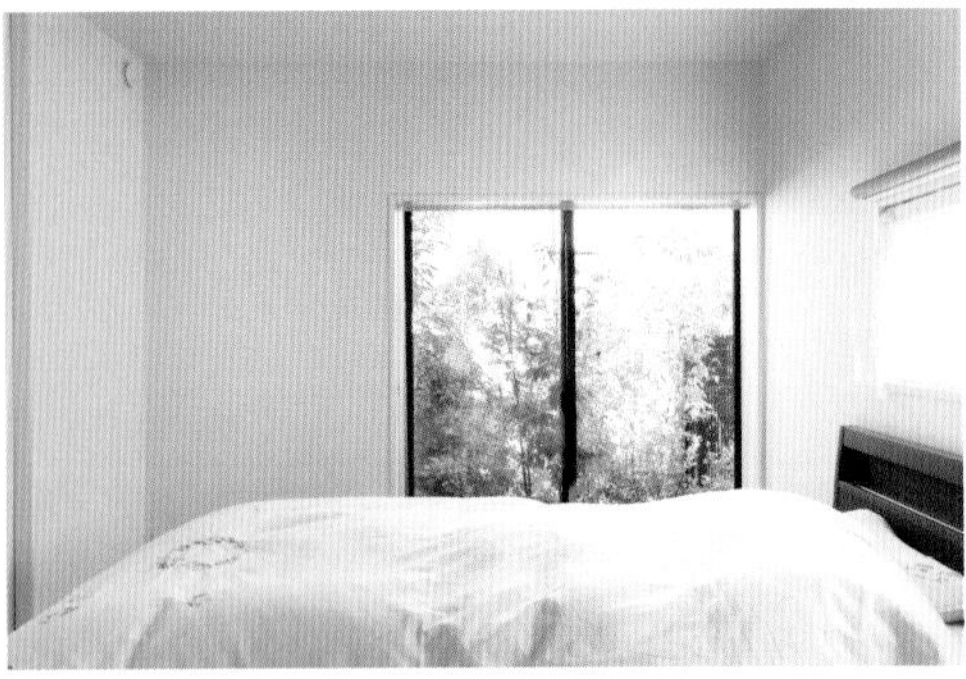

外からの視線を気にせず
中庭の緑を楽しめる

中庭に面したダイニングと寝室には大きな窓があるので、それぞれから庭の緑を楽しむことができる。庭を建物と高い塀で囲んでいるので、外を通る人の目を気にする必要もない。

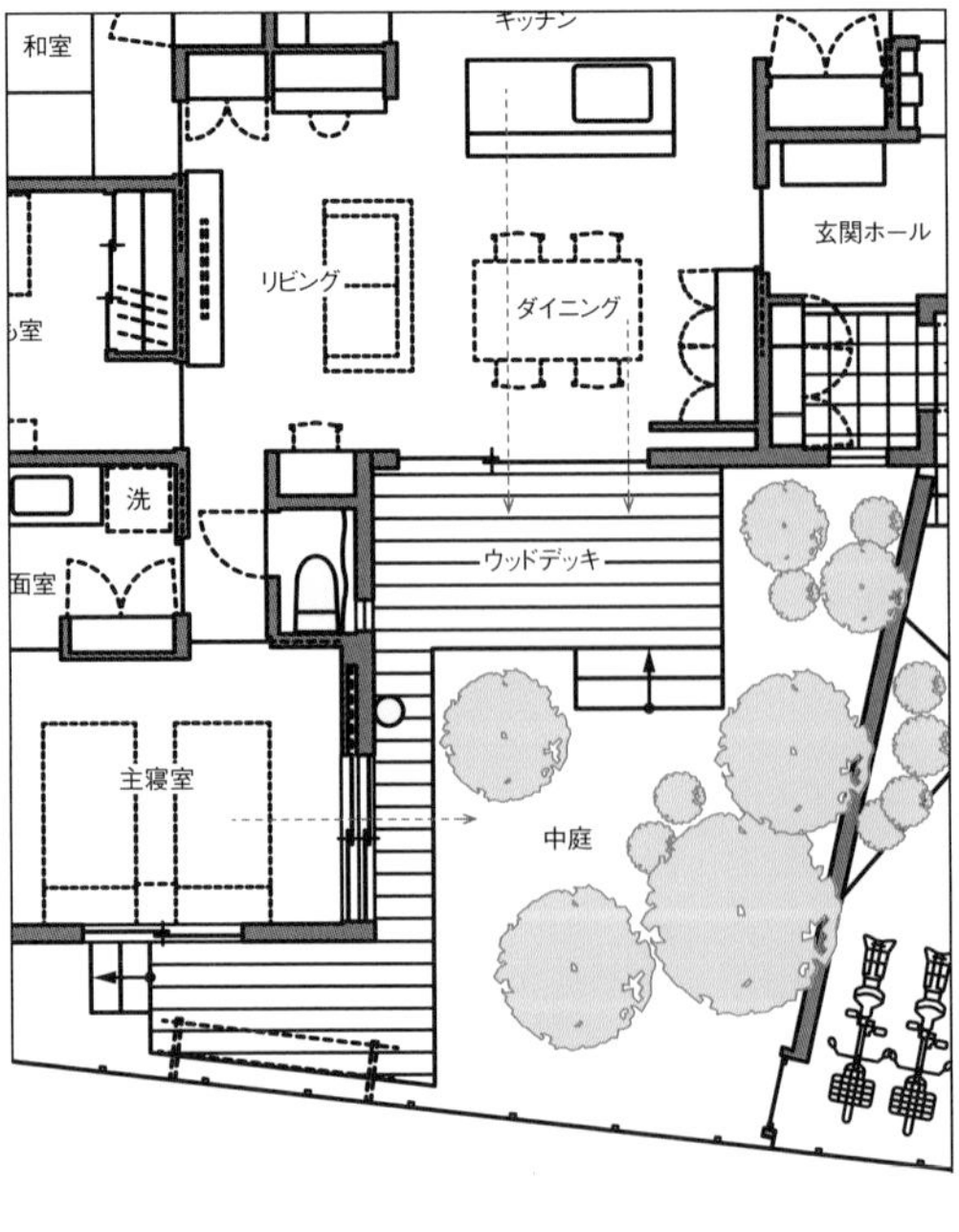

小さい店舗を併設した住宅。店舗と住宅の境に高い塀を立て、庭を囲い込んでいる

窓をアートのように楽しむ

小さな窓でも緑が見えると心が安らぐ

入浴しているとき、はめ殺しのピクチャー・ウィンドウから外の景色を楽しむことができる。換気用の窓は、これとは別に上に設けている。

訪れた人をピクチャー・ウインドウで迎える玄関

出かけるときや、帰宅時に目に入るのは、玄関ホールに設けた大きなピクチャー・ウィンドウ。庭の景色が目を楽しませてくれる。

窓を額縁に見立てて、自然の緑を絵画のように楽しむ「ピクチャー・ウインドウ」は、豊かな暮らしをつくるためにおすすめです。季節ごとに表情を変える自然の木々には、絵画とはまた違う美しさがあります。そのためには、窓の位置を考慮しながら庭をつくったり、庭の植物の位置を考慮して窓をつくったりします。

住まいのフォーカル・ポイント（P.161参照）にピクチャー・ウィンドウをつくると、家全体の印象を上げることができて効果的です。絵を飾るときに額縁を選ぶように、窓枠やカーテン、シェードもインテリアに合わせて選ぶことで、空間に様々な表情が生まれます。

暑さ・寒さを防ぐ

快適な暮らしを送るためには、暑さ・寒さをがまんしない住まいにすることが肝心です。2018年にWHOは「寒い室温は健康に有害、冬季の室内温度は18度以上にすべき」と勧告しました。断熱性能を上げて家全体を一定室温に保てば、高齢者に多いヒートショックのリスクも減り、健康寿命が延びる家になります。

私たちが27年ほど前に海外生活から戻った頃、7歳の娘がアトピー性皮膚炎を発症しました。「マンションの断熱や換気不足が引き起こす結露やカビが原因では」と疑った私は、住まいの性能改善と自然素材にこだわった自宅を建てることに。転居後、ほどなく娘の症状は治まりました。

それ以降、高断熱を基本に家づくりをしてきました。性能を上げるには気密や換気計画も重要な要素のため、家全体のコストが上がるのは事実です。それでも住まう人のこれからの長い暮らしを考えると、優先度は高いと考えています。

高気密・高断熱住宅で健康な住まいをつくる

これまで何度か改正されてきた日本の省エネ法ですが、温暖化対策の後押しもあり、ここへきて一定の断熱水準が義務化され、さらなる強化基準が設けられました。私の事務所では、地域6ではUa値を0・5程度（断熱等級で5から6の間）にしてきましたが、最近では冷暖房負荷の削減率指針やクライアントの意識の高まりから、コストが許す限り等級6を目標にしています。高断熱化された住宅は家全体が均質で快適な室温にできるため、吹き抜けにしたりリビングに階段を設けやすくなり、プランの自由度が上がります。

サッシは、1年を通して太陽とうまく付き合えるよう「Low-eガラス」の種別を選定し、できるだけ樹脂や木製とし、軒や庇を設けます。一方で、窓を設けすぎないという選択もあると考えています。

断熱材は性能値が高いものを選びますが、壁厚で厚みが決まる「壁」に比べ、「屋根や天井」の断熱は比較的自由に厚みが取れるので、ここを調整場所と考え、選ぶ材に関わらず、200㎜に近づけます。場合によっては壁に付加断熱を考えます。床下の基礎断熱か床断熱かは建物の空調方式で決めますが、材と厚みで、できるだけ性能値を上げます。

一方、高気密化のためには気密や換気計画も重要です。換気はロスの少ない「熱交換型の1種」、または「3種のダクト集中排気」を多く提案します。

断熱等級6の家の仕様例

高気密高断熱で建物から暖気や冷気が逃げるのを防ぐ

一定の室温に保つために、家の隙間を無くし、床・壁・天井を高断熱材でくるんだうえで、断熱性能が高い窓を取りつける。換気は熱交換型を使う。

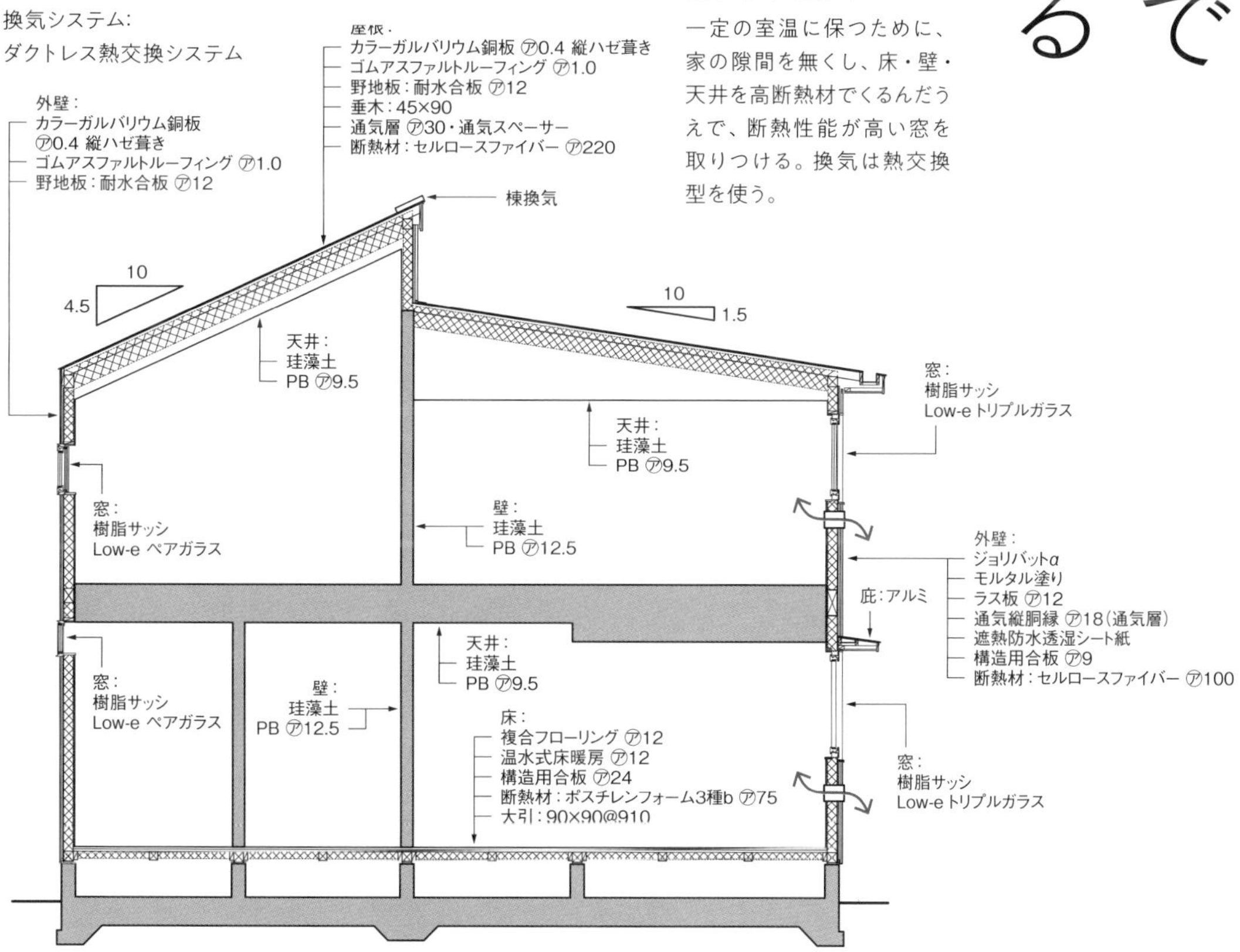

庇を使って日差しをコントロール

昔から日本では「家は南向きがいい」といわれてきました。しかし温暖化が進んだ現在では、夏の強い日差しに悩む家が増えているのも事実です。

南側や西側に大きな窓がある場合は、庇やオーニング、すだれを設けることで、強い日差しを和らげることができます。昔ながらのオーソドックスな手法ですが、内側にカーテンを吊るすよりも、はるかに効果が上がります。

とくに庇は、夏は高い位置にある太陽の強い光を遮ることができ、冬は低い位置から入る日差しを採り込むことができるので、季節にかかわらず快適に過ごせます。

吹き抜けをつくってハイサイドライトを設ける場合は、上下それぞれの窓に庇をつけます。また、2階のバルコニーを、1階の窓の庇の代わりにすることもできます。

小さな庇は「霧除け」とも呼ばれ、小雨なら窓を開けることもできますし、外壁の汚れ防止にも役立ちます。

南側の窓に庇を設けた例

リビングの南側の大きな掃き出し窓の上に、庇を設けている。夏の日差しのまぶしさや、直射日光による暑さを防いでくれる。

2階のバルコニーが、1階の窓の庇としても役立っている

庇は、角度の高い位置から差し込む夏の日差しを遮ってくれる。いっぽう角度の低い冬の日差しは、庇の下から部屋に採り込むことができる

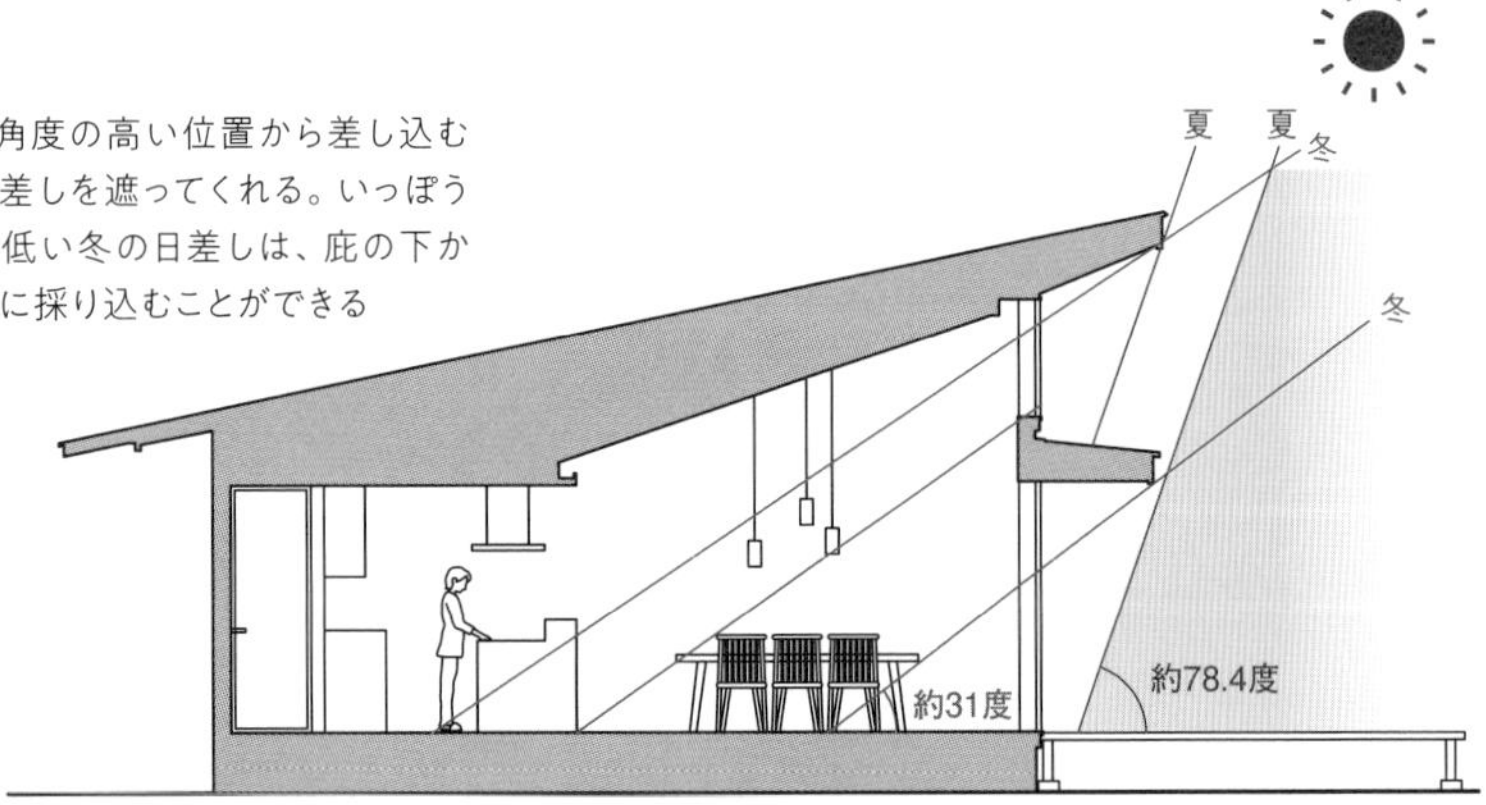

寒さの原因になる廊下をなくす

リフォームで廊下を短くした例

【BEFORE】

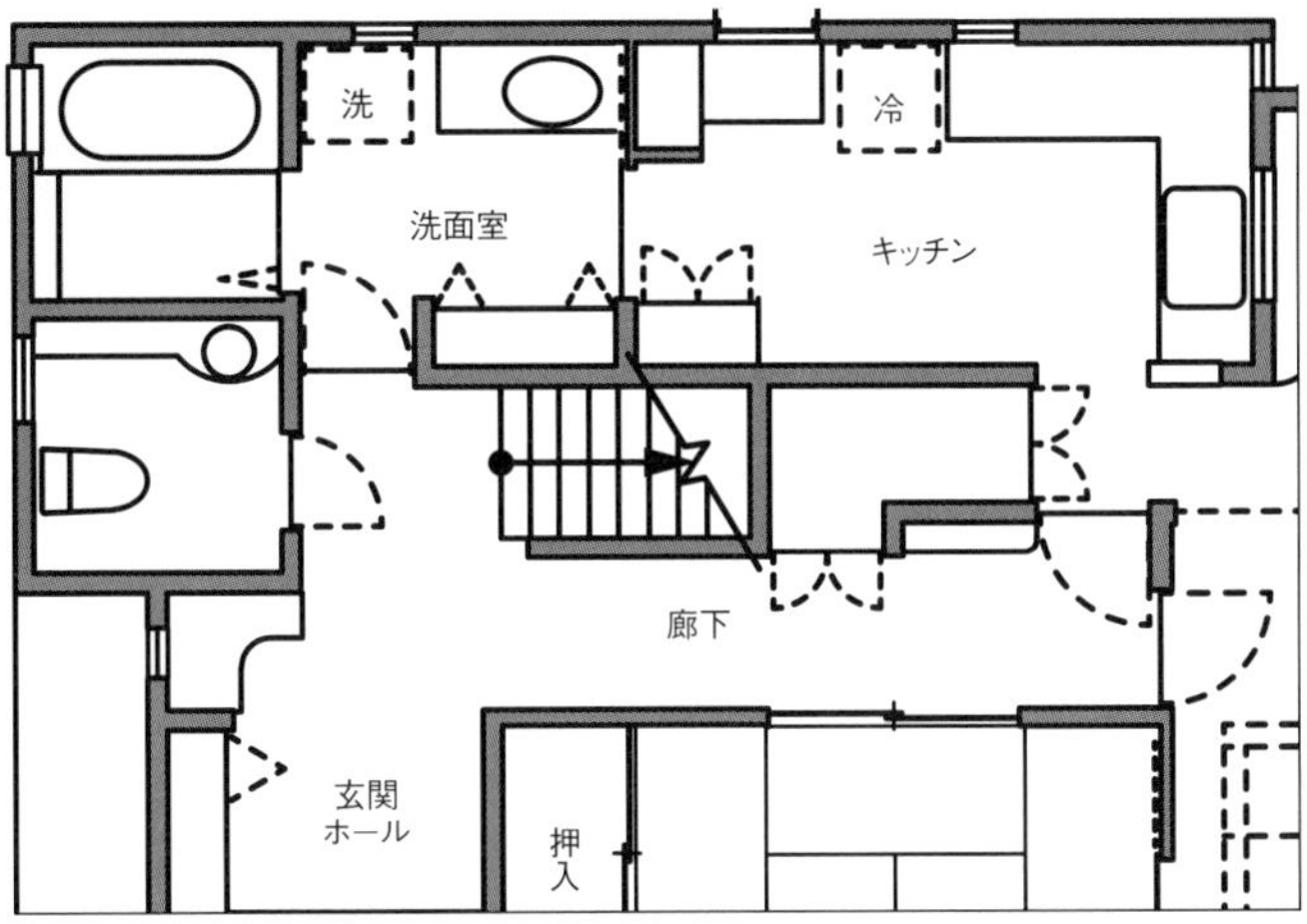

玄関ホールから続く長い廊下が、風の通り道になっていた。部屋は暖房で温められても、廊下に出ると寒かった

【AFTER】

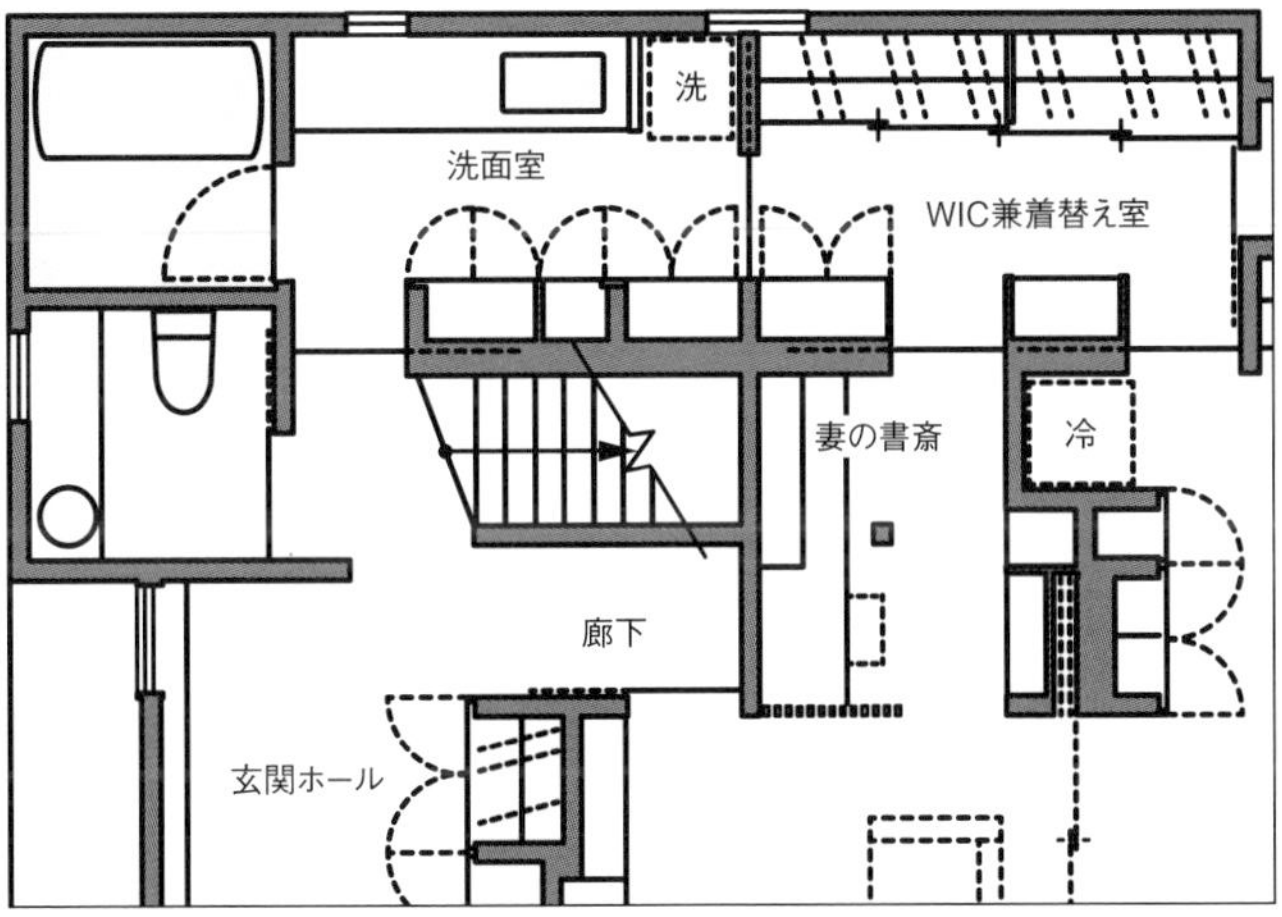

リフォームで、寒さの原因になっていた廊下を短くした。廊下を通らずに洗面室に行けるので、ヒートショックの心配も少ない

住まいによっては、間取りが寒さの原因になっている場合もあります。代表的なのが、玄関につながる廊下が冷気の通り道になっているケースです。居室と廊下の気温の差が大きくなるので、ヒートショックの原因にもなります。

リフォームの場合は、家全体の断熱性能を上げ、玄関につながる廊下をできるだけ短くするプランが有効です。廊下で各居室を結ぶのではなく、リビングを中心に各居室をつなぐというのもよい方法です。

廊下をなくすことで、居室に使える面積が増え、動線が短くなるというメリットもあります。ただしこれは、住まいの断熱化と共に行うことが前提です。天井に夏冬兼用のシーリング・ファンを取りつけるのも、部屋の空気がかくはんされて室温が均一になり、省エネに役立ちます。

COLUMN 2

リフォームをするなら断熱化も必ず検討を

心身共に快適な暮らしを送るためには、住まいの質も重要です。 築20年以上の住まいのリフォームを依頼される方には、断熱不足による夏の暑さと冬の寒さに悩まされてきた方が多く、断熱性能を上げる改修も併せて行うことをおすすめしています。

日本で断熱材の活用が始まったのは戦後のことですが、普及するまでには長い時間がかかり、世界の水準には大分遅れをとってきました。 暖かい家に暮らすと健康寿命が4歳延びるという調査結果もあり、断熱化されていない住まいは高血圧や動脈硬化の進行の原因になります。 近年では夏の熱中症の危険性もしきりに叫ばれており、じつは熱中症の多くは住宅の中で起きています。

断熱化改修のうち、最も手軽で効果が確実に得られるのは、外気の影響を大きく受けやすい「窓」を変えることです。 いくつかの方法がありますが、「二重サッシ」は、コストを抑えながら大きな効果が得られる方法です。 既存の窓の内側にもう一枚断熱サッシを設置するもので、2本のサッシの間に空気層ができ、室内に外気温が伝わりにくくなるため断熱効果が上がり、同時に遮音効果も高まります。 ただし、窓を2回開け閉めしなければならないのが、デメリットです。

既存の窓の内側に、もう1枚サッシを設置する「二重サッシ」。2枚のサッシの間に空気層ができるので、外気温が伝わりにくく、気密性や断熱効果を上げられる

窓を一重のままにしたい場合、古いアルミ製の窓を樹脂製の断熱サッシに取り換える方法や、既存の窓枠の上から新しい窓枠を取りつけ、中を断熱窓に交換する「カバー工法」などがあります。 前者は窓まわりの壁の補修が必要になりますが、開け閉めの多い掃き出し窓には有効です。両方を組み合わせることもあります。

窓の次は、床の断熱化と屋根の断熱化の順で検討します。 屋根裏に断熱材を足す工事は比較的手軽で、暑い夏だけでなく冬にも効果があります。 その際気をつけたいのは、屋根と断熱材との間に高温で湿気の多い空気が溜まらないよう、換気装置を適切に設置することです。 また、気密化が進むことで住まいの換気も必要になります。 気密の程度により、給気口と24時間換気を設置することも検討します。

断熱化された住まいは、暑さ寒さに左右されず生活を快適にすることはもちろんですが、省エネで、地球の温暖化対策にも貢献することができるこれからの住まいだといえます。

CHAPTER

4

知ってておきたい！

理想の間取りをかなえるヒント集

動線がスムーズになり、
暮らしやすい家にするために、
ほかにも知っておくと役立つ間取りの
テクニックがあります。
ぜひ自分の家族に合ったものを取り入れて、
理想の間取りを手に入れてください。

Hint 1

ダイニングにはカウンター収納が必須

ダイニングは、食事以外にも家族が長い時間を過ごす場所です。お茶を飲んだり、パソコンやスマホを使ったり、来客をもてなしたり。ここでリモートワークをしたり、子どもが勉強をするという家もあるでしょう。そのためダイニングに収納が足りないと、テーブルの上にいろいろなものが出しっぱなしになってしまいます。

いつもダイニングには、カウンター収納を設けるようにしています。視線より下の高さであれば圧迫感がないので、狭苦しく感じることはありません。対面式のキッチンカウンターの下にも収納をつくってL字型にすると、より収納量を増やせます。カウンターは、上にものが置けるのも便利です。

テーブルの上に何もない状態を保てる

収納が十分にあれば、いつでもテーブル上は何もない状態にリセットできる。収納カウンターは、ダイニングテーブルより少し高い85cmくらいだと、座ったときに、上に置いてあるものにちょうど目線がいく。

キッチンカウンターから続けてL字型に収納をつくる

キッチンの手元を隠すカウンターの下も収納にして、窓側のカウンター収納とつなげてL字型に。文房具や書類、薬などのほか、食卓で使う取り皿やカトラリーなども収納しておくと便利。

ダイニングチェアを低めにすればくつろげる

8.3畳のLD。ダイニングテーブルとソファを低めにすることで、ダイニングとリビングを兼ねたスペースに。椅子が低めだと、立ち座りもラクになる。

低いテーブルを設けて「ソファダイニング」にする

9.5畳のLD。ソファの前に低いテーブルを置いて、ダイニングスペースに。限られたスペースでも広く使うことができる。食事やテレビ鑑賞を同じ場所で楽しめる。

Hint 2

リビングを兼ねたダイニングにする

リビング・ダイニングには、ダイニングセットのほかにソファがあるのが一般的でしょう。しかし広さが充分に取れないと、家具で身動きがとれなくなってしまいます。そんなときはソファを置かず、リビングの機能を兼ねたダイニングをつくることを提案します。テーブルとチェアの高さを低めにして、座面が広く座り心地のいいチェアを選ぶことで、ダイニングでもくつろぐことができます。

あるいは硬めのソファの前に低めのテーブルを置いて、ソファで食事をするスタイルにする方法もあります。食事が終わっても移動することなく、その場所でくつろぐことができるので、高齢者にも負担の少ないプランです。

Hint 3

和室を設けるなら目的を明確にする

最近は、和室を設けない家が増えています。「和室はあるけれどあまり使う機会がなく、物置きになっている」という話もよく聞きます。リフォームでは、和室をなくして広いLDKをつくることが多くなってきました。

しかし、離れて暮らす家族や親戚が来たときなど、やはり和室があると便利です。仏壇は和室に置きたい、という家もあります。そのような場合に提案するのが、リビングの隣り合った空間に和室を設けるというプランです。ふだんは引き戸を開けはなしておけば、リビングの一部として使えますし、来客があるときは戸を閉めれば、個室にすることができます。

法事の多い家は和室の離れをつくる

玄関を入って左手に、離れのような位置に和室を設けた。右手は家族の生活ゾーンになっている。仏壇は扉を閉めれば目立たない。

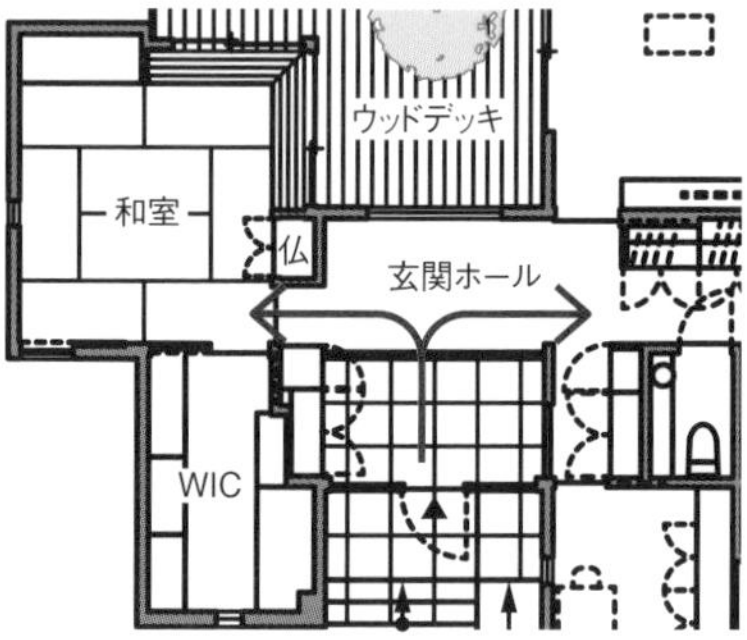

客室として使うならリビングの隣に

ふだんは引き戸を開け放して、リビングに続く空間として使用。離れて住む子どもや孫たちが来るときは、客室になる。

3 COLUMN

間接照明で豊かな空間をつくる

快適な住まいを考えるとき、忘れてはいけない大切な要素が、照明です。間取りなどに比べると疎かになりがちですが、くつろげる空間をつくるために、灯りをデザインすることにもこだわってほしいと思います。

照明は、いつも明るいほうがいいというわけではありません。生活のシーンによって、心地よい明るさが違ってきます。仕事や勉強をするときには昼間のような明るい光が必要ですが、食事をするときやお茶を飲むとき、家族でくつろぐときなどは、明るすぎず、温かみのある電球色が適しています。

リビングなどのパブリックスペースにおすすめしたいのが、間接照明です。間接照明とは、光源が直接見えないように設置し、天井や壁に当てて反射した光をつくる手法です。光のたまりやグラデーションをつくり、豊かな空間を演出できます。

天井を照らし、反射した光で部屋を明るくする「コーブ照明」と、壁面を上から照らす「ユーニス照明」があります。リビングなどはコーブ照明を使って、全体照明にすることが多いです。ダウンライトのかわりに間接照明にすれば、和室など、天井を美しく見せたい場所にも適しています。

マンションの場合、梁や設備のダクトのために天井に段差が生まれることがありますが、その段差を隠しながら間接照明を設けることも可能です。

大きな明るい照明を天井にひとつつけるのではなく、間接照明とペンダントライトやライトスタンドを組み合わせるなど、照明をいくつか使うことで、空間にメリハリや奥行きが出て暮らしを楽しむことができます。「調光（光の強さの調節）」や「調色（光の色の調節）」ができる照明もありますので、空間を豊かにするための灯りについても、ぜひ考えてみてください。

LDKの天井に段差をつくり、長い間接照明を入れた。光の量は調光機でコントロールできるので、様々なシーンに対応できる

洋室の間接照明では、光が天井に当たって反射するように光源を設置する

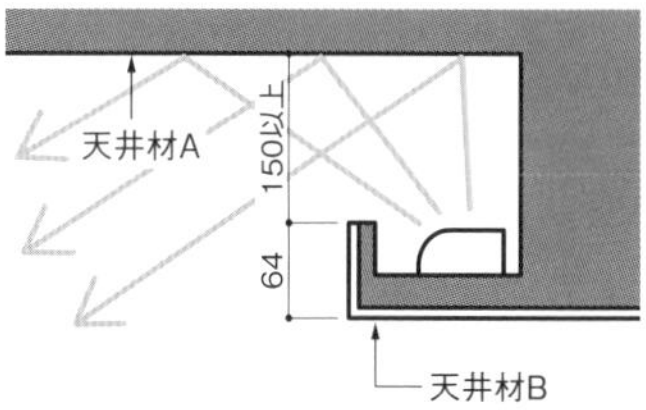

Hint 4

夫婦で使うなら二列型キッチン

リビング・ダイニングとひと続きになったオープンキッチンは、キッチンにいる人とダイニングにいる人が分断されないのがよいところです。オープンキッチンにも種類があり、最も多いのが一列型のペニンシュラタイプ（P.146）。ですが、シンクとコンロを並べるのではなく、向かい合わせにする「二列型」は、2人で作業分担がしやすいという利点があります。

二列型の場合、たいていはシンクをダイニング側にします。そのほうがダイニング側に油が飛ばず、レンジフードを壁側につけられてスッキリするからです。しかし「アウトドア感覚で、料理しながら食べたい」と考えるなら、コンロをダイニング側にするのもよいと思います。

コンロとシンクを二列に分けると2人で作業しやすい

シンクとコンロが分かれていると、ひとりがシンクで材料を準備して、ひとりがコンロで調理するというふうに分担ができるので、作業がスムーズ。

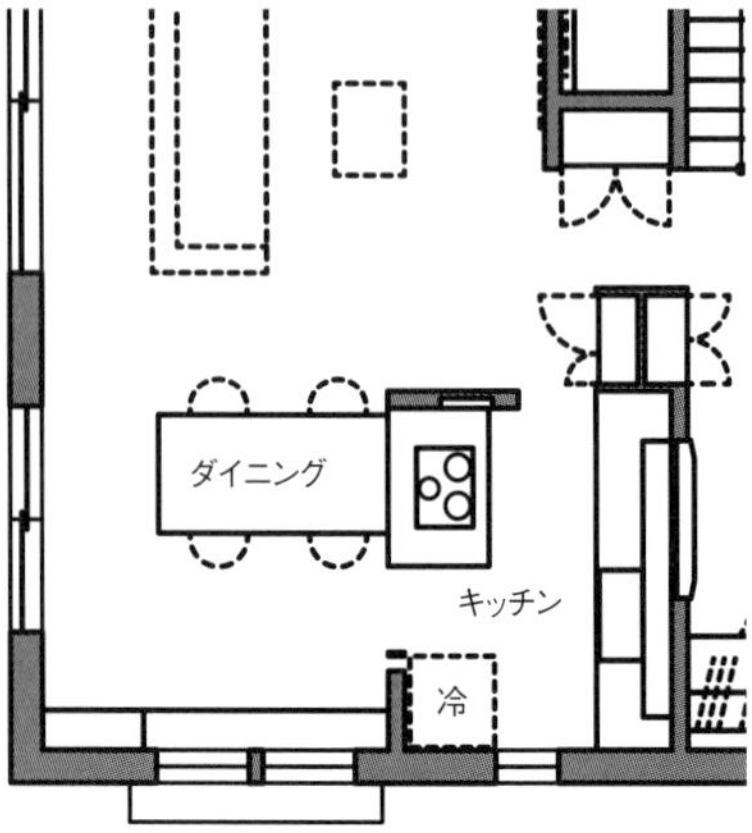

「子どもたちに熱々のお肉を食べさせたい」という希望から、コンロをダイニング側に設置し、ダイニングテーブルをくっつけて配置。すぐにサーブできるうえ、片づけもスムーズ。また、シンクとコンロの位置を斜めにずらすことで、別々の作業がしやすい

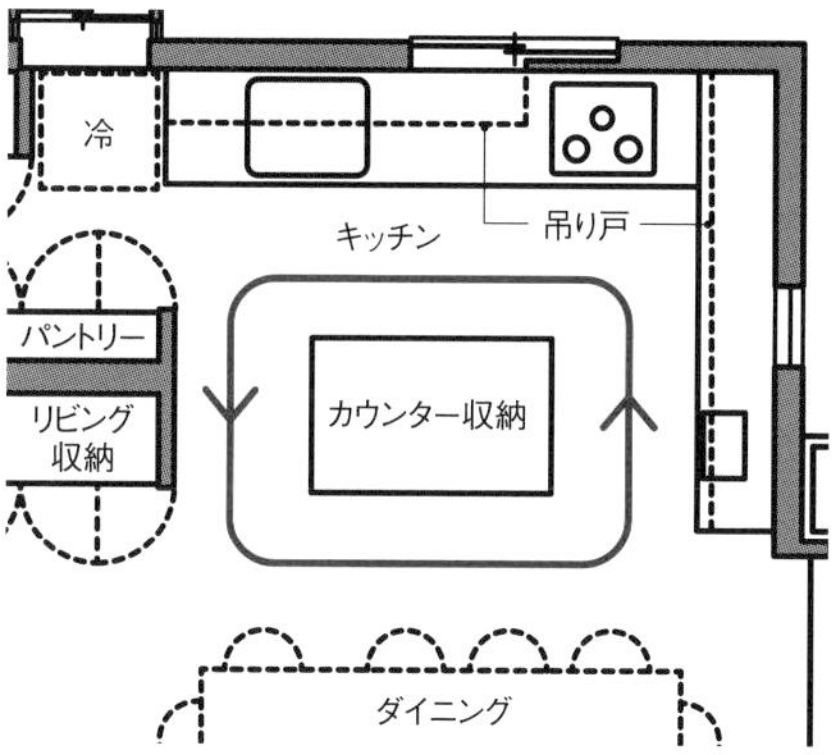

夫婦と4人の子どもが出入りするキッチン。アイランドの作業台を中心に、回遊動線になっている

シンクを2カ所につくると効率が上がる

中央にアイランド型の作業台があり、キッチンはL字型に配置した。複数人で作業ができるよう、大小2つのシンクを設けているので、手分けして下ごしらえや後片づけがしやすい。

Hint 5

家族で立ちたいなら回遊型キッチン

「料理も片づけも、家族みんなでできるようにしたい」という要望も増えました。そういう家庭におすすめしたいのは、回遊型のキッチンです。キッチンがアイランド型になっていて、行き止まりがなく回遊できるつくりだと、複数人で作業がしやすくなります。アイランドの周りを家族で囲んで、会話しながら作業をすることもできます。

アイランドにシンクやコンロを設ける場合もありますが、上の例のように作業台だけを設けて、壁側にシンクやコンロをL字型に配置する方法もあります。アイランド・キッチンにダイニングテーブルをつなげれば、さらにつくる人と食べる人の距離が近づきます。

Hint 6

ペニンシュラ型のキッチンは省スペース

ペニンシュラは「半島」という意味。キッチンカウンターの左右どちらかを壁につけたスタイルです。キッチンをオープンにしたいけれど、アイランドにするほどの広さがない場合のプランです。前方が開いているので、開放感がありながら、省スペースで設置できます。

しかしアイランドのような回遊動線ではなく、行き止まりの動線なので、2人で使うのなら、通路幅を少し広めにするほうがいいでしょう。

ペニンシュラ型のオープンキッチンには、天板をフラットにするタイプと、ダイニング側に立ち上がりをつけるタイプがあります。後者は調理台の手元が見えないので安心感がありますが、ダイニング側から一緒に調理をすることはできません。

カウンターのダイニング側に立ち上がりがあるタイプだと、調理する手元が見えない。カウンター下は収納に活用できる

カウンターの天板が完全にフラットなタイプは、スタイリッシュなデザインが多い。開放的で、ダイニング側に立っている人も手伝うことができる

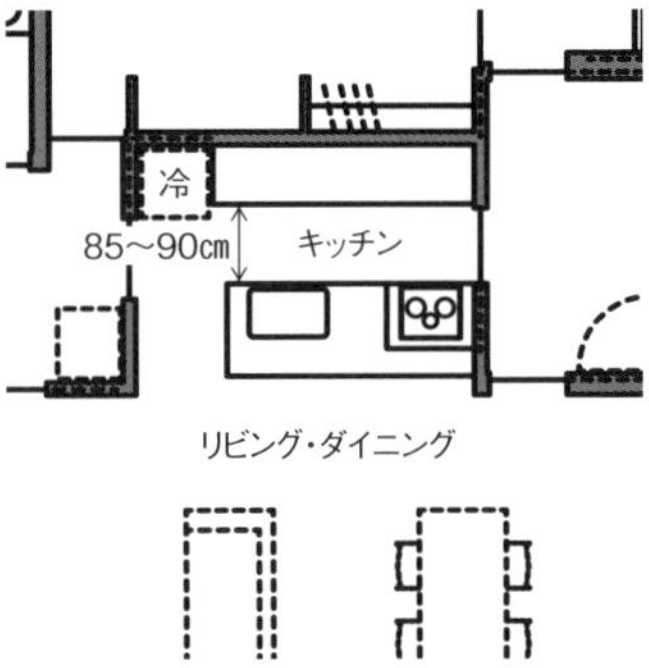

2人で使うなら通路を広めにする

ペニンシュラ型キッチンは回遊ができないので、もし2人で使うことが多いなら、すれ違いやすいように通路幅を85〜90㎝と広めにする必要がある。

Hint 7

生活感を見せたくないならクローズドキッチン

オープンスタイルのキッチンは、家族とつながりやすく開放感がある一方、キッチン内が見えてしまうデメリットがあります。来客に生活感を見せたくない、もしくはひとりで落ち着いて料理したいという方には、やはり独立型のクローズドキッチンがいいでしょう。

クローズドキッチンは、においがリビング・ダイニングに広がりにくく、調理中の多少の汚れも気になりません。家族や来客からキッチン内が見えないので、片づけは後回しにして、できたての料理を一緒に楽しむこともできます。

コンパクトなクローズドキッチンは、手を伸ばせば必要なものに手が届くのでとても効率的です。

ダイニングにいる人に生活感を見せない

ダイニングと引き戸で仕切られている、クローズドキッチン。ダイニングにいる人からは、キッチンの様子が見えづらい。

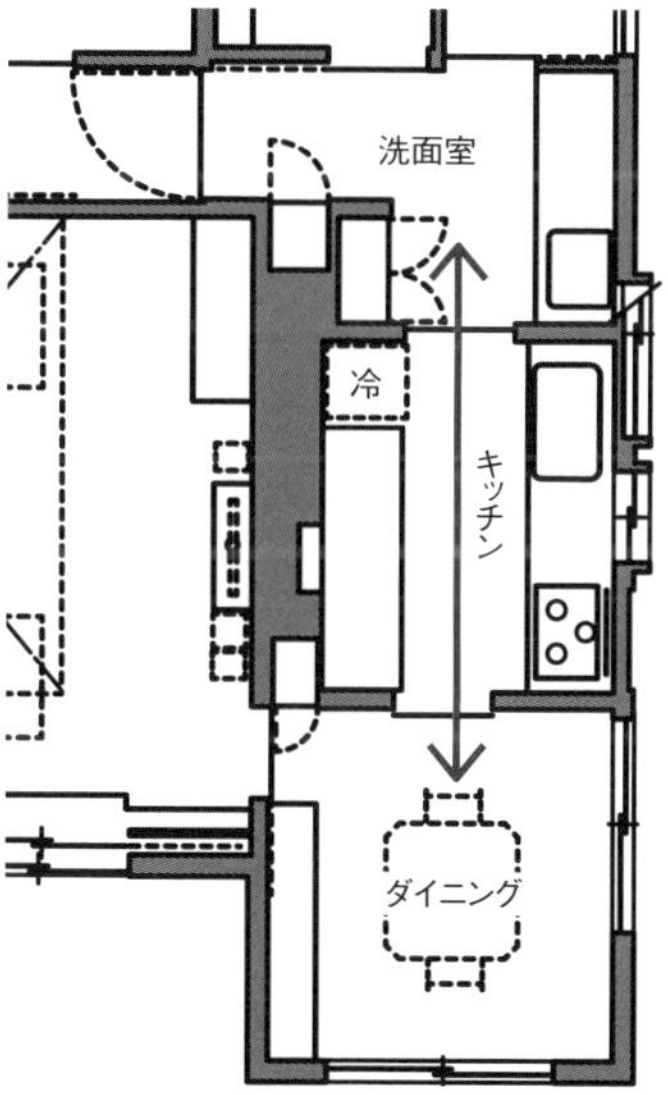

ダイニングの隣に、I型のクローズドキッチンを設けている。キッチンを通り抜けて洗面室に行くことができる

Hint 8

夫と妻それぞれが半畳でも書斎をもつ

「自分の書斎」というのは、特別な人向けのものだと思われていました。しかしどんな人にも、自分だけの居場所は必要だと思います。リモートワークをするときだけでなく、ちょっとひと息つきたいときにひとりになれる空間があれば、家はもっと居心地のいい場所になります。

空いた個室がなくても、半畳ほどの空間があれば書斎はつくれます。板を一枚壁につけて、下をオープンにし、椅子を入れられるようにするだけ。階段の下や踊り場などのデッドスペースを活用する手もあります。

家でオンライン会議をすることが多い人は、寝室など閉じた空間に書斎をつくるのが合理的です。

寝室に書斎があるとリモートワークに役立つ

寝室は、昼間は誰も使わない場所なので、扉を閉めてしまえば個室になり、オンライン会議にも最適。カウンター収納の一部を書斎スペースにした。

ダイニングのカウンターを書斎にするのも手

スペースがない場合は、ダイニングに書斎コーナーをつくるとよい。カウンター収納の一部を、下をオープンにして椅子を入れられるようにするだけ。

キッチン脇の書斎は家事の合間に使いやすい

キッチンのそばにデスクと椅子を置くのもよい。家事の合間に休んだり、パソコンを使ったりすることができる。

Hint 9

ダイニングに奥行き40cmの勉強カウンターをつくる

キッチンに立つ人から見える位置につくる

キッチンの近くに勉強カウンターがあると、忙しい両親も、家事をしながら子どもが勉強する様子を見守ることができる。

ダイニング近くに設けた勉強カウンター。収納スペースをつくれば、片づけの仕方も教えることができる

子どものいる家庭のほぼ100%の方から、「勉強はダイニングでさせたい」と要望されるようになりました。家事をしている親の、目の届くところで過ごさせたいと考える人が多いようです。子どもが小さい間は、ダイニングに勉強コーナーがあるのはよいことだと思います。

そこで、ダイニングに勉強カウンターを設置するプランを提案します。カウンターは奥行き40cmでも大丈夫です。吊り戸を設置して、本などを収納できるスペースをつくるのもよい方法です。子どもがある程度成長して、個室で勉強するようになったら、ここは大人の書斎コーナーとして活用することができます。

Hint 10

2階にも洗面所は必要

住み心地のいい家の条件は、「寝室の近くに水回りがあること」。しかし2階建てでは、トイレは1階にも2階にもあるけれど、洗面所は2階にないという家も多いものです。寝室が2階にあると、手洗いや歯磨きのためにいちいち1階まで降りなければならず、身支度動線が長くなってしまいます。2階に洗面所のある暮らしを体験してみると、どんなに快適かわかるはずです。

トイレの外に洗面所を設ける

2階に家族の寝室がある家。トイレの外に洗面所があり、1階に下りずに、洗面所で手を洗ったり歯を磨いたりできる。

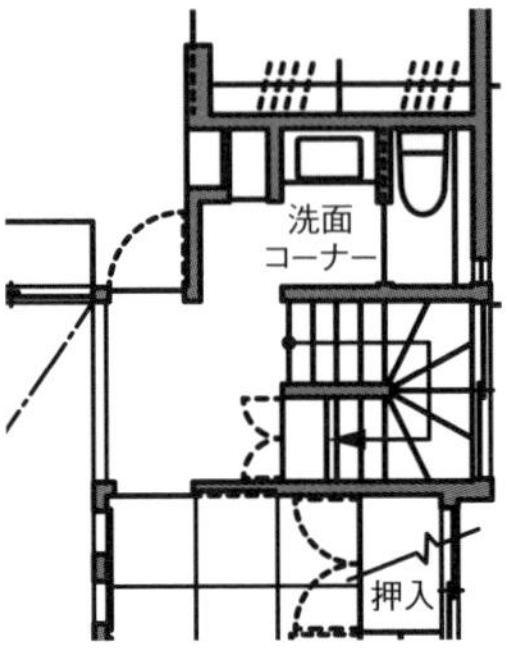

Hint 11

洗面室と脱衣室を分ける

一般的な間取りでは、洗面室の中で脱衣や着衣を行います。そのため、家族が入浴するときには洗面室を使えないことも多いでしょう。子どもが成長するにつれ、ますます不便さを感じるようになります。

スペースに余裕があるなら、洗面室と浴室の間に脱衣室を設けると快適になります。扉を一枚設けて空間を仕切るだけで、いつでも気兼ねなく洗面室や浴室を使えます。

扉が一枚あるだけで安心して入浴できる

浴室(右)の手前に、脱衣室を設けた。奥の洗面室との間の引き戸を閉めれば、安心して脱衣ができる。

Hint 12

広いカウンターが家族の味方になる

2人で立てる洗面台で朝の支度がスムーズに

就学中の子どもが3人いる家の洗面室。カウンターを幅広く設置し、鏡も大きくしたので、複数人で同時に使うことができるようになり、家族の朝の身支度がスムーズになった。

住まいのなかで、洗面室は昔に比べて圧倒的に、家族それぞれが使う時間が長くなった場所です。

洗面室で行うことは多岐にわたっています。洗顔や歯磨き以外にも、ひげそり、メイク、ヘアセット、メガネやコンタクトレンズの手入れ、洗濯物の下洗い、花瓶の水替え……。とくに朝の忙しい時間帯には、家族の渋滞が起きてしまいます。

洗面室はできるだけ広くして、洗面カウンターも大きくすると、暮らしがぐんと快適になります。カウンターは、少なくとも同時に2人が立てるくらいの幅にして、洗面ボウル以外のスペースもとれば、上に道具を広げられるので作業がスムーズですし、洗濯物をたたんだり、アイロンをかけることもできるようになり、洗濯動線が短くなって効率的です。

Hint 13

洗面台とは別にリネン庫を設ける

洗面室で行う用事が多くなったことで、洗面室に収納するものも、かなり増えました。また、タオルや歯磨き粉、洗顔料、ドライヤーなども家族共有でなく、「個人用」のものを使う家庭も多くなりました。ここに下着やパジャマを置いておけると便利ですし、洗剤やハンガーなどの置き場も必要です。

洗面室に床から天井までのリネン庫を設ければ、収納量が増え、劇的に生活の質は改善されます。リネン庫があれば、洗面カウンターの下はオープンにできるので、ゴミ箱や洗濯カゴ、体重計、ペットのトイレなどを置くことも可能。椅子を置いて使ったり、換気用の窓を設置することもできます。

カウンター前面に長いバーを設置すれば、家族それぞれのタオルを掛けておける

大きなリネン庫があれば洗面台下をオープンにできる

洗面室の壁に、床から天井までの大きなリネン庫を設けたことで、洗面カウンターの下をオープンにすることができた。

Hint 14

独立した洗濯室をつくる

洗面室の奥にあるのが洗濯室。家族が脱衣のために洗面室を使うときには、引き戸で仕切ることができる

洗面室の隣に明るい洗濯室を設ける

乾燥機はあるが、天窓からも陽が入るので、天気のいい日はここに洗濯物を吊るして乾かすこともできる。乾いた洗濯物は、カウンター上でたたんだり、アイロンがけができる。

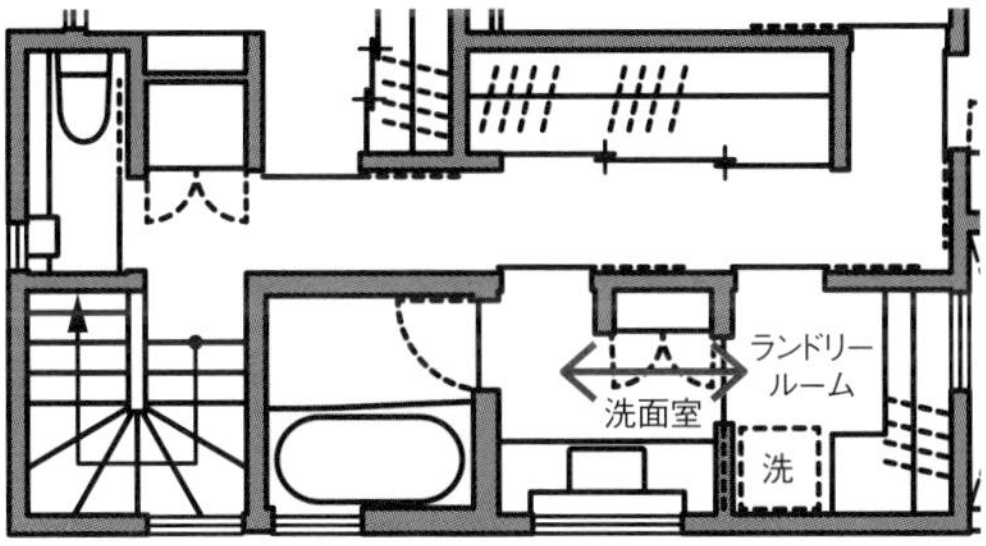

洗面室の中に洗濯機や乾燥機を設置する家は多いと思いますが、もしスペースに余裕があるなら、洗面室の隣に洗濯室（ランドリールーム）を設けることを提案します。洗濯をする人と身支度をする人の動線がぶつからないので暮らしやすくなり、家事もスムーズになります。

洗濯室には、洗濯機と乾燥機のほかに、洗濯物をたたんだりアイロンがけをするためのカウンターも設けます。天井にはバーを渡して、洗濯物を吊るしておけるようにします。

洗濯室はできれば陽が入る場所にして、ここで室内干しもできると便利です。トップライトを設けたり、エアコンや扇風機をつけたりするのも、洗濯物が乾きやすくなるので有効です。

Hint 15

夫婦の寝室をゆるく仕切る

個を大切にする時代になり、シニア世代を中心に増えてきているのが「夫婦の寝室を別にしたい」という要望です。夫婦で寝起きのリズムが違うこともよくありますし、寝る前に読書をしたり、テレビを観たりしたい人も。自分の寝室があれば、相手に気を遣わずに夜の時間を過ごすことができます。

しかしここで心配なのが、寝室を離すことでお互いの体調の異変に気づけなくなることです。どちらかが体調を崩したときに、看護もしにくくなります。その解決法として、ひとつの寝室を「ゆるく仕切る」のはいかがでしょうか。ベッドの間に引き戸を設ければ、空間を分けられます。それぞれの空間から直接自分のクロゼットに行けたり、洗面室に行けたりすると、さらに快適です。

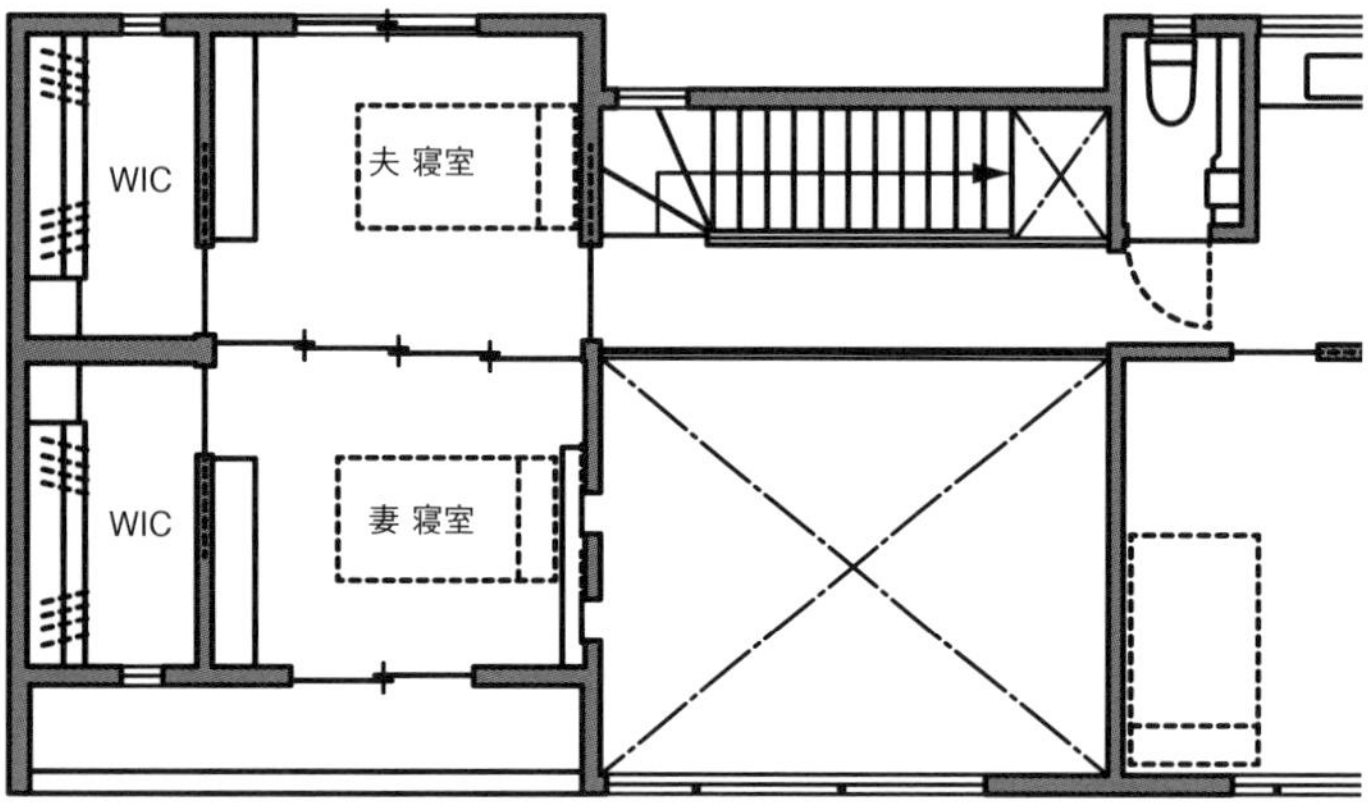

それぞれの部屋に専用のウォークイン・クロゼットがあり、引き戸を閉めたまま着替えまですませられる

引き戸を閉めればひとりひとりの寝室になる

60代の夫婦の寝室。2つのベッドの間に引き戸があり、開け放せばひとつの寝室に。閉めれば別々の寝室として使うことができる。看護や介護が必要になったときも対応しやすい。

Hint 16

個人の洗面所を寝室に

快適な暮らしのカギのひとつになるのが、洗面室の場所です。二世帯同居で高齢の方の寝室には、クロゼットや押入れの一部に自分専用の洗面所を設けることを提案します。

洗面所は、幅60㎝、奥行き50㎝のスペースがあれば、充分なものを設けることができます。使わないときは引き戸で隠せるようにするといいでしょう。

時間帯を気にせず使えますし、病気になったときや、将来介護が必要になったときにも安心です。自分だけの洗面所があるのは、思った以上に便利なものです。

自分専用の洗面台を気兼ねなく使える

高齢の母親の寝室に設けた洗面所。入れ歯など見せたくないものを安心して置いておけるし、夜でも家族に気兼ねせずに使える。

Hint 17

出窓で狭さを克服する

メガネ、スマホなど小物を置いておける

手を伸ばせば届く場所に出窓があると、メガネやスマートフォン、イヤホン、目薬、読みかけの本、写真立てなど、ちょっとしたものが置いておけるので重宝する。

寝室にあまり広さが取れない場合には、出窓をつくることを検討します。ベッドから手を伸ばすだけで届くので、スマホや時計、本などを置いておける場所として重宝します。置き家具のように、夜中にぶつかったりつまずいたりする心配もありません。

出窓は一定の要件を満たせば床面積には入りません。奥行きが出るので、部屋が広く感じられるというメリットもあります。

廊下の壁の中にニッチをつくってアートを飾っている。階段を上がるとき正面にあり、目に入る場所

Hint 18

廊下や階段をギャラリーにする

絵を飾ったり印象的な家具を置く

廊下には、アンティークの薬箪笥を置き、季節感のある手作りの雑貨を飾っている。

階段を上がっているときや、廊下を歩いているとき、目に入るものが白い壁だけなのはつまらないと感じます。ぜひ好きな絵や写真を飾る、素敵なインテリアスペースとして考えてみてください。

とくに階段の踊り場の壁は、上っているときずっと目がいく場所です。そこに絵を飾ったり、タペストリーを吊るしたり、観葉植物を置けば、目を楽しませることができます。

階段や廊下にアートを飾る場合は、照明を設置してアートを照らすようにすると、視線が集まり効果的です。インテリアを飾るために、廊下の壁にニッチ（少し凹ませる）をつくるのもひとつの方法です。

家の中を移動するときに、自分の好きなものが自然に目に入ってくる暮らしは、気分がいいものです。

Hint 19

廊下に浅い収納をつくる

収納スペースが足りない場合、廊下は収納をつくるのにもってこいの場所。壁面を30cm凹ませるだけで、大容量のタワー収納がつくれます。天井に垂れ壁を設けず、床から天井までの扉をつくることで、扉を閉めれば存在感をなくすことができます。日用品のストックや、工具類、防災用品など、家族で使うものの収納に向いている場所です。

天井から床までの収納で日用品が収まる

床から天井までの奥行きの浅い収納を、廊下に設けた。棚板を増やすことで、大量のものを収納できる。

Hint 20

廊下に書庫をつくる

たくさん本がある家なら、廊下や階段の壁を利用して、本棚を設けるのもおすすめです。通るたびに本が目に入るので、ほかの家族が読んだ本を手に取る機会も増えます。子どもにとっては、本に興味を持つきっかけになるでしょう。本が並んでいる通路は、アートを飾るのとはまた違った楽しいスペースになります。

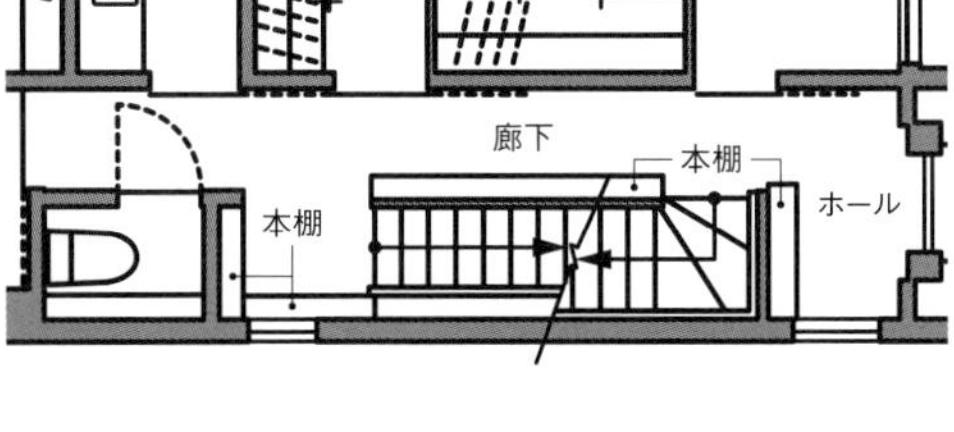

通路に棚をつくり図書館のようなスペースに

寝室の外の廊下を利用して、大量の本を収納できる棚を設けた。ただの通路がまるで図書館のような空間に。

Hint 21

玄関ドアは通りから見えない位置に

玄関をつくるときは、アプローチを蛇行させて、通りから見えないように工夫をします。玄関ドアが見えない方が、品よく趣のある外観になると思うからです。また、ドアを開けても家の中が見えないので、宅配便の受け取りなども安心して行えます。

ドアが通りの正面にならないよう、横向きにするのもひとつの方法ですが、もし正面にするのであれば、たとえば植栽を植えたり、壁を互い違いに建てて蛇行して入るようにします。

その際、完全に隠さずに、ルーバーなどを使ってゆるやかに外とのつながりをつくるというのも、印象のいいエントランスにする方法です。

玄関を開けたときに中が見えない

玄関ドアは壁の裏に収まっているので、開けても外の人には見えない。通りに面した壁には大きな窓もないので、安心して暮らせる。

壁を使って蛇行させドアをさりげなく隠す

アプローチに壁を左右互い違いに設置して、ドアが直接見えないようにしている。手前の壁にはルーバーのような角材を利用し、植栽も施しているので冷たい印象がない。

玄関までのアプローチを、階段を使って回りこませている

採光用の窓を設けているので、玄関の中も、光があふれる明るい空間に

Hint 22

玄関は広くつくる

コロナ禍を機に、宅配サービスを使う機会が一気に増えました。荷物の受け渡しや荷解き、段ボールや新聞の整理などを玄関ですることを考えると、玄関はある程度広くつくるのが理想です。

また、家の第一印象を決める場所ですから、常にすっきりとものが出ていない状態に保ちたいもの。そのために、収納スペースは充分に備えます。たたきに脱いだ靴がたくさん出ないようにするのも、玄関を広々と見せ、印象をよくするコツです。

間取りの都合で暗くなりがちなスペースですが、ぜひ明るい空間にしたいとも思います。壁に採光用の窓を取れない場合は、下足入れの上部に窓を設けたり、扉の脇の壁をガラスにして光を入れるのも手です。

たたきと玄関ホールを同じ素材にして広く見せる

4人家族が暮らす家の玄関。上がり框の高さを小さくし、さらにたたきと同じ素材のタイルを玄関ホールにも使用しているので、空間が続いているように感じられ、広くすっきりと見える。

Hint 23

玄関に手洗いとトイレを設ける

感染症や花粉症の対策として、「玄関に手洗いをつくりたい」という要望が増えてきました。手を洗ってから部屋に入れると、衛生的で、家族にとっても安心です。

手洗いは幅40～50㎝のスペースがあれば設けられますが、玄関ドアを開けてすぐに目に入ることがないようにつくります。収納スペースの陰など、死角になる位置にしたり、前にルーバーの壁を立てたりして、目立たないようにします。

またスペースが許せば、家にふたつのトイレがあると暮らしやすくなります。ひとつは寝室近くに、もうひとつは玄関近くに配置し、手洗いカウンターと鏡のついた「パウダールーム」にします。これがあれば、来客を家族の洗面室に通す必要もなくなります。

パウダールームは来客のときに便利

トイレは寝室近くにもあるが、2つめのトイレは玄関のそばに。鏡と洗面台を設置しているので、来客のときにも重宝する。

手を洗ってからLDKに入れる

玄関を入ってすぐのところに洗面所があるので、ここで手を洗ってから部屋に入ることができる。

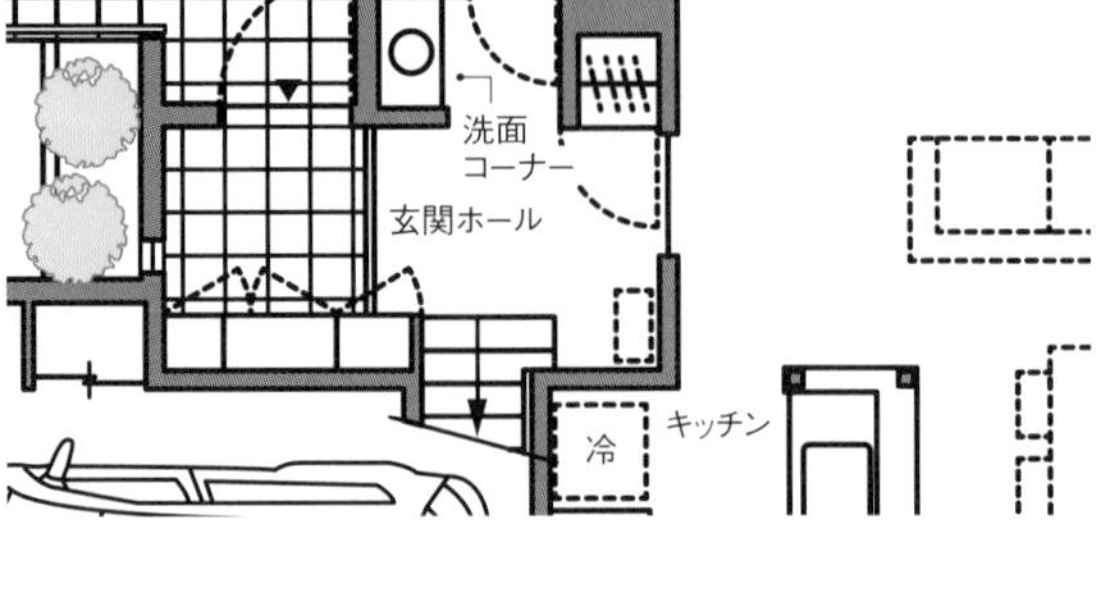

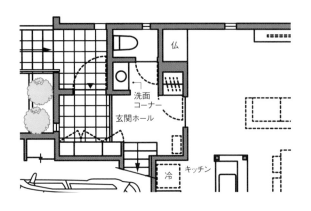

Hint 24

フォーカル・ポイントを生かす

正面に壁をつくり絵や花で人を迎える

玄関正面が壁になるようにして、アンティークのコンソールテーブルを置いた。花を生けたり絵を飾って空間を演出し、訪れる人を迎え入れる雰囲気をつくっている。

ルーバーを立ててドアを隠す

玄関を開けると、正面に部屋の入口扉がある間取り。手前にルーバーの壁を立て、さらに壁面に植栽を入れた額を飾って、扉に目がいかないよう工夫した。

「フォーカル・ポイント」とは、空間の中で自然に視線がいく場所のこと。たとえば、玄関ドアを開けて家に入ったとき目に入る場所が、最初のフォーカル・ポイントです。

フォーカル・ポイントの印象は、家全体の印象を左右します。ここに美しい家具を置いたり、美しいインテリアを飾ったりすることで、見た目にも心地いい空間をつくることができます。そのため、フォーカル・ポイントとなる場所に、ドアや階段の上り口が来ないような設計を心がけています。

フォーカル・ポイントの壁を、凹凸のあるタイル貼りやアクセントクロスにして、インテリア性を高める方法もあります。ピクチャー・ウィンドウをつくって、植栽が見えるようにするのもおすすめです（P.133参照）。

Hint 25

通り抜けられるクロゼットをつくる

子育て世代の人たちを中心に「衣類を1カ所で管理できるファミリークロゼットをつくりたい」という要望が増えてきました。洗面室の近くに、家族全員の衣類が収まるようなクロゼットを設けることで、洗濯動線が短くなり、衣類の管理がラクになります。

家族全員や夫婦など、二人以上で使うクロゼットは、通り抜けられる「ウォークスルータイプ」にすると、クロゼットを通って洗面室に行けるようになり、とても合理的です。さらにこのクロゼットが寝室につながっていれば、朝起きて身支度をするまでの動線や、夜寝る前の動線が非常にスムーズです。

WICが洗面室と寝室をつないでいる

夫婦の寝室と洗面室の間に、通り抜けられるクロゼットがある。朝晩の身支度が短く、スムーズ。

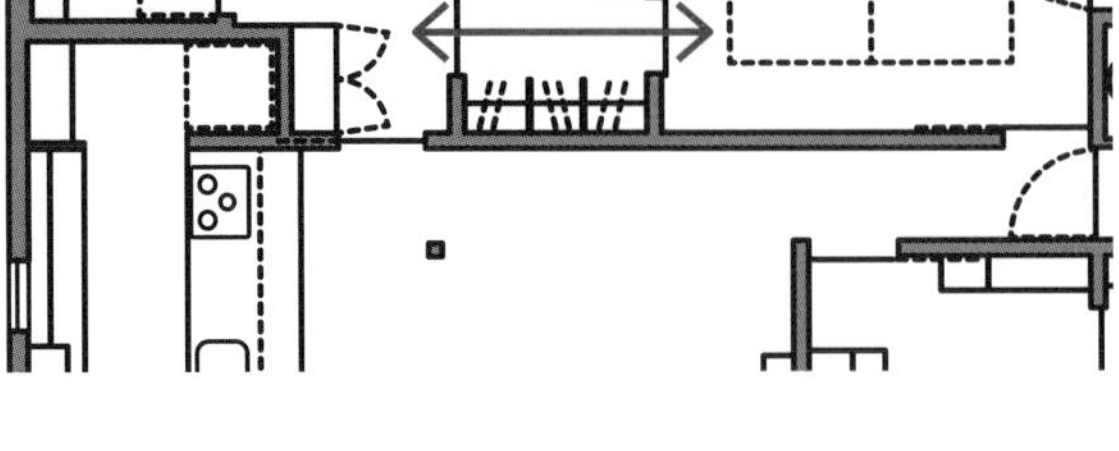

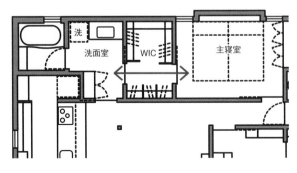

夫婦の寝室には2つ入り口があり、ひとつは廊下に、ひとつはファミリークロゼットにつながっている

洗面室からWICを通ってLDKに行ける

洗面室の隣にウォークインタイプのクロゼットをつくり、洗面室からここを通ってLDKに出られるようにした。

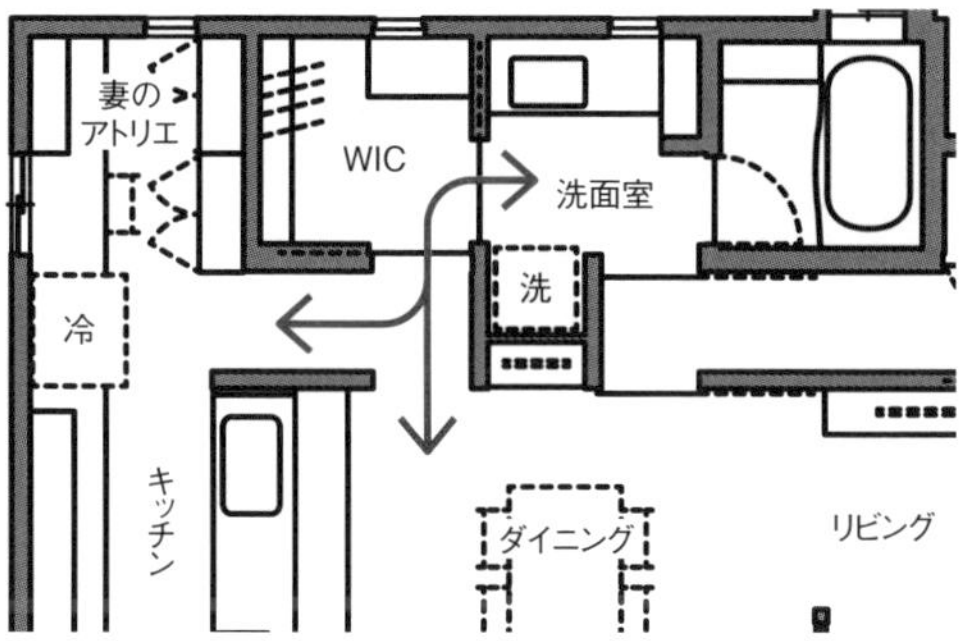

洗面室にもWICにも2つの出入り口があるので、2人で使ってもスムーズ

ファミリークロゼットがランドリールームにつながる

家族5人分の衣類を収納できるファミリークロゼットの隣に、室内干しもできるランドリールームがあるので、乾いた洗濯物をすぐしまうことができて洗濯動線が短い。

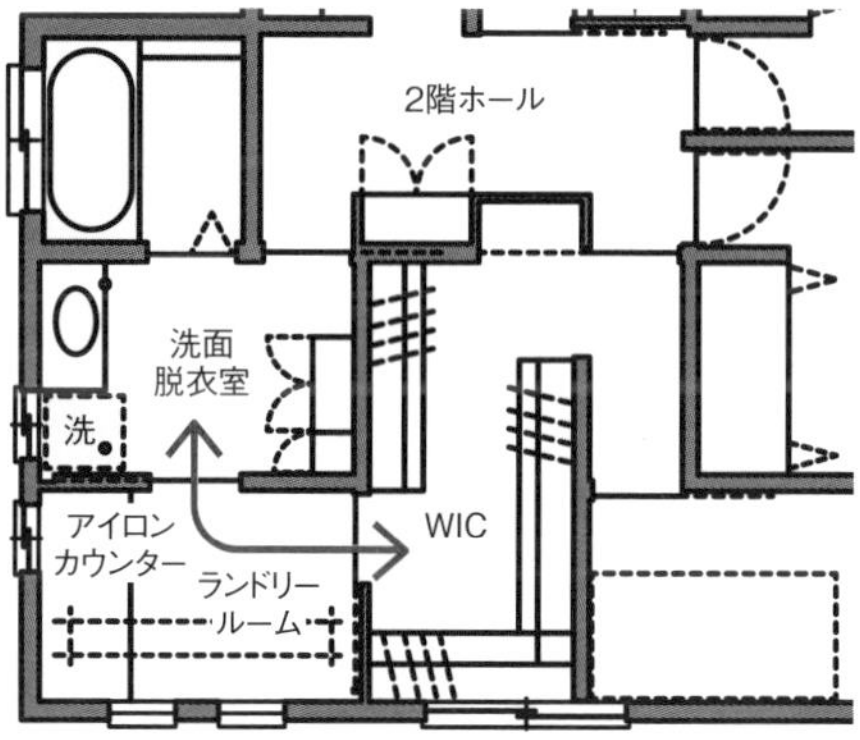

子どもたちの個室から、ファミリー クロゼットを通ってランドリールーム→洗面室→浴室につながり、回遊動線になっている

Hint 26

壁の中に収納をつくる

家を設計するとき、居室にすることができない中途半端なスペースができてしまうことがあります。たとえば階段の下や、柱やパイプスペースの凸凹を隠すためにできたスペースなどです。そんな中途半端な場所は、収納に利用してみてはいかがでしょうか。使う場所のそばにものがしまえる場所があると、それだけで暮らしが快適になります。

階段の下につくった収納は、掃除道具や季節用品、旅行用トランクなどの収納に最適です。

収納をすっきり見せるコツは、扉を床から天井までにして壁と同化させることです。そこに収納があると言わないと気がつかないほど、さりげない収納が理想です。アイデア次第で、無駄なスペースを便利な空間にすることができます。

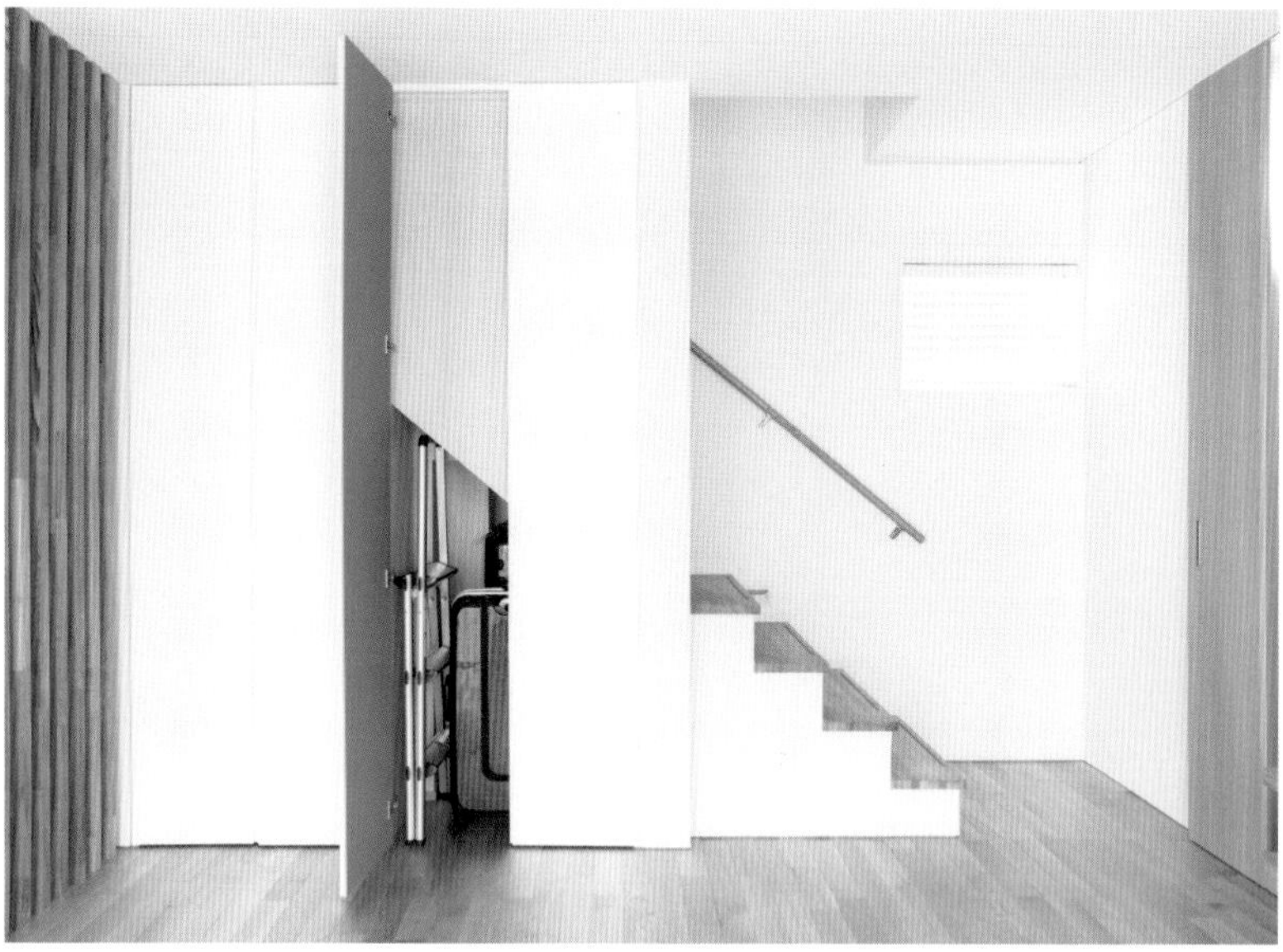

階段の下のデッドスペースを収納に

階段の下の、斜めの部分を収納に利用。天井から床までの、取っ手のない扉を設けているので、閉めれば壁のように見えて目立たない。

床の間の中に収納を隠す

押入れの隣につくった床の間の裏を、収納スペースに。壁のように見える扉を開けると、季節外のお茶の道具などが入っている。

Hint 27

人を迎えるアプローチをつくる

アプローチは、帰ってきた家族や訪れる人を迎え入れる大事な場所。玄関までの道を歩くときに目に入ってくる緑は、疲れを癒してくれたり、木陰をつくってくれたり、季節の移り変わりを知らせてくれます。住宅の設計と合わせて、外構や植栽計画も行いたいものです。「庭はいらないから、駐車スペースを少しでも広くつくりたい」と思う人もいるかもしれません。しかし1本でも地植えの植栽があると、趣が出て、家のたたずまいが大きく変わります。

門扉や表札、ポストなどもアプローチの一部ですから、デザインや配置にはこだわります。庭の道具や干した洗濯物が表から見えないように、隠すことも大切です。

アイアンの門扉で外と中を分ける

打ち放しの塀の前に植栽があるアプローチ。デザイン性のあるアイアンの門扉を配して、家への期待を高めている。

蛇行する通路で玄関ドアに導く

左右に植えられた緑が、訪れる人を出迎え、玄関まで導いてくれる。玄関扉は外から直接見えないように、アプローチを蛇行させている。

協力者リスト（50音順）

青木 勝・奈都絵
芦田芳之・木の実
新井倫人・周子
粟津恭一郎・紀香
飯澤健二・富美子
井藤秀男・真由美
上谷敏章・嘉苗
上山倫生・恵江
浦崎美和
大和田 修・恭子・貞子
岡田正樹・尚子
岡本 明・由美子
小川雅弘・みゆき
押切武比古・千夏
片山 祥・広美
桂 光・真琴
金子 勉・洋子
金田幹二郎・朋子
神谷明弘・浩子
上林 潔・幸江
岸田 剛・佳奈子
北原孝志・千恵
木俣真人・則子
グラハム・容子=フレミング
後藤比東至・杏奈
小林成一・美和
小林頼和・明子
小林靖昌・百合
小宮英敏・輝子
坂本和信・恵利子
佐藤公和・輝美
佐藤秀明・知寿代
塩崎宏子
島田金次・京子
新地道代
末吉雅人・紗耶香
鈴木勝之・あき子
莊 正利・昭子
高橋正則・尚江
田﨑佳光・ゆかり
立原順子
玉川直彦・由・精子
玉木賢治・有美
塚原多恵子
中田清二
西 秀訓・裕子
西村行功・一代
原 正美・初美
日野昌也・奈津子
福地 潔・百合子
三井基史・信子
南 泰彦・響子
宮内昭博・知恵
武藤洋子
森尻敬治・美幸
山田章雄・純子
吉井 健・順子
吉永貴之・暢子、油川トシ子
山岡彰之・里枝
米澤健太郎・祥子

あとがきにかえて

設計の仕事は、住まう人がどんな暮らしをしたいのかに耳を傾けることから始まります。理想の住まいを実現しようとする皆さんのニーズが、時代や社会を反映する生の声として私を指南し、次の家づくりにもつながってまいりました。本書で取り上げさせていただいた住宅に加えて、今まで設計をする機会を与えてくださった全ての施主の皆様に感謝申し上げます。また、本書の執筆にあたり、竣工写真の撮影・使用に快く応じてくださった施主の方々に、改めてこの場を借りて御礼申し上げます。

この本の制作の機会をくださいましたエクスナレッジの別府美絹さん、1年以上にわたって根気よくわがままを聞いてくださった編集の臼井美伸さん、いつも私の考えを理解して写真を撮ってくださるカメラマンの永野佳世さん、素敵な本に仕上げてくださったデザインの坂川朱音さん、小木曽杏子さん（朱猫堂）、さまざまな要望に我慢強く応えてくださったＤＴＰの村上幸枝さん（Branch）、何度も図面をかきなおしてくださった堀野千恵子さんに、深く感謝申し上げます。そしていつも私を支え、一緒に設計をしてくれる事務所のスタッフにもありがとう。

まだ私自身道半ばですが、この本が今の暮らしを見直したり新しい住まいをつくる読者の皆様のお役に立ち、より豊かな人生を送られることを心から願っています。

水越美枝子

水越美枝子 Mieko Mizukoshi

一級建築士。キッチンスペシャリスト。1982年日本女子大学住居学科卒業後、清水建設㈱に入社。商業施設、マンション等の設計に携わる。1991年からバンコクに渡り、住宅設計の傍ら「住まいのインテリア講座」を開催、ジムトンプソン・ハウスのボランティアガイドも務める。1998年、一級建築士事務所アトリエサラを、秋元幾美と共同主催。新築・リフォームの住宅設計からインテリアコーディネイト・収納計画まで、トータルでの住まいづくりを提案している。手がけた物件は約300件以上。日本女子大学非常勤講師、NHK文化センター講師。著書『40代からの住まいリセット術―人生が変わる家、3つの法則』(三笠書房・知的生きかた文庫)、『がまんしない家: これからの生活様式への住まいリセット術』(NHK出版)『いつまでも美しく暮らす住まいのルール―動線・インテリア・収納』(小社刊)ほか多数。

一級建築士事務所アトリエサラ

主催　水越美枝子／秋元幾美

スタッフ　須田圭子、鷹野亜沙美、岩崎智子、田中祐子、小林暁子、井坂明子
飯田恵子(植栽)光宗彰子(レンダリング)今道千里(ホームページ)

http://www.a-sala.com
instagram@atelier_sala

間取りの正解

2024年7月19日　初版第一刷発行

著　者　水越美枝子

発行者　三輪浩之

発行所　株式会社エクスナレッジ
〒106-0032
東京都港区六本木7-2-26
https://www.xknowledge.co.jp/

問い合わせ先

編集　Tel:03-3403-6796
Fax:03-3403-0582
info@xknowledge.co.jp

販売　Tel:03-3403-1321
Fax:03-3403-1829